자기의 타인들

자기의 타인들

문 신 평론집

어제와 다른 시를 위하여

1

내가 믿는 몇 가지 진리가 있다. 지금까지 한 번도 위반된 적 없고, 앞으로도 그럴 것으로 기대되는 것들이다. 태어난 생명은 삶에의 충동으로 가득하다는 것과 그 충동 앞에 죽음이 운명적으로 놓여 있는 것이 거기에 해당한다. 내가 아는 한, 이러한 충동적 운명에서 예외적인 경우는 없었다. 그래서일까? 사람들은 삶을 향한 충동이 결국에는 죽음에 닿는다는 모순에서 역사발전의 한 양상을 짚어내기도 했다. 충동은 삶을 밀어가고 운명은 삶의 끝에 죽음의 그물을 드리우고 있다. 이 진리의 궤도 위에서 모든 것은 시시각각 변한다. 내가 아는 역사에서 예외는 존재하지 않는다.

변화는 부정할수록 더 견고해지는 진리이다. 그렇다고 변화를 발전의 다른 표정으로 말하고 싶지는 않다. 발전 이데올로기가 우리 삶을 조금 더 나은 방향으로 이끌어온 건 사실이지만, 지금 우리 삶이 더 나은 방향성을 지녔는지는 여러 면에서 의구심을 자아내기 충분하다. 이를테면 이런 식이다. 먹고 입고 누리는 생리적 욕구라는 측면은 상대적으로 풍요로워졌다고 말할 수 있다. 그러한 것들을 생산해내는 도구들—자동차, 컴퓨터 등의 생활 수단들—도 인간 노동을 능가하는 효율을 보여준다. 그렇다면 우리는 어떤가? 문명의 도구들 말고 그 도구를 만들어내고 이용하는 우리는 얼마나 나은 사람이 되어 있는가? 도구를 마주하는 우리 영혼의 현재를 묻는 것이다.

이런 물음에 게오르크 루카치는 다음처럼 말한 적 있다. "영혼의 현실에는 두 가지 유형이 있다. 그 하나는 삶이고, 다른 하나는 살아감이다."[1] 그에 따르면 '삶'은 이미지를 창출하는 원칙이고 '살아감'은 의미를 설정하는 원칙이다. 루카치가 말한 영혼의 형식을 말하기에 앞서, 나는 인간이 이렇게 탁월한 사유의 주체일 수도 있다는 사실 앞에 조금은 경건해진다. 그렇지, 우리가 그런 존재였지. 그런데 최근 들어 삶-이미지, 살아감-의미의 형식으로 우리의 현실을 들여다볼 줄 아는 사람이 드물어졌다. 단도직입적으로 말해 '살아감-의미'의 형식보다는 '삶-이미지'가 주는 안온함을 만끽한다는 느낌이다. 굳이 의미를 생각하지 않아도 되는 시대라서 그럴 것이다. 이미지가 보여주는 대로 바라보기만 해도 우리 삶이 충족되기 때문이다.

---

[1] 게오르크 루카치, 홍성광 옮김, 『영혼과 형식』, 연암서가, 2021, 48쪽.

시뮬라크르 담론을 떠올리지 않더라도 일상에서 이미지에 집착하는 우리를 발견하기는 어렵지 않다. 주로 스마트 기기를 통해 구현되는 이미지의 세계는 생각할 틈을 주지 않겠다는 듯 구현된 이미지를 구현될 이미지가 대체해버린다. 이미지는 사유 대상이 아니라 감각적으로 소비되는 환영이라는 말에 동의할 수 있다. 그렇게 본다면 우리 삶은 사유되지 않고 소비될 뿐이다. 이렇게 데카르트를 역사의 공동묘지에 안장한 후 우리는 호모 콘수무스(Homo Consumus), 즉 소비하는 인간을 향해 나아가는 중이다. 세상은 소비될 뿐 사유되지 않는다는 피켓이 거리 곳곳에 견고하게 서 있다. 문제는 소비 행위에는 충족이 없다는 것이다. 모든 소비는 공허를 만들고, 공허의 자리에서 새로운 소비가 욕망된다. 욕망을 부추기는 소비의 메커니즘이 우리가 알고 있는 자본주의의 내심이다.

2

여기에서 자본주의 체제의 공과를 이야기하지는 않을 것이다. 우리는 지금 유례없는 물질적 풍요를 누리고 있고, 계속해서 우리 삶이 발전해갈 것이라는 믿음으로 오늘이라는 현재를 견디며 살아간다. 물론 한계치에 도달해 있는 무한경쟁과 부의 쏠림, 특히 생태 환경의 무분별한 파괴 등에 대한 비판이 제기되지만, 자본주의 체제는 그러한 논의마저도 자본 증식의 한 방법으로 삼켜버린다. 자본주의 체제를 슬기롭게 극복하려는 시도마저도 새로운 자본을 창출하는 시스템에 편입되어버리는 것이다. 이러한 체제가 경계 없이 증식해가는 과정에서 우리 인간은 자본주의의 객체적 사물로 존재하게 되었다. 인간을 위한 자본주의가 아니라, 그러한 체제 유지를 위해 인간이 소비되는 것이다.

 안타까운 건 자본주의 체제의 목에 방울을 매달아야 할 우리가 오히려 스스로의 목에 방울을 달고 이 체제의 성실하고 근면한 스마일맨이 되었다는 점이다. 체제에 대한 고민보다는 체제와 더불어 살아가는 방식에 골몰하고, 때로는 체제를 이용하고자 하는 영악함도 은근히 드러낸다. 이것을 생명 충동으로 가득한 삶의 본질이라고 말할 수도 있을 것이다. 지금 우리는 자본주의 체제의 찬란한 순간을 경이롭게 목격하고 있다. 그 이미지에 현혹된 사이에 우리를 둘러싼 생태 환경은, 어둠이 내려앉듯 우리 내면을 점령하였다. 첨단의 시대, 이미지의 시대, 자본과 부의 시대, 행복의 시대……같은 빛이 강렬하게 우리를 매혹할수록, 그 뒤에서 한때 우리가 자랑스럽게 가슴에 품었던 인간의 조건들은 어둠의 폐허처럼 무너져 내렸다. 그 잔해 어딘가에 문학도 깔려 있을 것이다.

 문학 생태의 위기 담론은 새삼스러운 게 아니다. 역사적 격변기마다 가장 먼저 존재론적 수치를 견뎌야 했던 것이 문학이다. 일제강점기에, 군부독재의 시절과 민주화운동 과정에서, 그리고 후기자본주의의 용광로에서 문학은 동시대의 비극을 온몸으로 받아 안아야 했다. 그것이 문학이 존재하는 이유였다. 시대를 전망하고 시대를 진단하며 시대를 추수하는, 이를테면 문학은 인간 삶의 미래-현재-과거를 모두 떠안아야 했다. 그럴 때마다 문학은 존재론적 변화를 끌어냈고, 문학적 정체성의 갱신을 이루어왔다. 그리고 우리는 그러한 순간에 문학이 얼마나 위대했는지를 기억한다. 자본주의식으로 말하자면, 시대의 부름에 응답할 때 문학은 가장 생산적인 방법으로 존재의 소명을 다했고, 그 과정에서 문학은 자신을 둘러싼 사회구성체의 본질에 누구보다 예민하게 감응했다. 현대문학사가 아름답게 기억하는 1980년대 문학이 그러했다.

기억하는가! 그 시절, 우리는 역사발전 과정에서 우리 사회의 구성체에 관한 다양한 논쟁을 시도한 적 있었다. 마르크스-레닌주의 이론을 바탕으로 1980년대 이후 우리 사회가 진입하고 있는 사회적 생태계를 바라보는 다양한 관점이 충돌하였다. 사회구성체 논쟁을 통해 우리는 식민지 반봉건사회론과 신식민지 국가독점자본주의론을 기본 축으로 삼아 우리의 삶이 놓여 있는 생태적 장(field)을 파악하고자 했다. 이러한 시도는 인간의 삶이 그를 둘러싼 유물론적·이데올로기적 조건들로부터 강하게 제약받는다는 사실을 전제한 것이었다. 돌이켜보면 그 시절은 역사적 변곡점이었고, 문학은 격변의 소용돌이를 일으키는데 적어도 부끄럽지 않은 역할을 했다. 우리 사회를 구성하는 주체는 누구인가? 그 사회를 구성해가는 이데올로기는 무엇인가?

이런 질문을 받아든 문학이 할 수 있는 최선은 견고한 것에 저항하겠다는 약속이었다. 한나 아렌트가 강조한 것처럼, 약속은 "자기 지배와 그에 따른 타인 지배에 의존하는 지배형식의 유일한 대안"[2] 능력이 있다. 다시 말해, 군부독재 또는 자본주의 같은 '지배형식'을 대체할 수 있는 '유일한 대안' 행위가 바로 약속인 것이다. 1980년대 문학이 빛날 수 있었던 것도 '지배형식의 유일한 대안'으로서 저항에의 '약속'이 있었기 때문이었다. 이 약속을 실현하는 일은 변화였다. 90년대 이후 우리 문학이 얼마나 숨 가쁘게 변해왔는지는 말하지 않아도 안다. 그러나 문학은 변화에 그치지 않고, 변화과정에도 끊임없이 저항했다. 다양한 문학적 논쟁이 바로 변화 자체에 저항하고자 하는 또 다른 문학적 약속이었다. 변화의 자연발생적 이행에 저항하는 방식은 '어떻게' 변해야 하는지 변화 방향에 대한 논쟁이 그것이었다. 대표적으로 이천년대 초반에 이루어졌던 문학권력 논쟁을 들 수 있다.

우리 문학사에서 논쟁은 시대와 함께 문학을 변화시켜온 중요한 기제였다. 멀게는 1920년대 내용-형식 논쟁이 있었고, 1960년대의 참여-순수 논쟁과 이후의 민족문학 논쟁 등 '논쟁'은 당대 사회를 구성하는 '지배형식'에 저항하는 방식이었다. 이천년대 문학권력 논쟁도 새롭게 제기되는 삶과 사회의 요구에 대한 약속의 형식이었다. 90년대 들어 구심적으로 작동하던 이데올로기가 해소되고, 주변부를 향해 가는 원심적 사회

---

[2] 한나 아렌트, 이진우 옮김, 『인간의 조건』(제2보급판), 2019, 351쪽.

구성체가 대두되는 시점에서 집중되어 있는 문학권력을 해체하고 분산하여 재구성하고자 하는 약속은 필연적이었다. 돌이켜보면 논쟁 당시에는 논쟁 효과가 나타날 것 같지 않았지만, 논쟁의 여파는 새로운 방식으로 문학을 둘러싼 담론을 구성하기 시작했다. 그 가운데 가장 눈에 띄는 논쟁 효과는 다양성이 아닐까 한다. 신춘문예나 문예지를 통한 등단 제도에 저항하는 작가들의 영향력이 높아진 것은 물론 지역 문단의 활성화 및 새로운 문예지의 창간 등은 외견상 우리 문단 생태의 건강 지표가 되고 있다. 줄기차게 반복되는 문학의 위기 담론 속에서도 문학 매체는 꾸준히 증가하는 중이고, 작가 및 작품집의 양적 성장 속도도 가파르다. 이러한 추세와 맞물려 문학에 투입되는 각종 공적 자금의 규모도 확대되었다. 양적 측면에서만 본다면, 문학 창작의 주체(작가)와 매체(문예지, 출판사 등) 그리고 자본(각종 지원금) 등 문학 생산의 측면은 발전하는 것처럼 보인다. 문제는 문학의 생산(창작)이 재생산(감상)으로 원활하게 연계되지 못한다는 점이다.

  문학 재생산의 주체가 독자라는 사실은 여러 가지를 생각하게 한다. (재)생산 주체인 독자는 줄어드는데 21세기 들어 생산 주체가 꾸준히 증가하는 현상은 이례적이다. 문학적 글쓰기에 관심이 높아지고 자기 책을 출판하는 일이 유행하면서 이미지 시대에 문자 매체가 주목받는 일도 새삼스럽다. 인문학적 사유와 통찰이 중요하다고 떠드는데, 정작 문학·사학·철학의 학문적 위상은 거꾸로 가는 현상을 어떻게 설명할 수 있을까? 이런 생각의 바닥에는 인문학이 중요한 건 알겠지만, 그것이 내 삶에 결정적인 영향을 미치는 건 아니라는 판단이 있을 것이다. 이건 부정할 수 없는 사실이다. 문학은 오랫동안 여분의 세계였으니까. 그리고 이 말에는 인문학의 중요한 속성이 감추어져 있다. 곤핍하고 각박한 세태에서 문학은 숨을 죽일 수밖에 없다는 것. 이것이 보편적 생활인의 먹고사니즘이다. 그러나 한편으로 그건 잔인한 아이러니다. 문학은 우리 삶의 곤핍을 겨냥한 사유이고, 시대의 각박을 견뎌내는 힘이라는 점에서 그렇다.

 문학은 세계의 비참에 주목하고 비참 속에서도 독자에게 한 줄기 빛을 주는 예술이라고 알고 있다. 따지고 보면 우리 삶이 곤혹해졌을 때 문학은 가까이 있었다. 그런 의미에서 문학에 사망 선고가 내려진 지금, 세계는 더이상 비참하지 않고 우리 삶도 곤혹하지 않은 것일까? 선뜻 동의하기 어려운 물음이다. 과거에 비하면 물질적으로 풍요로워진 건 사실이지만, 양적 성장이 우리 삶의 질적 만족도를 보장하지는 않는다. 문학은 우리 삶의 빈틈, 정확히 말하자면 곤핍과 각박이 자랄 수 있는 비참한 순간을 파고든다. 드물지만 사람 사는 세상에 그런 빈틈은 언제나 생겨나기 마련이고, 눈썰미 좋은 작가라면 찰나의 순간을 놓치지 않을 테니까.

 나는 이러한 문학의 방법을 예외 상태를 향한 도전이라고 생각한다. 일상의 비참한 순간은 언제나 예외적으로 발생한다. 아니, 우리 스스로 그 순간을 예외적이라고 믿는다. 곤혹과 각박이 예외 아닌 일상이 되는 일은 상상만으로도 견딜 수 없다. 가끔 예외적인 순간을 견딤으로써 우리는 일상을 회복할 수 있고, 일상의 가치를 새삼 깨닫는다. 문학을 비롯한 예술의 역할 가운데 하나가 바로 그런 것이다. 예외적 순간을 강렬하게 포착하고 형상화하여 무난한 일상을 가치 있는 순간으로 만드는 것. 문학은 예외 상태를 예외 아닌 상태처럼 보여주는 힘이 있고, 예외 아닌 사람들에게 예외 상태를 경험하게 해준다. 이것이 내가 아는 한, 문학의 가장 아름다운 역할이다.

3

지금까지 문학을 둘러싼 아이러니를 이야기한 건 나 스스로 오랫동안 예외적 인간의 출현을 기다려왔기 때문이다. 그중에서도 내가 주목하는 것은 전북 문학 문화의 활력이다. 작가와 작가, 작가와 독자의 교류를 말하는 게 아니다. 매년 출간되는 지역 작가의 책을 말하고 싶은 것도 아니다. 전북의 작가들에게 문학적 새로움을 향한 도전을 말하고 싶은 것이다. 이러한 도전은 노력의 영역이 아니라 용기의 영역이다. 기존의 창작 방법을 폐기할 줄 아는 것은 용기에서 비롯하고, 지금껏 아무도 가보지 않은 길에 나서는 일도 용기의 문제다. 용기 없는 문학은 감흥도 감동도 만들어내지 못한다.

용기를 말하는 이유는 나 스스로 부끄러웠던 순간을 간직하고 있기 때문이다. 수년 전, 시를 쓰는 후배로부터 이런 말들었다. 촌스러운 시는 그만 써도 되잖아요. 무심코 들어넘긴 말이 지금은 때때로 나를 괴롭힌다. 후배가 말한 촌스러운 시는 과거에 머물러 있는 시였다. 그 후로 나는 거의 매일 내 글쓰기를 반성한다. 여전히 십 년 전에 머물러 있는 건 아닌지, 어제 쓴 글과 달라진 곳이 있는지. 다른 작가의 신간이 나왔다는 소식이 들리면 그 작가의 이전 책을 먼저 찾아보는 습관도 생겼다. 어떻게 변했는지 궁금한 까닭이다. 사소한 변화를 만들기 위해 붙우했을 각고의 시간을 느껴보고 싶어서다.

'촌스러운 시'를 쓰지 않기 위해 나는 위대한 피아니스트 스비야토슬라프 리흐테르의 말을 항상 마음에 새겨둔다. 그는 한 음반을 두고 이렇게 적었다. "이미 한 번 들은 적이 있는 녹음이다. 이번에 내가 받은 인상은 지난번과 동일하거나 더 나쁘다." 나는 그의 말을 이렇게 고쳐 들었다. 지난번과 동일한 건 지난번보다 더 나쁘다. 오늘의 나는 분명 어제와 다른 존재다. 그러니 오늘도 어제처럼 썼다면 그건 돌이킬 수 없이 나빠진 것이다. 이건 개인의 고뇌이지만, 전북의 문학 문화가 함께 생각해봐야 한다고 여긴다. 문학이 위기라고 말했다면, 어제의 문학에서 발을 빼야 한다고도 말할 수 있어야 한다. 다만, 어제에서 회수한 우리의 발을 어디에 디뎌야 할지는 숙고가 필요하다. 그러나 당장은 촌스러운 문학에서 용기 있게 발부터 빼자. 어제처럼 사는 삶은 예외적일 수 없고, 전혀 문학적이지 않기 때문이다.

목차

어제와 다른 시를 위하여

1부 사람의 문학을 위하여

1980년대 전북 시문학의 운동성 • 18

1990년대 전북의 민족문학 운동 • 56

1990년대 시의 내면성 • 82

다시 또 '사람의 문학'을 위하여 • 110

2부 내어 가득한 세계

'묵음의 트랙'에서 탄생하는 자기(I-Self)의 타인들 • 128

내어 가득한 하나의 세계 • 141

Blind: 지연되는 시, 침묵하는 삶 • 160

자기 반향의 시 쓰기 • 173

침묵하는 푸른 언어들의 세계 • 188

존재들 '사이'를 조율하는 법 • 201

3부 후천성 기억의 윤리

적소에서 보낸 스무 해 • 216

숭고를 향한 시적 에피파니 • 234

후천성 기억의 윤리 • 248

빈속에다 쓴 한 모금의 시 • 262

근황의 미학 • 281

한 사람만을 위한 미세한 전류 • 295

4부 외로움의 기원

이후에 남겨진 것들에서는 얼마쯤 비애가 수습된다 • 312

외로움의 기원, "오목 볼록해진 요철"의 세계 • 334

카뮈의 저녁 • 346

겨를 없이 사는 즐거움 혹은 쓸쓸함 • 356

삼출하는 감각들 • 368

삶을 조율하는 사유 주체들 • 376

1부 사람이 운명이 아닐까

1980년대 전북 시문학의 운동성
– '남민시' 동인을 중심으로

1. 당대성의 조건

문학이 인간 삶을 다루는 언어 예술이라는 사실은 보편적인 명제로 받아들여지고 있다. 이러한 명제는 세 가지 문학적 사실을 포함한다. 첫째, 문학은 언어를 도구화하여 창작되고 소통된다는 점. 둘째, 문학은 인간이 창작과 감상의 행위 주체라는 점. 셋째, 문학은 인간 삶을 내용으로 한다는 점이 그것들이다. 그래서 문학은 인간 삶의 '현실적 조건'에서 자유롭지 않으며, 문학 스스로가 또 하나의 현실적 조건을 창조해낼 수밖에 없다. 따라서 문학 담론에서 현실적 조건을 창작 방법론으로 삼을 수밖에 없다.

문제는 현실적 조건이 인간의 인식론적 차원과 존재론적 차원 모두의 영역에서 작동한다는 점이다. 현실적 조건은 그 현실 내부에 존재하는 인간의 사유와 행위의 지평으로 작동함과 동시에 그 자체로 현실을 인식하는 도구가 된다. 다시 말해, 현실적 조건은 인간이 존재할 수 있는 최소 장치이면서 존재하는 인간이 현실을 인식하는 방법론으로 기능한다는 말이다. 이렇게 당대 인간의 실존 조건을 규정하고 언어와 사유와 행동을 통제하는 제도화된 조건들이라는 점에서, 현실적 조건은 당대 유무형의 권력과 밀접하게 연관된다. 법률이나 규칙으로 대변되는 유형의 권력과 사회 역사적 윤리 같은 무형의 권력이 당대 인들의 삶의 방식을 규정하는 현실적 조건이 된다.[3] 따라서 문학이 인간 삶을 다룬다고 하는 의미는 '현실적 조건'과 어떤 식으로든 밀접하게 연관된다는 의미이기도 하다. 그럴 때 문학 담론에서 인간이 행위 주체이자 대상이 될 수 있으며, 인간의 문제를 문학의 대상으로 제시할 수 있게 된다.

그러나 현실적 조건을 개념적으로 규정하는 일은 쉬운 일이 아니다. '현실'을 시간과 공간이라는 물리적인 수준으로 규정하게 되면 인간의 감성과 상상력을 다루는 문학 담론을 담아낼 수 없다. 그렇다고 현실을 실제가 아닌 심리적 문제로 부차화시킬 수도 없다. 따라서 현실은 물리적인 바탕에 인간 내면의 다양한 변화를 정교하게 연결한 구성물로 접근할 필요가 있다. 게다가 현실은 공시적 차원의 단면이 아니라 통시적인 인과의 연쇄에 가깝다. 현실에서 발생하는 모든 사건은 크든 작든 그

---

[3] 법이나 제도 같이 성문 형식으로 제출된 권력구조 속에서 인간 삶이 영위된다는 점에서 현실적 조건은 유형의 권력에 일차적으로 소속되지만, 개인의 윤리의식이나 유형 권력에 대한 공포 같은 심리적 요인도 인간의 삶을 구성하는 핵심적인 조건이 된다는 점에서 현실적 조건은 복합적으로 작동하고 있다. 실제로 인간 삶은 유형 권력을 학습하는 과정에서 (무)의식적으로 형성된 무형 권력을 자기 삶의 조건으로 설정하는 경우가 많다. 유형 권력이 현실적 조건의 '이념'이라면 무형 권력은 그것의 '실천'이 되는 셈이다. 따라서 인간 삶의 현실적 조건이 되는 유무형의 권력은 입체적이고 전방위적으로 작동하게 된다.

기원을 감추고 있는데, 그러한 까닭에 현실에서의 문제를 해결하기 위해 기원을 살피는 일은 필수적인 것으로 알려져 있다.

이것이 문학 현상을 탐색하는 과정에서 현실적 조건에 천착할 수밖에 없는 이유가 될 것이다. 문학의 구성 요소들─창작 주체, 언어, 독자 그리고 문학적 대상이 되는 내용 요소들─이 모두 현실적으로 자유롭지 못하고, 또 그것들 스스로가 현실적 조건으로 작동한다는 점에서 문학 텍스트는 현실적 조건을 전제하고 그것을 극복해가는 사유와 상상의 언어표현에 해당한다. 특히 오랫동안 문학을 포함한 예술의 존재 근거를 미메시스적으로 바라본 관습적 태도는 문학의 본질 가운데 하나로 현실의 충실한 반영을 조건으로 요구했다. 그렇다고 해서 현실적 조건의 반영이 곧장 문학적 조건을 충족시키는 것은 아니다. 현실적 조건은, 문학의 경우 언어를 매개로 반영되어야 하는데, 알다시피 언어는 현실과 다르게 철저하게 가치중립적이다. 따라서 문학이 현실적 조건을 반영해야 한다는 명제는 '현실을 재구성'하는 일로 이해될 필요가 있다.

> 이 예술가의 재구성을 통하여 우리는 우리 자신의 현실을 보다 분명하게 알 수 있게 된다. 그리고 이 재구성의 노력은 불가피하게 당대적 언어의 관습과 스타일상의 특징에 의존한다. 물론 위대한 예술가는 이러한 당대적인 관습을 초월하는 사람이다. 그러나 그 초월은 당대적인 관습의 발판 위에서 가능하다.[4]

---

[4] 에리히 아우얼바하, 김우창·유종호 옮김, 『미메시스: 서구문학에 나타난 현실묘사』, 민음사, 1979, 7쪽.

인용문에서 볼 수 있듯, 재구성의 본질적인 목표는 "우리 자신의 현실을 보다 분명하게 알 수 있게" 되는 일이다. 언어로 표현된 문학 텍스트가 감각 경험으로 구성된 현실적 조건과 다른 방식으로 작동하기 때문에 경험적 현실을 언어적 현실로 전환할 필요가 있는데, 이 전환의 과정이 예술적 재구성 과정이다. 이를테면 감각 경험을 언어화하는 과정을 재구성이라고 할 수 있는데, 재구성은 "불가피하게 당대의 언어의 관습과 스타일상의 특징에 의존"할 수밖에 없다. 이 글이 1980년대 전북의 문학운동을 해명하는 과정에서 현실적 조건을 연구 대상으로 삼고 '당대의 언어의 관습과 스타일'을 방법적으로 추구하고자 하는 것은 문학 텍스트를 통한 현실의 재구성이 당대 현실을 누구보다 분명하게 보여줄 수 있다는 믿음에서다.

그러나 이 글은 단순히 1980년대 전북지역의 문학 텍스트에 반영된 현실적 조건을 해명하는 것에 목적이 있는 것은 아니다. 알다시피 현실적 조건은 '이미' 경험적으로 주어져 있고, 인간은 일상적으로 그 조건에 적응하고 그 조건을 재현한다. 여기서 나아가면 현실적 조건을 재구성하는 예술의 단계에 도달한다. 그러나 인간은 때로 경험적으로 주어진 현실적 조건을 교정하고 재구축하기도 한다. 이 경우는 현실적 조건이 인간 삶의 조건에 부합하지 않거나 인간 삶을 억압하는 경우이다. 에리히 아우얼바하가 "위대한 예술가는 당대적인 관습을 초월하는 사람"이고, "그 초월은 당대적인 관습의 발판 위에서 가능하다"고 주장했을 때, 이러한 발화에는 진정한 예술가라면 경험적으로 주어진 당대의 현실적 조건을 '초월'해야 한다는 당위가 포함되어 있다. 예술가는 "기존현실 속에서 기존현실을 발판으로 하여 새로운 현실을 창조하려고 하는 사회 혁명가의 입장에 매우 가까이"[5] 존재해야 한다는 것이다.

  이러한 관점에서 이 글은 1980년대라는 당대성 속에서 사회혁명가적 입장에서 새로운 현실을 창조하고자 했던 문학의 운동성에 관심을 둔다. 현실적 조건을 타개하고 새로운 현실적 조건을 구축하는 일은 혁명가적 의미에서의 '운동'과 깊이 관련되어 있기 때문이다. 이러한 시도는 문학이라는 예술 장르가 현실을 재구성하는 운동성과 긴밀하게 연관되어 있다는 관점을 반영하고 있다. 이 경우 운동은 단순한 장소 이동에서 사유에 이르기까지 우주에서 일어나는 모든 변화적 과정, 즉 변화 일반을 의미한다.[6] 그렇다고 해서 운동을 '발전'에 가까운 개념으로 간주하는 것은 아니다. 일반적으로 발전은 자체 내에서 새로운 대상과 구조의 합법칙성이 생겨나는 특징이 있는데, 1980년대 문학운동에서 그러한 특징을 발견하는 일은 쉽지 않기 때문이다. 그것은 어떤 의미에서는 1980년대 문학운동이 현실적 조건을 돌파해나갈 역량이 충분하게 성숙하지 못했다는 뜻이

---

5 같은 곳.
6 한국철학사상연구회 편역, 『철학소사전』, 동녘, 1991, 260쪽.
  운동은 기본적으로 어떤 '주체'가 '방향'과 '힘'을 작동시킴으로써 실현된다. 그러나 운동은 '위치'를 확정하는 데서 출발한다. 여기에서 위치는 현실적 조건의 '중심'이자 그 조건을 극복해가야 하는 새로운 삶의 '지평'을 아우른다. 따라서 운동성은 현실적 조건을 인식하고 그것을 극복하기 위한 지평의 방향을 설정한 후, 그 지평을 향해 의지를 실현하는 행위가 된다. 이러한 의미에서 1980년대 남민시 동인은 민중을 '주체'로 하여 사회역사적 억압과 경제적 소외라는 전북지역의 현실적 조건을 '위치'로 삼고, 그것을 극복하고자 하는 지평을 '들'로 설정한 후, '문학'의 동력으로 나아가고자 한 것 자체가 운동성을 확보한 것이라고 할 수 있다.

면서 다른 한편으로는 당대의 현실적 조건이 운동을 압도할 만큼 막강했다는 것을 뜻한다. 이렇게 1980년대 문학운동의 한계를 포함하여, 이 글은 전북 문학운동의 역사적 필연성과 그 성과를 살펴보고 있다.

2. 80년대 문학 현상과 전북 문학

1980년대 문학은 80년 5월의 봄으로 상징되는 광주민주화운동의 충격으로 시작하였고, 그 연장선에 군부독재와의 싸움, 민주화를 향한 열망 등이 가세하면서 현실적 조건을 타개하기 위한 다양한 시도들이 있었다. 특히 신군부에 의해 『창작과 비평』, 『문학과 사회』 등 정기간행물이 폐간되면서 문학인들은 새로운 문학 활동 방법을 고민하게 되는데[7], 이렇게 "'불온스런 거점'을 잃은 현실참여 내지 자유주의 문단은 정간물 등록을 않고도 1년에 한 번씩은 낼 수 있는 무크라는 편리한 출판형태를 통해 5공에 대한 문학 게릴라전"[8]에 돌입하게 되었다.

---

7 "80년 7월 31일 1백72개 정기간행물 등록취소는 이와 같이 폐간 당사자들도 전혀 모르게 단행됐다. 사회정화 차원에서 이루어진 이날 조치에 대해 문공부는 등록취소 이유로 각종비위·부정·부조리 등 사회적 부패요인이 돼오거나 음란·저속·외설적이거나 사회범죄·퇴폐적 내용, 계급의식의 격화·조장·사회불안조성, 발행목적 위반 내지 법정발행실적 미달 등을 들었다." 이경철, "'창비』「문지』 잘라라-80년 정간물 폐간 회오리", 중앙일보, 1991. 5. 3.
8 같은 곳.

1) 문학의 주체 형식으로서의 동인지

게릴라전 형식의 문학운동은 중심을 해체하고 지역을 거점으로 한 소규모 문학 활동을 방법론으로 채택하였다. 그 구체적인 활동은 동인을 구성하여 무크 형태로 작품집을 발간하는 것이었다. 1981년 광주에서 결성하여 그해 7월에 동인지 1집 『이 땅에 태어나서』를 낸 5월시 동인, 1983년 김창규, 김용락, 도종환, 배창환 등을 중심으로 대전·충남 지역에서 결성된 분단시대 동인, 1985년 전주에서 백학기, 이병천, 정인섭, 박두규, 박배엽, 최동현, 박남준 등이 결성한 남민시 동인 등 지역을 기반으로 문학 동인들이 속속 결성되었다.[9] 이러한 소집단 문학운동이 활발해진 이유는 "1980년대의 새로운 상황에 대한 문화적 대응"[10] 의지와 "기존의 문학에 대한 관념을 극복하면서 새로운 문학의 뜻을 밝히며 세우려는 이들의 노력"[11]이었다.

---

9 1980년대가 시의 시대, 동인지와 무크의 시대였다는 사실은 잘 알려졌거니와, '운동으로서의 동인활동'을 표방한 시 동인들이 다수 출현한 것도 주목할 현상이다. 대표적인 시 동인으로 시와 경제(1981~1982), 1970년대부터 동인활동을 시작했던 반시(1976~1983), 삶의 문학(1978~1988), 목요시(1979~1986) 등이 있다. 이들의 활동은, 이전까지 시 동인지의 주요 성격이었던 "창작활동을 지속하기 위한 토대로서 안정적인 발표지면의 확보라는 내적인 필요를 충족하고, 문학 인구의 저변 확대와 분위기 조성이라는 외적 효과에 기여"한다는 차원을 넘어서 있었다. 이들은 당대의 사회 변혁운동 및 문화운동과의 연관 속에 새로운 시의 개념과 창작 방법을 실천해나갔다는 점에서, 1970년대 시 동인 활동과 구분되는 '운동으로서의 시 동인'의 성격을 보여주었다. 심선옥, 「80년대 시 동인지 운동과 '5월시'」, 『상허학보』 제50집, 2017, 458쪽.
10 백낙청, 「1983년의 무크운동」, 백낙청·염무웅 편, 『한국문학의 현단계3』, 창작과비평사, 1984, 11쪽.
11 정과리, 「소집단 운동의 양상과 의미」, 『문학, 존재의 변증법』, 문학과지성사, 1985, 45쪽.

근래의 동인 운동들을 소집단 운동으로 규정하는 전제의 이면엔 그것이 일관된 문학적 이념과 형태를 지향하며 생성시키는 사람들의 모임의 활동이란 뜻이 들어 있다. 그 이념과 형태는 외부로부터 절대적으로 주어진 것이 결코 아니다. 운동자들이 운동의 과정 속에서 스스로 배태하고 튼튼하게 형성시킨 것이다. 기존의 문학에 대한 관념을 극복하면서 새로운 문학의 뜻을 세우려는 이들의 노력은, 그것이 막연히 자기 유희에 빠지지 않는 한, 현실의 구체적인 집단과 맥락을 가진다. 문학적으로는 과거의 문학관의 한계를 넘어서서 새로운 문학관을 정립하려는 노력이지만, 사회적으로 그것은 과거의 문학관이 채 조명하지 못했거나 명료하게 디디지 못한 현실의 생활 집단에 깊이 몸담음으로써, 그 집단의 현상 안주를 의식적으로 깨뜨리고, 집단 자체 내에서 발현되고 있는 삶의 힘을 일깨움으로써, 잠재되어 있는 새로운 삶에의 지적·감정적 열망의 총체를 표면에 부상시켜, 사회 형성의 핵심적인 동력으로 움직이게 한다.[12]

1980년대 문학 동인이 결성되어 활발하게 소집단 운동을 전개해나간 것은 "역사적·사회적 체험의 맥락 속에서 (현실을) 바라보겠다는 의지의 강조"이며 "문학과 현실을 하나로 겹쳐 보며 그 안에서 의미를 길어내[13]겠다고 하는 창작 방법적 시도이다. 중요한 건 이러한 의지와 시도 이면에 1970년대까지 줄기차게

---

12 같은 곳.
13 장석주, 『20세기 한국 문학의 탐험 4』, 시공사, 2000, 393쪽.

시도되었던 민족문학 운동의 소시민성에 대한 반성이 있다는 점이다. 채광석은 작가를 포함한 지식인에게는 두 가지 속성이 있는데, "중간층으로서의 소시민성과 지식인으로서의 역사적·사회적 책임 인식에 따른 민중지향성이 바로 그것"[14]이라고 하면서, 민중적 현실을 문학적으로 실천해나가는 "민중문학은 지식인 문학인들의 경우 정체되거나 후퇴하여 온 것이 우리의 저간의 실정"[15]이었다고 지적한다. 따라서 이러한 지식인 문학의 소시민성을 극복하는 하나의 방법으로 "소시민적 전망과 성격을 철저히 깨뜨리고, 새로운 세계관과 민중의식으로 무장된 '실천적 운동성'(전체성)과 '구체적 현장성'(개별성)의 통일"이 필요하며 이는 "개별적 작업방식이 아닌 지극히 조직적 방식에 의해서"[16] 이루어질 필요가 있다는 주장이 제기되었다.

이렇게 1980년대 소시민 지식인 작가의 한계를 지적하고 노동하는 생산 대중의 세계관을 수용하는 운동으로서의 문학을 위해 '집단창작'이 제출된 것은 1980년대 문학 현상으로 대두된 동인 활동과 무크지의 활발한 발간과 무관하지 않다. 이는 1970년대까지 『창작과 비평』, 『문학과 지성』 등 문예지를 구심점으로 한 지식인 문단에 대한 한계를 인정한 것이다. 그중에서도 백낙청, 최원식 등을 중심으로 결성된 『창작과 비평』 그룹이 1970년대 이후 줄곧 "주체적 측면에서는 민중적 입장을, 객

---

[14] 채광석, 「민족문학과 민중문학」, 김병걸·채광석 편, 『민족, 민중 그리고 문학』, 지양사, 1985, 100쪽.
[15] 위의 책, 101쪽.
[16] 이성욱, 「소시민적 문학론의 탈락과 민족문학론의 분화」, 『사회와 사상』, 1989년 가을, 한길사, 1989, 314쪽.

관적 측면에서는 분단극복의 문학을 주장"하는 민족문학론을 견지해오는 동안 "민족운동의 주도세력으로서의 민중에 대한 과학적이고도 구체적인 인식이 부족했고, 따라서 운동의 이론이나 조직 또는 작품생산에 있어서 민중의 주도성이 제대로 반영되지 못했다"[17]라는 한계를 스스로 밝히고 있다. 이 과정에서 1970년대부터 전개해오던 민족문학 운동은 1980년대 들어 문학 창작 주체로 '민중'을 전면에 내세움과 동시에 그 내용 면에서도 분단 문제를 포함한 '민중'의 삶에 깊이 관여하기 시작했는데, 그 실천적 향방이 바로 소집단 운동으로 전개되었다. 그리고 이들에게는 "앞 연대의 문학적 성과를 보다 심화해 나가려면 그들 자신의 문학적 통합력 형성에의 주체적 노력과 더불어 사회적 제 세력의 정당한 자기전개가 이뤄져야"[18] 하는 과제가 놓여 있었다.

이러한 1980년대 문학 현상 속에서 전북에서도 남민시 동인을 중심으로 민족문학 운동이 전개되었다. 남민시 동인은 1985년 『남민시』 1집을 내면서 '서문'에 앞서 동인지에 실린 시 가운데 "우리가 그 손에/ 바칠 것을 받을 때까지/ 이곳에 죽도록 모여 살아서/ 마른 들녘으로 저 무덤들을 메고 다니냐/ 뜨건 밥 피눈물은 끝내/ 나누어 먹겠네, 아든"(정인섭, 「한국 무덤산」)을 세워놓았다. 이는 남민시 동인의 시대 인식의 한 단면을 암시해줌과 동시에 이들의 시적 지향과 동인지의 성격을 분명하게 제

---

17 백낙청, 「민족문학과 민중문학」, 김병걸·채광석 편, 앞의 책, 38쪽.
18 채광석, 「부끄러움과 힘의 부재」, 백낙청·염무웅 편, 『한국문학의 현단계2』, 창작과 비평사, 1983, 52쪽.

시한 것으로 보인다. 우리, 모여, 들녘, 무덤, 밥, 피눈물 같은 시어들이 '나누어 먹겠네, 아픈'으로 수렴되는 과정에서 이 시는 1980년대 민중의 삶과 민족의 운명을 공동체 속에서 풀어내고자 하는 의지를 피력했다. '서문'은 민중 주체로서 민족 공동체를 향한 열망을 간곡하고 결기 있게 풀어내고 있다.

> 우리가 조심스럽게 모여 시작하는 문학에의 뜻담음은, 압록강이나 원산, 또한 奉天이나 한탄강이 결국 똑같은 무게를 가지고 우리들 정신의 본바닥 남녘의 지평에 連닿아 있음을 실감케 한다.
> 우리가 지금 여기 남녘 땅에서 더불어 출렁이며 만나는 추억과 역사는 살아가면서 우리들 스스로 만들어낸 것이려니와, 견디기 힘든 그 자체로의 역동성을 가지고 모든 사물과 그리움에 대한 치열함과 어우러져 이 나라 산천이 되고 푸른 하늘이 되는 것이니, 시 쓰는 우리들의 한결같은 뜻이 여기에 있다.[19]

『남민시』 1집 서문에서 눈에 띄는 것은 이들 동인들이 "남녘의 지평에 連닿아"를 강조하고 있다는 사실이다. 인용하지는 않았지만, 이어지는 글에서 "詩는 곧, 온갖 것, 詩야말로 온갖 것을 할 힘이 있음"도 따로 강조점을 찍고 있다. 이를 통해 남민시 동인의 존재론적 근거와 운동의 동력을 확인할 수 있다. 그것은 "압록강이나 원산, 또한 봉천이나 한탄강"으로 표상된 우리

---

[19] 백학기 외, 「『남민시』 1집을 내며」, 『남민시1: 들 건너 사람들』, 동문선, 1985, 4쪽.

민족의 역사와 민중적 삶의 지평이 '남녘'으로 표상된 전북 지역과 긴밀하게 연계되어 있으며, 이러한 연계는 남북한을 하나로 포함하는, 당대의 분단 현실을 극복하고자 하는 의지와 나아가 만주 지역 '奉天'을 포섭하는 역사적 지평의 또 다른 한 축으로 '남녘'을 상정하고 있는 것이다.

이런 면에서 보면, 1980년대 남민시 동인에게 역사발전 주체로서 민중은 민족의식과 연계되어 있었다는 사실을 알 수 있다. 남북한을 아우르는 "우리들 정신의 본바닥"에 관한 담론이라거나 분단 조국에서 남과 북이 서로를 향한 "그리움에 대한 치열함" 등이 "어우러져 이 나라 산천이 되고 푸른 하늘이 되는 것"이라고 말하는 것은 민족의식 속에서 발견한 민중 의식이다. 1980년대에 민족자결로서의 민족주의를 전개하는 과정에서 "민중에 의한, 민중지향적인 운동이어야 한다", "민족문화 운동으로 전개되어야 할 것이다", "우리의 민족운동은 세계와 역사라는 맥락에서 인정되고 공인될 수 있는 보편성을 지녀야 한다"[20]라는 동시대의 운동성을 남민시 동인은 스스로의 문제의식으로 받아들인 것이다. 이러한 맥락에서 "아비가 가는 길은/ 뱃길도 사라지고/ 아비가 건너야 하는 십리 길 물길/ (…중략…)/ 남북, 물길로 끝내 닿아야 할/ 아비가 가는 길 십리 길 물길"[21] 같은 민족과 민중을 아우르는 작품의 당대성을 확인할 수 있다. 따라서 남민시 동인들에게 민중의 민족의식은 1980년

---

20 안병무, 「민족자결의 민족주의 운동」, 『실천문학』 제5권, 실천문학사, 1984, 112~113쪽.
21 백학기, 「남북」, 『남민시1: 들 건너 사람들』, 동문선, 1985, 26쪽.

대의 운동을 견인하는 핵심적인 주체가 되고 있음을 알 수 있다.

2) 문학적 당면 현실로서의 삼민주의

남민시 동인들이 인식한 1980년대가 민중 주체의 민족의식이 되었던 것은 1980년대라는 당대성의 발생론적 맥락과 관련되어 있다. 1980년 5월 광주민주화운동의 충격은 동시대 지식인, 문인들에게 시대와 역사 그리고 문학을 바라보는 새로운 관점을 요청하였다. 특히 신군부의 반민주적 폭압을 목격한 문인들은 1970년대부터 줄곧 강조했던 반외세, 민족통일 등의 민족자결 문제가 민주주의 확보와 밀접하게 관련되어 있다는 사실을 확인하였다. 이 과정에서 민주주의는 민중에 의한 민족 문제를 해결하기 위해 극복해야 하는 운동의 대상으로 부상하였다. 이문영은 80년대의 당면과제를 해결하기 위한 시대정신으로 민족, 민주, 민중, 평화 등 네 가지를 주장했다. 그 구체적인 실현 과정은 민족 문제를 해결하기 위해 민주주의를 실현해야 하고, 민주주의를 통해 민중의 문제를 해결해야 하며, 민중 문제 해결을 통해 국제적 평화를 이룩하는 것이었다.[22]

그러나 주체가 이념을 실현해가는 과정을 운동[23]이라고 할 때, 80년대의 문학운동은 "적어도 현시점에서 볼 때 '현실 생활

---

22 이문영, 「80년대의 본질과 민주화」, 『민중』 제2권, 청사, 1985, 108~110쪽.
23 이재현, 「민중문학 운동의 과제」, 김병걸·채광석 편, 앞의 책, 267쪽.

의 역사적 운동'(오늘날의 용어로는 민족·민중·민주 운동이 될 것이다)의 '전방'에 서 있지도 못하며 '문학자'는 '문학운동의 최량의 결정적인 투사'가 되어 있지도 못한"[24] 상태였다. 문학운동이 민족·민중·민주 운동이 되어야 한다는 역사적 당위와 문학인이 그것들을 운동으로 실현해가야 할 투사가 되어야 한다는 자의식은 남민시 동인에게도 수용되었다.

이 시대의 구조적 모순에 온몸으로 부딪치면서 스스로 목숨을 던지는 많은 사람들이 있음은 실로 어느 문학보다도 감동적이다. 문학적 상상력을 능가하는 격한 감동으로 엄습해오는 행동적 삶의 광휘는 사실상 문학행위의 본질을 현실 속에 구체적으로 보여주고 있는 것이기도 하다. 그러므로, 문학이 이러한 당면한 상황의 당위적 행동논리를 포용할 수 있을 때 문학은 스스로를 구제하고 편협한 자기포기에서 벗어날 수 있을 것이다.

(…중략…)

따라서 우선 시작해야 할 일은, 농경사회의 유구한 전통을 지닌 이 지역의 정서 속에서 진행되어온 민중사가 가지는 지속적 내연적(內燃的) 의미에 근간을 두고 시적 자료를 재정비하는 일이며 그 속에서 겨레의 바른 정서를 회복하기 위한 시적 형상화 작업을 하는 것이다.[25]

---

[24] 위의 책, 270쪽.
[25] 박두규 외, 「남민시 2집을 내면서」, 『남민시2: 빈 들판에 쓰러져 우는 사람아』, 청하, 1986, 8~9쪽.

남민시 동인은 1986년 2집 『빈들에 쓰러져 우는 사람아』 '동인의 말'에서 "구조적 모순"에 "스스로 목숨을 던지는" "행동적 삶의 광휘"를 발견하고, 그것이 "문학행위의 본질"에 근접해 있다는 사실을 확인한다. 아울러 남민시 동인은 "당면한 상황의 당위적 행동논리"를 "시적 형상화 작업"의 바탕으로 삼는다. 여기서 말하는 '당면적 상황'이란 1980년대를 관통하고 있는 사회 역사적 모순, 다시 말해 파쇼 정부의 반민주적 행태—여기에는 1980년 광주민주화운동을 침묵으로 혹은 암암리에 묵인한 미국도 포함된다.—를 포괄하고 있다. 이에 대한 '당위적 행동논리'로는 1980년대 현실 생활의 역사적 운동인 민족운동, 민중운동, 민주운동이 대두되었다. 이러한 삼민운동은 1980년대 문학이 민중성, 자주성, 반미성, 민족성을 구축하는 근거가 되었다.

삼민운동 중에서 최종 목표는 민주주의의 실현이다. 1984년 4월 14일 발족한 '민중문화운동협의회'의 창립발기문은 이 점을 분명하게 밝히고 있다. 이들은 4월 혁명으로 각성된 민족의식과 민중의식이 성숙되지 못한 것은 민주주의의 실패에서 비롯하였으며, 그런 까닭에 삶의 문화가 자본과 권력의 왜곡된 논리에 복속하는 노예화의 문화로 전락했다고 판단한다. 따라서 이들은 "문화독점구조의 극복은 문화의 창조와 전파와 향유의 주권이 민중에게 있고, 마땅히 그러해야 한다는 문화적 민주화의 추구에 다름아니다. 또한 민주화는 민중문화 발전의 관건이자 기본 전제이다"[26]라고 하여 민족 민중 운동의 토대이자 목표 자체가 민주주의 실현에 있음을 분명히 하였다. 삼민운동 중에서 실제로 당위적 행동 논리로 작동하는 것은 민중운동과 민족운동이며 민주주의 운동은 이러한 실천 운동을 가능하게 하는 본질적 요소라고 본 것이다. 따라서 민중의 삶과 민족의 모순을 내용으로 삼는 문학은 "80년대로 접어들면서 경험했던 민주화 혹은 민중 시대에 대한 희망의 좌절"[27]을 딛고 일어서기 위한 운동의 방법이 되었다.

남민시 동인의 시는 이러한 삼민운동을 그 내용 요소로 삼고 있다. 3집까지 발간된 동인지의 제목이 『들 건너 사람들』(1집), 『빈 들판에 쓰러져 우는 사람아』(2집), 『풀씨여 풀씨여』(3집)가 된 것은 민족·민중·민주를 향한 시적 행동 논리를 상징적으로 보여준다. '들/들판'이 민중의 생활 터전을 형상화한 객관적 조건이라고 한다면, '사람들/사람'은 '들'에서 살아가는 민족 구성원, 곧 민중을 뜻하며, 이들이 '건너/쓰러져 우는' 형상은 1980년대 당시의 구조적 모순에 대한 형상화가 된다. 1집과 2집의 표제가 이렇게 당대의 모순을 첨예화하고 있다면, 3집에서는 '들'과 '사람'을 변증법적으로 통합시켜 '풀씨'라는 생명력을 강조하는 표제를 사용하였다. 이는 1집과 2집이 87체제 이전의 현실 모순 속에서 발간된 것과 달리 3집은 6월 항쟁을 통해 확인

---

[26] 「민중문화운동협의회 창립발기문」, 동아일보사, 『선언으로 본 80년대 민족·민주운동』, 신동아, 1990, 221쪽.
[27] 김정환 외, 「80년대와 지방문화운동」, 『실천문학』 제5권, 실천문학사, 1984, 241쪽.

한 민중 의식의 성장과 전망을 담아낸 것으로 읽어낼 수 있다. 이렇게 본다면 남민시 동인의 시적 세계는 현실 생활의 역사적 측면에서 1, 2집과 3집의 객관적 상황이 같지 않다는 사실을 알게 된다. 남민시 동인의 민족 민중 의식은 1987년을 기점으로 숨 고르기를 한 것처럼 보이며, 실제로 3집에 실린 작품들에서는 투사적 시 쓰기를 발견하기 쉽지 않다. 이러한 특징은 3집을 펴내는 남민시 동인들도 인식하고 있었다.

> 3집을 낸다. 1, 2집을 내오면서 우리들의 따뜻하고 싶은 시대에 대한, 사회에 대한 물음은 아직도 끝없다. 우리가 갈망하고 지지하는 바 진정한 공동체적 삶을 회복하기 위해 우리에게 남아 있는 역할은 무엇일 것인가. 이러한 물음들이 그대로 3집에도 남아 있음을 본다. 그러나 부끄러운 대로 우리는 3집이 우리의 지속적인 자문의 한 결집으로 읽혀지기를 기대한다. 또한 모든 버림받은 것들과 함께 읽혀지기를 기대한다.
> 벌써 시월이다.[28]

1집과 2집에 비하면 3집을 내는 서문 격의 이 글은 분량이나 내용에서 간명하고 간결하다. 그러나 중요한 것은 1집과 2집에서 보여주었던 시대 인식과 역사적 당위가 보이지 않는다는 점이다. 물론 1, 2집의 문제의식을 그대로 수용하고 있음을 밝히고 있지만, 의례적인 것으로 읽힐 뿐 "일단 시작한다"(1집), "따

---

[28] 「남민시」 3집을 내면서」, 최동현 외, 『남민시3: 풀씨여 풀씨여』, 청하, 1987, 3쪽.

라서 우선 시작해야 할 일은"(2집) 같은 의지적 모습보다는 "읽혀지기를 기대한다" 같은 수동적인 입장을 피력한다. 그렇다고 해서 3집이 민족 민중 의식을 담아내지 않는 것은 아니다. 다만 1987년 6월 항쟁을 거치면서 시적 추동력보다는 현실 생활적 추동력이 더 강하게 작동하였고, 삶의 열기가 문학적 열망을 압도하는 객관적 현실 조건이 남민시 3집에 고스란히 반영된 것으로 보는 게 타당할 것이다.

3. 남민시 동인의 문학 운동과 지역성

1985년 1월, 남민시 동인은 『남민시1: 들 건너 사람들』을 펴내며 "2년 전 가을 모여 서로의 결곡한 뜻과 이야기들을 나누며 '남민시'라는 이름 하나를 둘러메고 한 자리에 모여 앉았"[29]다고 동인 결성의 과정을 간략하게 설명했다. 이에 따르면, 남민시 동인이 전북에서 문학 동인을 구상해 온 1983년부터인데, 그 무렵은 80년대 운동에서 지역성이 본격적으로 대두되기 시작한 시점이다. 인근하고 있는 전남의 경우 1983년 '일과 놀이' 소극장을 중심으로 민중문화운동이 전개되었고[30], 충남 지역에서도 1978년부터 시작된 문학동인지 『창 그리고 벽』이 1983년 『삶의 문학』으로 이름을 바꾸고 "문학이 지향해야 될 삶과 세상

---

29 「'남민시' 1집을 내며」, 백학기 외, 『남민시1: 들 건너 사람들』, 동문선, 1985, 5쪽.
30 「지역 문화 운동의 논리와 과제」, 한국기독교사회문제연구원 편, 『지역운동과 지역실태』, 민중사, 1986, 52쪽.

은 다수 민중들이 희구하는 것이어야 한다고 선언"[31]함으로써 문학의 민족 민중 운동을 도모하였다.

이러한 흐름 속에서 전북에서도 1985년 종합문화지 『남민』이 창간되었다.[32] 『남민』은 "전북지역의 문화를 발굴하고 그 현황을 객관적으로 점검하며, 문학 동호인들의 작품발표장으로서의 역할밖에 수행하지 못하는 기왕의 지역 문학지들의 문학주의적 한계를 극복하기 위해 활동한다는 야심찬 포부"를 내세웠다. 이렇게 다양한 운동으로서의 다양한 문학/문화 활동이 이루어짐으로써 신군부는 1983년 학원 자율화 조치를 단행하고, 1984년 정치인들을 해금하는 등 정세를 유화 국면으로 전환했다. 이러한 유화 국면 속에서 독립적이고 자율적인 조직이 폭발적으로 증가하는데, 『남민시』도 그중 하나였다. 남민시 동인은 "이전과 비교할 때 확연히 현장과 민중의 삶에 천착하는 모습을 보이며 새로운 세계상을 담지하고 있"으며 "장차 출현할 지역의 새로운 작가 조직의 모태 노릇을 충실히 수행했다"[33]라는 평가를 받는다. 이렇게 『남민시』는 1980년대 전북지역 문학 운동의 구심점으로 작동하면서 1990년 이후의 전북 문학을 이끌어갈 역량을 확보하게 된다.

---

31 대전·충남민주화운동사편찬위원회 편, 『대전·충남민주화운동사』, 선인, 2016, 460쪽.
32 1984년 『남민』 발간을 위해 최준석, 정학수, 김홍수, 임옥상, 김익두 등 대학교수를 중심으로 편집동인이 구성되었다. 이들은 1년여의 기획과 집필을 통해 1985년 『남민』 창간호를 출간하고, 2년 후인 1987년에 『남민』 2집, 1989년에 『남민』 3집을 출간하였다. 전북민주화운동사편찬위원회, 『전북민주화운동사』, 선인, 2012, 445~446쪽.
33 위의 책, 447쪽.

1) '남녘의 지평' 확산을 위한 문학운동

1980년대 문학의 주목할 만한 현상으로는 "시의 번성, 부정기 간행물 MOOK의 발간, 문학동인 활동의 증가, 지역문학 운동의 확산, 다른 장르와 매체 간의 연대를 통한 문학 외연의 확장"[34] 등을 들 수 있다. 그리고 이러한 다양한 활동과 운동의 매개가 되었던 것은 시 장르이다. 당시 시 장르가 전면에 부각될 수 있었던 것은 1980년대라는 시대의 특성과 긴밀하게 연관되어 있다. 소설을 비롯한 서사 장르가 시대의 흐름을 총체적으로 파악하고 긴 호흡 속에서 이야기를 발생시키는 장르적 특성이 있다면, 시 장르는 급변하는 시대 상황을 재빠르게 포착하고 그 모순을 신속하게 형상화하는 특성이 있다. 다시 말해 "문학이야말로 시대의 상처를 먼저 아파하는 동시에 새로운 시대의 징후를 먼저 파악하는 양식이며, 시가 산문보다 현실의 고통을 감각적 직관적으로 담아낸다는 점에서 자연스러운 것"[35]이라는 인식이 1980년대 시 동인들의 생각이었다.

이러한 관점에서 우리 문학사는 1980년대를 억압적 현실에 대한 문학적 응전의 담론으로 바라보았다. 그런 까닭에 1980년대 문학 무크 운동을 1970년대부터 이어져 온 민족문학 운동의 연장으로 간주해오기도 했다. 그러나 한편에서는 "80년대와 무크지를 부정적 현실에 의해 추동된 문학주체들의 응전의

---

[34] 심선옥, 「1980년대 시 동인지 운동과 '5월시'」, 『상허학보』 50집, 상허학회, 2017, 453쪽.
[35] 김성수, 「1980년대 동인지·무크 문학의 운동성」, 국제어문학회 학술대회 자료집, 2004, 44쪽.

방식이라는 시각에서 조명하는 것보다 그동안 소외된 문학 제도 바깥의 '타자'들의 관점에서 살피는 것이 좀더 당대적 진실에 접근할 수 있다"[36]라는 관점에서 1980년대 무크지 운동의 성과를 정리하기도 한다. 다시 말해 1980년대 들어 무크지 등을 통한 소집단 문학운동의 기원이 당대의 억압적 현실에 대한 시대사적 응전에 국한된 것이 아니라, 기존 문학장에 대한 반성적인 성격과 주류를 형성했던 문단과 문학에 대한 비판적 대안 운동의 성격이 강했다는 것이다. 특히 무크지 운동이 지역문학인들을 중심으로 활발하게 전개되었다는 점에서, 지역 문학은 서울을 중심으로 한 주류문학에 대한 대응과 대안의 축으로 작용한 것으로 볼 수 있다.

남민시 동인의 활동도 민족문학 운동의 연장선상에 놓여 있지만, 그 구체적인 방법 면에서는 전북지역의 삶과 문화를 문학적 대안으로 제안하는 데 집중했다. 특히 『남민시』 1집과 2집 표제에 '들'과 '사람들'을 담아냄으로써 1집 「서문」에서 말하는 "남녘의 지평"의 역사성을 피력하였다. 1집에 참여한 백학기의 「녹두꽃 역사」, 박배엽의 「산에 들에서」, 최동현의 「어전리」 연작 등이 대표적이다.

> 내가 馬로 떠돌아다녔을 때에
>
> 충청도와 전라도
>
> 琫準이 만났을리야

---

[36] 김문주, 「1980년대 무크지 운동과 문학장의 변화」, 『한국시학연구』 37호, 한국시학회, 2013, 86쪽.

쓰디쓴 녹두꽃 歷史 잊었을리야

가고 없는 저문 들가
어두운 얼굴로
사내 되어 井邑詞나 부르면
강녘과 산허리에
어느 역사 눈뜨며 걸어올까
이 들끓는 가슴에
이 무덤 파헤치면
사내들 얼굴 들고 나오고
아낙들 젖 물린 채 춤추며 나오고
온갖 것들 서리서리 나올까
그리하여 산밭에 목소리 남아서
꽹과리 치며 치며
제 형상 갖춰 집 지을까 역사 지을까

내가 馬로 떠돌아다녔을 때에
충청도의 삽
전라도의 낫 내 등에
푸르게 푸르게 서슬 아니 꽂혔을리야

— 백학기, 「녹두꽃 歷史」 전문(『남민시』 1집)

80년대를 지배했던 핵심 과제의 하나는 "민중적 민주주의와 민중적 민족주의에 입각한 분단 극복의 의지"[37]였다. 그것은 군부독재를 해체하고 민주주의로 나아가기 위한 도정에서 반드시 해결되어야 하는 과제였다. 특히 "민족국가 단위의 새로운 확대과정이, 민족국가 상호간에 통합과정에서 민중적 민주주의에 기초하여 평등적·민주적 관계로 이루어진다면 그러한 통합국가 또는 민중적 민주주의 국가"[38]가 수립될 것이라는 기대감이 컸다. 이러한 관점에서 백학기의 시를 비롯하여 남민시 동인의 작품에도 민족국가를 향한 분단극복의 실천적 행보들이 다양하게 담겨 있다.

서정시의 본질 가운데 하나가 '나'의 서사와 공동체의 서사를 동일화하는 점이라고 할 때, 「녹두꽃 歷史」는 서정시의 전형이 되기에 충분하다. 이 시에서 나의 서사는 "봉준"의 "쓰디쓴 녹두꽃 역사"를 통해 형상화되는 민족공동체의 서사와 다르지 않다. "충청도와 전라도"를 특정해 냄으로써 시가 쓰인 1980년대와 100여 년 전인 1880년대를 동시대성으로 압축하고, 이를 통해 민중 중심의 세계 인식을 강력하게 제기한다. 그럴 때 이 시는 기존의 세계 인식 방법론에 대한 저항이자 새로운 세계 인식을 위한 운동의 미적 형상화라는 측면에서 읽힐 수 있다. "내가 馬로 떠돌아다녔을 때"에서 알 수 있듯, 1980년대는 민중적 삶이 어느 때보다 곤핍했다. 그럼에도 이들의 내면에는 역사의식이 그 어느 때보다 열렬했으며, 그렇듯 "들끓는 가슴에" "사내들"과 "아낙들", 그리고 "온갖 것들 서리서리 나"오기를 바란

---

37 성유보, 「분단·사회·인간」, 『실천문학』 제5권, 실천문학사, 1984, 181쪽.
38 같은 곳.

다. 이러한 욕망의 이유는 민중들이 "제 형상 갖춰 집"을 짓고 "역사"를 짓도록 하기 위해서다. 그렇다면 "馬"처럼 떠돌아다니는 민중들이 '제 형상'에 걸맞은 '집'을 지어야 하는 이유는 무엇일까? 그것은 민중의 "등에/ 푸르게 푸르게 서슬 아니 꽂혔을 리" 없기 때문이다. 백학기의 시는 이렇게 1980년대의 폭압적 지배 질서에 대항하는 시적 형상화 전략의 하나로 민중의 삶과 의지를 연대해내는 혁명적 운동성을 담아내고 있다. 『남민시』 2집에 실린 서홍관의 「용광로」, 『남민시』 3집에 실린 서소로의 「노령의 땅」 등이 민중적 관점에서 민중의 삶에 각인된 역사성을 부각하고 형상화하는 데 주력하였다.

그러나 분단극복과 민중적 민족국가 수립에 대한 열망은 『남민시』 2집에서부터 피상적인 운동성에 기반을 둔 낭만적 민중운동으로 기울게 된다. 그것은 1980년대의 폭압적 현실 조건이 견고해질 때 나타나는 현상으로 볼 수 있으나, 다른 측면에서는 남민시 동인[39]의 성분 자체가 기층 민중이 아니라는 점에서 그 변화의 필연성을 확인할 수 있다. 남민시 동인은 대부분 대학을 졸업하고 교사나 직장인 등 소시민적 지식인이었다. 1980년대 문학이 나아갈 길이 "모든 분열의 아픔을 집중적으로 당하는 민중에 의한 민중문학이 아닐 수 없고 동시에 그 아픔을 온 민족적으로 넘어서야 할 당위로 하여 민족문학"[40]이어야 한

---

[39] 남민시 1집에는 백학기, 이병천, 정인섭, 박두규, 박배엽, 최동현, 박남준이 참여했고, 남민시 2집에는 이병천과 박배엽이 빠지고 서소로와 서홍관이 새로 참여했으며, 남민시 3집에는 김용택이 추가로 참여하고 있다.
[40] 백원담, 「인간해방의 정서와 의지의 형상화」, 김병걸·채광석 편, 앞의 책, 30쪽.

다는 점에서 지식인 중심의 남민시 동인의 운동성은 낭만적일 수밖에 없는 한계를 지닌다. 다음과 같은 작품에서 그러한 면을 확인할 수 있다.

> 어느 법으로도 이 마음
> 베지 못하네.
> 두 눈 부릅떠
> 제 갈 길 가며
> 조선 팔도 떠도는 눈물이 되겠네.
>
> 살 만한 땅에 닿기 위하여
> 이마로, 가슴으로,
> 또 무릎으로,
> 헐벗어 사무치며, 뉘우치며
> 가는 길.
>
> 짓밟힌 풀들의, 무섭고 아름다운
> 새벽이 올 때
> 혼백 불러 몸 밝히는
> 들꽃이 되겠네.
> ― 최동현, 「개망초2」 전문(『남민시』 2집)

남민시 동인의 작품성이 낭만적인 방향으로 나아가는 것을 두고 운동성을 상실했다고 말하기는 어렵다. 기본적으로 낭만성은 엄격한 형식과 격식에 반발하는 자유분방한 예술 운동에서 탄생한 미적 속성이기 때문이다. 문제는 그러한 분방함이 현실 모순을 타개하기 위한 역동적 힘이 아니라 현실로부터 이격되기 위한 방향으로 나아갈 때 발생한다. 남민시 동인의 작품들도 현실의 모순을 관념 세계에서 해소하려는 시도들이 나타난다. 「개망초2」의 경우 민중의 모습은 "두 눈 부릅떠" "조선 팔도 떠도는 눈물"로 형상화되어 있으며, 이들의 행보는 "살 만한 땅에 닿기 위하여" "헐벗어 사무치며, 뉘우치며" 살아가고 있다. 여기에서 "떠도는 눈물"이나 "살 만한 땅" 같은 인식은 반민중적이다. 이러한 인식에는 "역사발전의 새로운 국면에 처해 그에 상응하는 존재론적 성찰과 결단 없이 과거로부터 길들여진 관념적 대응만으로 동시대의 진실을 포착할 수 있다"는 "지식인 시의 전가의 보도라고 할 수 있는 이른바 '서정성'을 내세"[41]우기 때문이다. 그럼으로써 남민시 동인은 박노해의 『노동의 새벽』, 김해화의 『인부수첩』, 정명자의 『동지여 가슴 맞대고』, 최명자의 『우리들 소원』 같은 기층 민중 출신의 작품들이 지닌 "살아 있는 건강한 삶의 신선함"[42]을 확보하는 데 성공하지 못한다. 최동현의 시에서 "혼백 불러 몸 밝히는/ 들꽃이 되겠"다는 인식이 동시대의 민중 모순에 대한 안이한 '관념적 대응'에 머무르고 만 것은 지식인 시의 한계를 분명하게 드러낸 것이다.

---

41 김명인, 「지식인 문학의 위기와 새로운 민족문학의 구상」, 김사인·강형철 엮음, 『민족민중문학론의 쟁점과 전망』, 푸른숲, 1989, 105쪽.
42 위의 책, 106쪽.

이처럼 남민시 동인의 민중주의적 민족문학 운동은 그 역사적 당위성에도 불구하고 시로 형상화해내는 방식에서는 충분한 성과를 얻었다고 보기는 어렵다. 그럼에도 주목해야 할 것은 남민시 동인의 시 세계가 전북지역에서 민중의 삶을 발견하고 민족문학의 가능성을 모색하고 있다는 사실이다. '남민'으로 명명한 그들의 존재 방식에서 이미 그러한 단초를 발견할 수 있다. 특히 '남녘'을 전북의 지역성으로 설정함으로써 남민시 동인은 남녘 민중의 역사적 지평을 개척하게 되었고, 그것 위에서 1980년대 분단극복을 위한 민족문학의 한 영역을 확보할 수 있었다.

2) '남민'의 삶을 회복하기 위한 생명운동

1970년대부터 지속되어 온 민중운동과 민족운동의 문학적 가치가 민족 현실의 역사적 당면과제를 해소하는 것에 열중한 것은 사실이지만, 그 근본적인 문제의식이 정치적 독재와 경제적 독점의 현실적 억압 속에 놓여 있는 민중들의 새로운 삶을 확보하는 데 있었던 것도 무시할 수 없다. 1970년대를 관통하는 공업산업화 및 도시화 과정에서 농촌과 민중의 삶을 향해 침투해가는 자본의 힘은 강력했다. 자본이 생산되고 소비되는 현장을 찾아서 도시와 공장 지대로 노동력이 몰려들었고, 그런 만큼 자본에서 소외된 노동 현장의 삶은 피폐해질 수밖에 없었다.

남민시 동인들이 '농도(農道)'이자 '남도(南道)'로 인식한 전남북 지역의 삶도 예외는 아니었다. 자연스럽게 남도의 땅에서 농사를 짓는 사람들의 삶에 남민시 동인의 문학적 시선이 집중되었다. 그 결과 남민(南民)이라는 특수한 계급적 하위와 계층적 소외지대를 발견하였다. 남민시 동인은 "우리 겨레는 땅의 심성을 몸으로 깊숙이 받아온 민족이다. 너그러움과 여유와 풍요의 공동체를 이룬 먼 농경생활의 온갖 심성이 바로 땅의 그것이며, 핍박과 착취의 세월 속에서도 눈물겹게 새 생명을 피워올린 끈질긴 힘도 땅의 그것이다."라고 남민의 생명공동체에 의미를 부여하고 있다. 땅이야말로 "우리 겨레의 사랑과 정서의 진원지"[43]여야 한다고 생각한 것이다. 따라서 '새 생명을 피워올린 끈질긴 힘'이 '땅의 심성'에서 비롯한다는 인식은 남민 의식의 핵심으로 작동한다. 남민시 동인들이 농촌 현실의 피폐함 속에서도 끈질긴 생명력을 찾아내려는 시적 시도를 보여주는 것은 남민 의식의 시적 형상화이기도 하다.

어느 거친 얼굴들이 흙바람을 맞던고
그을린 주름살 똥꽃같은 눈빛을 하고서
풀더미 베어날리듯 누렇게 논가에 날리듯
한꺼번에 아침을 기다려 볕아래 쓰러지던고
밤마저 흙모래가 마당가 떡갈잎을 털고
방안 가득 석유그을음은 뜬눈으로 뒤척였으니

[43] 박두규 외, 「남민시 2집을 내며」, 앞의 책, 7쪽.

머슴새 가지 사이를 후비며 날 때마다
환청들어 행여 그인가 문열곤 하였네라
그들은 어느 산 어느 들을 지나는지
둠벙에 낫을 씻으며 듣고
피사리를 하다가도
달구지소리 발자욱소리에 고개들어 가슴설레였노라
길섶의 풀잎들 매차게 흔들리고
나도 따를까
헛간의 낫들이 쇳소리를 내며
밤새 녹슨 날을 부딪쳐 울었다
　　　　　― 서소로, 「남민」 전문(『남민시』 3집)

 이 시는 1980년대의 피폐해진 농촌의 삶을 회고적으로 발화한다. 통상적으로 회고의 형식은 사건의 시점으로부터 시간적 이격이 발생한 상태이기 때문에 얼마쯤 합리적이고 이성적인 판단을 할 수 있다. 사건의 발생 배경에서부터 발생 과정과 그 전부를 아우르는 보이지 않는 사회역사적 논리와 원리, 그리고 사건에서 파생된 부차적 사건들까지 회고의 형식은 비교적 정연하고 객관적인 관점을 유지하는 특징이 있다. 서소로의 「남민」이 "낫"으로 상징화된 울분과 분노의 힘을 끝까지 끌고 가지 못하고 "녹슨 날로 부딪쳐 울었다"라고 감정의 평정을 유지하게 된 것도 이 시가 회고적인 화법을 활용하기 때문이다. 이러한 시적 형식은 남민시 동인뿐만 아니라, 1980년대 민중민족문학 운동의 일반적인 흐름이었다. 긍정적인 면에서 속으로 울분을

삭이고 그 힘을 응축시켜 장차 새로운 역사적 과업을 이루고자 하는 민중의 본질을 반영한 측면이 있지만, 다른 면에서 보면 회고적 형식은 역사적 현장에 밀착하지 못한 지식인 시인이 역사적 현실 조건에 당면하여 취할 수 있는 당연한 방식이었다.

이렇게 1980년대 지식인 시인들에게 주어진 역사적 소명으로서의 현실 비판적 인식이 삶의 현장으로부터 한 걸음쯤 거리를 두게 됨으로써, 민중과 민족의 당면 현실을 시로 형상화하기 위한 전략적 선택은 회고적 형식 같은 간-직접성으로 나타날 수밖에 없었다.[44] 간-직접성은 민중의 삶을 내면화하거나 자기 삶과 동질화할 수 없었던 지식인 문학인들이 문학적 상상력을 동원하여 민중의 역사적 실천을 적극적으로 모색하는 세계 인식 방법이었다. 따라서 80년대 문학에서 삶의 현실과 문학적 현실이 일치하지 못하고 단절되는 것처럼 보이는 것은 필연적이었다.

'민중의 문학'이란 무엇인가? 이 물음에 대해서는, 신경림 이래 '민중적 현실의 문학적 형상화'라고 하는 상당히 포괄적인 답이 통용되어 왔다. 그 답을 창작 주체라는 측면에서 좀 더 진전시키면 이렇게 된다. 창작 주체는 현실적으로 시인·작가이다. 그런데 시인·작가는 '문화 지식인'이지 민중 자신이 아니다. 그

---

[44] '간-직접성'은 사회역사적 현실 조건 속에 놓여 있는 주체가 자기모순이 아닌 타자의 모순을 경험하는 방식이다. 이념적 측면에서는 직접적인 경험 내용이지만, 그 구체적인 세목에 있어서는 간접적인 위치에 놓여 있는 경험 방식인 것이다. 1980년대 민중 현실에 대한 시적 형상화의 경우 박노해 등의 민중주체 시인들의 직접성과 대비되는 지식인 시인들의 현실 인식 방식으로 간-직접성을 들 수 있다.

러므로 '문화 지식인'인 시인·작가가 '민중적 현실의 문학적 형상화'에 도달하기 위해서는 일종의 존재 전이가 필요하다. 즉, 시인·작가는 자신의 사회적 존재에 대한 반성적 인식으로부터 민중 지향으로 나아가 민중적 삶에 자기 자신을 일치 내지 통합시킴으로써 민중의식을 획득해야 하는 것이다.[45]

인용문에서 확인할 수 있듯, '문화 지식인'으로서의 시인은 스스로 민중의식을 획득함으로써 '민중적 현실의 문학적 형상화'를 성취할 수 있다. 그렇기 때문에 사회역사적 당면 현실에 대한 '반성적 인식'은 민중문학, 민족문학의 성패에 중요한 요인이 되었다. 서소로의 시 「남민」에서 "나도 따를까"라고 말하는 것이 바로 '반성적 인식'의 구체적 실현이 될 것이다. 김용택이 "형은 슬퍼 보였다/ 형의 등은 적막했고 돌부리에 채인 발에서는 피가 흘렀다/ 발 씻을 때 나는 보았다/ 무릎팍의 수많은 흉터들을,/ 나는 형의 아픔을 이해했다/ 형의 아픔이 내 아픔이었다"(「그 해 그 겨울」, 『남민시3: 풀씨여 풀씨여』)라고 할 때, '남민'의 한 전형으로 형상화된 '형'의 아픔을 자신의 아픔으로 공감하고 공유해내는 일도 민중 의식을 획득하는 단순한 절차가 된다. 따라서 현실의 삶을 문학적 형상화 과정에서 시인의 삶으로 전이해내는 일은 지식인으로서의 시인들이 사회역사적 현실에 접속할 수 있는 간-직접적인 방식이었다고 할 수 있다.

---

[45] 성민엽, 「민중문학의 논리」, 김병걸·채광석 편, 앞의 책, 128쪽.

빈 들에 서면

모든 비어 있는 것들이

차근차근 생각나고

그러고도 마음이 조용하니

참 좋다

빈 들에 서면

텅 비어 있는 스스로가

부끄럽지 않고

빈 들과 한통속이 되어

넓게넓게 내려앉으니

참 좋다

아무 소리도 없고

가끔 두렁의 흙부스러기나

토독 떨어져 내릴 뿐

나를 침범하는

아무것도 없으니

나는 끝없이 풀려날 수가 있다

해서 나는

이 땅엔 없는 자유를

잠깐이나마 이 땅에서

확인할 수가 있다

빈 들에 서면

내 살아온 온갖 그리움이 오고

눈물도 아무렇게나

> 함부로 흘릴 수 있으니
> 참 좋다
> 빈 들은
> 이렇게 내가 머무르는 만큼씩
> 나를 채워주지만
> 하지만 빈 들은
> 머무르게만 할 뿐
> 스스로가 끝없이 열린 것처럼
> 나를 열어주진 않고
> 고단한 나라의 고단함을
> 더욱 깊고 넓게 보여줄 뿐이다
>
> ― 박두규, 「빈 들」 전문(『남민시』 3집)

이 시에서 눈에 띄는 것은 "빈 들"과 "참 좋다"는 시어의 반복이다. "모든 비어 있는 것들"을 중심 이미지로 삼고 있는 이 시에는 '비어 있는' 상태에 대한 몇 가지 서술이 있다. 우선 "텅 비어 있는 스스로"에 대한 자각을 통해 "빈 들"과 자신을 일치시킨다. 이것이 중요한 이유는 "빈 들"에는 "나를 침범하는/ 아무 것도 없으니/ 나는 끝없이 풀려날 수가 있"는 "자유"를 얻을 수 있고, 그 '자유'를 통해 화자는 "내 살아온 온갖 그리움"을 떠올릴 수 있기 때문이다. 그러나 정작 "빈 들"과의 동일시를 통해 말하고자 하는 바는 시 후반부에 나타난다. "빈 들"은 "스스로가 끝없이 열린 것처럼/ 나를 열어주진 않"는다. 이러한 인식은 "빈 들"과의 동일성에 균열이 생겼음을 의미하고, 이 균열의 근본 원인은 "빈 들"로 상징화된 민중적 삶과 '문화 지식인'인 시인의 존재론적 불일치에 있다. 따라서 "빈 들"이 "고단한 나라의 고단함을/ 더욱 깊고 넓게 보여줄 뿐"이라는 진술은 남민시 동인들의 민족민중문학 운동의 한계를 압축해서 강조하는 것이다. 시인이 "빈 들에 서" 있다고 하더라도 시인은 "빈 들"을 일깨우는 생명력이 될 수 없으며, 그렇기 때문에 "빈 들"을 바라볼 수밖에 없는 존재론적 한계에 직면해 있는 것이다. 따라서 "참 좋다"라는 세계 인식은 일차적으로 당면한 역사적 현실을 '바라보는 자'로서 갖게 되는 낭만적, 피상적 반응처럼 읽힌다.

그렇더라도 이 시에서 "빈 들에 서면" "이 땅엔 없는 자유를/ 잠깐이나마 이 땅에서/ 확인할 수가 있다"는 시행에 주목할 필요가 있다. '빈 들'과 '자유'를 연계하는 것은 1980년대의 사회역사적 현실 조건에 대한 적확한 진단이다. 민중의 삶은 '자유'를 향해 나아가야 하며, 민중문학은 문학적으로 형상화된 '자유'를 민중들에게 제시할 필요가 있었다. 그것은 '빈 들'이 언젠가는 새로운 생명이 돋아날 가능성의 지평이라는 전제가 깔려 있다. 그렇기 때문에 "빈 들에 서면" 지금 당장 눈에 보이는 것은 없지만, 그래서 "고단한 나라의 고단함"밖에 볼 수 없지만, 고단함의 저변에서는 끊임없이 움직이는 생명의 박동이 있을 거라는 전망을 "참 좋다"라는 시행으로 드러낼 수 있다. "통처녀 많은 북녘 바람에/ 무총각 많은 남녘 바람에/ 좋지, 하늘님네 부시는 바람/ 너훌너훌 내 혼백도 태워 사르마/ 재가 되어 끝내 네 몸에 내려/ 저 들녘을 살라 올리마"(정인섭, 「남북국시대, 벌겋게 불지르니」, 『남민시』 2집)라며 "들녘을 살라 올리"는 생명에의 기대를 "좋지"라는 확언으로 전망해내는 것도 마찬가지다.

　이렇게 남민시 동인들은 남북분단이나 피폐화된 농촌 현실 등 1980년대의 역사적 당면과제를 정면으로 응시하고 있다. 그들의 시선에는 '빈 들'로 상징되는 막막한 삶의 터전이 놓여 있지만, 그 '빈 들'은 사람이 떠나버린 황무지가 아니라 구속과 억압이 없는 삶의 지평이자 구속되지 않는 '자유'의 근거가 되고 있다. 남민시 동인은 1980년대라는 억압적 현실 조건 속에서도 '빈 들'에서 기대되는 새로운 생명과 삶을 전망하면서 '빈 들'에 새롭게 나타난 사람들이 '남민'이 될 거라고 확신했다. 서소로의 시「남민」에서 "밤새 녹슨 날을 부딪쳐 울었"을 사람들이 '빈 들'을 민중의 삶을 살려내는 자유의 지평으로 개척해갈 것으로 믿었다. 그 '빈 들'을 향해 "먼 새벽은 억새풀 사이/ 강 건너에서 다가오고 있"(백학기,「샛별」,『남민시』 3집)다는 전망 속에 남민시 동인이 지향했던 문학운동의 한 전형이 담겨 있다고 해도 지나치지 않을 것이다.

4. 남민 의식의 향후

　1980년대는 정치 경제 사회 문화 등 우리 사회의 전방위에 걸쳐 운동성이 가장 활발했던 시기였다. 그 가운데 문학운동은 두 가지 큰 특징을 띠는데, 하나는 비정기간행물 무크를 기반으로 한 소집단 문학운동이고 다른 하나는 지역에 기반을 둔 문학운동이었다. 이는 1980년대의 사회역사적 당면 현실과 긴밀하게 관련된 현상이다. 강화된 정치적 중앙집권화와 경제적 편중은 필연적으로 지역을 변방화했다. 정치경제적 기반의 붕괴 속에서 지역의 전통적 생활 방식이 무너지는 것은 당연했다. 이러한 당면과제 속에서 문학은 삶을 복원하고 재생함으로써 정치경제적으로 소외당한 민중과 민족구성원들의 생명 활동을 위한 동력이 되어야 한다는 소명 의식이 있었다.

이러한 의미에서 소집단 문학운동은 강력한 중앙집권적 힘에 대응하는 과정에서 발생할 수밖에 없는 분산된, 그러나 응집된 형태의 응전이었다. 강한 압력에 저항하기 위해 문학 주체는 몸집을 줄여 운동의 속도를 높여야 했다. 그런 점에서 무크는 빠르게 변하는 1980년대 현실사회를 반영하는 데 적합했고, 지역운동은 권력이 집중된 중앙에 대한 대안이 되기에 충분했다. 따라서 1980년대 운동성의 특징은 무크를 통한 민첩한 현실대응력을 갖추는 것과 대응의 거점으로 분산된 응집 지역을 구축하는 일이라고 할 수 있다.

남민시 동인도 1980년대 문학운동의 형식과 내용에서 벗어나지 않았다. 남민시 동인은 산업화 과정에서 소외된 전북지역의 생태환경에 민감하게 반응하면서, 농업을 중심에 둔 전통적인 삶의 방식이 무너지는 현상에 주목했다. 남민시 동인이 내세운 '남민'이 무너져가는 삶의 주체를 환기해내는 형식으로 기능한다면, 동인지 1집과 3집의 제목에 등장하는 '들(판)'에서는 '남민'의 존재 근거가 되는 삶의 토대이자 내용을 이끌어냈다. 그러나 남민시 동인이 단순히 전북지역 민중에만 초점을 맞춘 것은 아니었다. 이들은 1980년대 우리 민족이 마주하고 있는 사회역사적 현실과 전북 민중의 삶이 긴밀하게 연계되어 있다고 인식했고, 전북 민중의 삶을 회복하고 남민 의식을 확장하는 것이 우리 민족이 당면하고 있는 문제를 해결하는 동력이 될 것으로 보았다.

남민시 동인은 남민 의식으로 상징되는 전북의 민중 역량을 문학적으로 형상화함으로써 사회역사적 민족운동의 중심에 서 있었다. 이는 광주민주화운동의 투쟁력을 문학적으로 포섭해낸 5월시 동인의 경우처럼, 지역의 역동성으로 1980년대라는 민족적인 당면 현실을 극복해가고자 하는 시도였다. 이러한 과정을 통해 남민시 동인은 1980년대 전북 문학에 활력을 불어넣었고, 이후 전북지역에 새로운 문학 단체를 조직함으로써 문학의 가치를 사회역사적 운동으로 지속해냈다.

그러나 남민시 동인이 1980년대 사회역사적 현실에 대응하고자 했던 남민 의식에 관한 관심은 지속되지 못했다. 남민 의식은 1980년대라는 특수한 상황에만 유효한 현실 대응 방식이 아니다. 1980년대를 기점으로 전북의 문학이 사회역사적 운동으로 나아가게 되었고, 그러한 운동의 동력으로 남민 의식이 작동했다는 점을 감안하면, 남민 의식은 여전히 전북 문학의 저변에서 지역 문학이 나아가야 할 방향에 영향을 미치는 중요한 요인이라고 할 수 있다. 전북 지역에서 남민 의식의 특수한 양상을 탐색하고, 그것이 전북과 1980년대라는 구획된 시대성을 넘어 보편적인 문학운동의 동력이라는 점을 밝힐 필요가 있다. 지금까지 남민시 동인의 문학적 운동성을 확인한 만큼 앞으로는 그러한 문학운동을 이끌어낸 전북의 민중 의식, 즉 남민 의식에 대한 당대적 의미와 보편적 의의에 관심을 가져야 할 것이다.

1990년대 전북의 민족문학 운동

1. 1990년대: 민중 연대로부터 대중 팬덤으로

 1992년은 대중문화계에서 새로운 원년으로 기억된다. 그해 3월 23일 데뷔 음반을 발매한 〈서태지와 아이들〉은 4월 11일 MBC '특종 TV연예' 무대를 통해 대중들 앞에 모습을 드러낸다. '가요톱10' 주간 1위곡을 보면, 서태지와 아이들의 '난 알아요'가 7월 1주차 1위를 하는데, 그 이전까지 1위를 차지했던 가수는 신승훈, 이상우, 김국환, 양수경 등 발라드 가수였다. 그리고 10월, '환상속의 그대'가 또다시 1위에 오르게 된다. 이들의 등장은 90년대 대중문화에 새로운 세대가 출현했음을 의미했다. 사회적으로 80년대 운동권 세대, 이른바 386세대의 뒷자리 공백을 이들이 점령하게 되는데, 우리 사회에서 그들은 X세대로 호명되었다. 그해 5월 개봉한 〈원초적 본능〉은 샤론 스톤을 통해 섹시미를 일상으로 끌어오는 역할을 했다. 이렇게 90년대는 벽두부터 문화예술 현장에서 80년대식 서사와 민중이라는 익명적 결속체와 결별하고자 했다.
 익명적 결속체에 관해 추가적인 설명이 필요해 보인다. 우리 사회에서 80년대를 주목할 때 눈에 띄는 현상 가운데 하나는

'진영'이라는 섹션(section)이다. 대체로 정치적 이념을 내적 논리로 삼아 출현한 연대 공동체라고 할 수 있다. 물론 이전에도 이념적 결속체가 없었던 것은 아니지만, 80년대의 진영 논리는 보다 분화되거나 분파화된 양상으로 나타났다. 기본적으로 마르크스주의적 관점에서 구조의 문제(상부구조/하부구조)가 제기되었고, 구조의 배치를 대립과 대결 속으로 몰아넣었다. 특히 자본가와 노동자라는 도식 위에서 노동조건에 따라 건설기계 노동자, 보건의료노동자 등 세부적으로 접근함으로써 하부구조를 양산하고 그 힘을 집적하고자 했다. 뿐만 아니라 농민, 도시빈민, 여성 등 다양한 계층이 결속체를 구성하여 나름의 진영을 구축하였다. 이들 진영의 특징은 진영 내 개인의 특성을 반영하지 않았다는 사실이다. 개성을 소거하고 '하나의 깃발 아래' 모임으로써 이들 진영의 결속은 모호한 덩어리같은 익명성을 띨 수밖에 없었다.

1990년대 대중문화는 이런 점에서 80년대식 민중문화와 차별을 두었다. 80년대식 민중이 개인 없는 결속체였다면, 90년대 대중은 개성을 부각하는 결속체였다. 80년대 민중 진영이 깃발 아래 모이는 방식이었다면, 90년대 대중은 필요에 따라 깃발을 들어 올렸다. 90년대부터 나타난 팬덤(fandom) 문화는 대중이 출현하는 전형적인 방식이었다. 80년대식 진영과 연대가 역사와 민족 앞에 소명으로서 발현하였다면, 90년대식 팬덤은 개인의 내적 욕망이 자발적으로 충동된 결과였다. 이념과 당위를 내세워 강한 연대를 주문했던 80년대식 진영 구조는 89년 현실사회주의의 붕괴와 더불어 해체되었고, 그렇게 발생한 공백을 90년대 개인의 감성과 자율, 자본주의적 욕망 등이 대체하게 되었다. 이는 90년대 들어 내부의 순환적 결속보다는 전지구적 차원에서 이루어지는 외부와의 소통이 당면 문제로 부상했기 때문이다. 1993년 12월에 타결된 우루과이라운드는 그런 점에서 상징적이다. 이를 통해 세계 경제는 장벽 없는 무한 경쟁 체제에 돌입하게 되었다.

  이러한 객관적 정세 속에서 90년대 문학은 새로운 방법론을 모색하게 된다. 80년대식 깃발을 타깃(target) 삼았던 작가들은 깃발이 내려진 후 텅 빈 '그 자리'에서 오랫동안 눈을 떼지 못했다. 이것이 90년대 소설을 총평하는 자리마다 '후일담'이라는 레테르가 붙는 이유다. 연장선상에서 80년대식 민중 작가가 쇠퇴하고 90년대식 대중 작가의 팬덤이 형성되기 시작했다. 문학 '상품'의 가능성이 거듭 확인되었고, 작가들도 전업으로서의 프로페셔널리즘을 내세우게 되었다. 80년대식 진영 논리에서 보자면, 이러한 정세의 변화는 내부 결속을 저해하는 요인이었다. 게다가 출판자본과 결합하면서 불리한 여건이 재생산되었다. 그러나 대중화되는 문학 문화의 구조를 타개할 방법이 마땅치 않았다. 80년대와 변별되는 90년대식 정세 인식과 판단이 요청되었는데, 시인 고은의 다음 발언은 새겨들을 필요가 있다.

> 이렇듯이 80년대는 그 안에서 살아온 사람들로부터 떠나고 있다. 80년대가 가면 90년대가 온다. 여기에 아무런 문제도 없을 경우 90년대가 오면 그 시대를 살아가면 될 것이다. 그러나 이 땅의 사람이거나 어떤 지역의 사람이거나 그가 사는 동시대

의 새로운 단계에 대한 자기인식 없이는 살 수 없는 것이다.[46]

고은의 발언이 제기하고 있는 문제는 단순하다. 80년대든 90년대든 "아무런 문제도 없을 경우"에는 고민할 일이 별로 없다. 그러나 알다시피 90년대는 80년대와 다른 문제적 정세에 놓여 있었다. 현실사회주의의 몰락과 이념의 좌초는 상징적인 문제일 뿐, 현실적으로는 미디어 산업이 발달하고 전지구적 경제 체제가 실현되면서 경화된 민중 의식이 몰락하고 자유와 개성으로 무장한 대중문화가 형성되었다는 점이다. 따라서 90년대를 맞이하는 시점에서 "그가 사는 동시대의 새로운 단계에 대한 자기인식"이 요구되었다. 고은은 90년대를 '새로운 단계'로 바라보면서 '동시대의' '자기인식'이 필요함을 진단하였다. 이 글은 이러한 관점에서 90년대 정세에 대한 진보 진영의 문학적 자기인식을 확인해보고자 한다. 특히 전북지역 문학인들의 실천적 문학운동의 과정과 의의를 도출할 것이다.

2. 새로운 단계, 새로운 세계인식

진보를 표방하는 문학 진영에서 90년대에 대한 실천적 인식은 일단 '민족문학'을 유지하는 것으로 정리되었다. 70년대부터 강하게 제기되었던 민족문학은 80년대에 민중문학과 결합하면

---

[46] 고은, 「오늘은 무엇인가」, 『실천문학』 1989년 겨울호, 실천문학사, 1989, 19~20쪽.

서 민중적 민족문학을 형성하였다. 더불어 민중적 민족문학이 민주화 운동과 결속하여 80년대는 민중·민족·민주를 결속하는 이른바 삼민문학의 시대를 만들었다. 삼민문학의 세부를 들여다보면 민족은 진보적 문학운동의 총체적 단위 지평으로 설정되어 있고, 민주는 운동의 방법론이자 지향점으로, 이러한 운동을 끌어갈 핵심 동력이자 문학 주체로는 민중을 상정하고 있다.

  이러한 까닭에 80년대 문학운동을 장르로서의 '문학'에 국한된 운동으로 접근하는 것은 단편적이다. 80년대의 '운동'은 민주사회로 나아가기 위한 사회역사적 세력이 총 결집된 민중적, 민족적 시도였다. 문학의 경우 역사발전의 주체로 부상한 민중이 "예술적·문학적 자기 표현이 자기들의 집단적인 삶과 운동의 과정에서 자연스럽게 우러나온 것"임을 자각하게 하는 "민중성의 획득과 이것의 대중화문제"[47]에 관심을 가졌다. 이러한 민족문학 운동의 방향성은 자유실천문인협의회의(이하 '자실') "87문학인 선언"에서 구체화되었다.

> 우리의 문학, 우리의 운동은 결코 먼곳의 신화로 존재하는 것이 아니라 우리의 일상적 생활과 활동 속에 늘 존재하고 조직적 실천을 통해 발전되는 것이다. 이에 우리는 끊임없이 자기단련과, 자기쇄신, 그리고 이러한 노력의 조직적 전개를 강화함으로써 독재와 예속과 분단의 질곡을 끊고 민주주의와 민족자주

---

47 임헌영·채광석·류해정, 「좌담: 문학과 예술의 대중화를 위하여」, 『문학예술운동 1: 전환기의 민족문학』, 풀빛, 1987, 9~10쪽.

와 민족통일의 민중적 세계를 실현하는데 복무하는 더없이 찬연하고 더없이 아름다운 민족문학을 건설할 것이다."[48]

1987년 2월 14일 문학인 선언으로 민족문학 건설에 박차를 가하고자 했던 자실은 6월 항쟁을 거치면서 새로운 국면으로 접어들었다. 6월 항쟁과 그해 여름 노동자투쟁의 승리를 목격한 자실은 "달라진 시대상황과 변모된 문학현실 및 분단극복-민족통일의 전망을 예시하기 위해" 9월 17일 서울 YMCA 강당에서 '민족문학작가회의' 창립총회를 열었다. 이날 낭독된 "민족문학작가회의 창립선언"은 "87문학인 선언" 내용을 이어받으면서 "참다운 민족문학을 열망하는 모든 사람들의 구심점을 마련하고 민주화와 통일을 위한 싸움에 더욱 알차게 기여하고자"[49] 하는 뜻을 표방하고 있다.

이렇게 1980년대 문학은 민족-민주-민중을 매개함으로써 새로운 문학적 전망을 드러낸 변혁 운동이었다. 그러나 87년 대선에서 옛 권위주의 세력이 집권하고, 1989년 현실사회주의 세력이 몰락함으로써 민족문학 운동은 새로운 공안정국으로 1990년대를 맞이하였다. 게다가 자본주의에 포섭된 뉴미디어, 정보화, 소비대중문화 등 90년대 문화가 80년대의 거대 담론과 이념이 퇴진한 자리를 발 빠르게 차지하면서 우리 사회는 정치 사회 문화적 지형에 변화가 불가피해졌다. 소비자본이 사회의

---

[48] 자유실천문인협의회, 「87문학인 선언」, 『민족문학』 87. 5, 공동체, 254쪽.
[49] 「민족문학작가회의 창립선언」, 『선언으로 본 80년대 민족·민주운동』, 동아일보사, 1990, 226쪽.

미시적 세계까지 침투해 들어왔고, 문학 영역에서는 "수백만부에 이르는 초대형 베스트셀러 시장이 형성"됨으로써 "자본 스스로가 감성적(미학적) 형태로 변신할 수 있는 힘"[50]이 있다는 것이 증명되기도 했다.

1990년대 문학이 자본의 미학적 감수성을 승인하게 됨으로써 상대적으로 민족문학 운동의 동력은 위축될 수밖에 없었다. 이러한 상황에서 강형철은 90년대 문학운동을 전망하는 자리에서 '작품으로서의 실천'과 '사회적 실천'을 원론적인 차원에서 제안하였다.[51] 이러한 입장은 80년대 진보 진영의 문학이 예술로서의 미적 감성을 충분히 담아내지 못했다는 성찰적 대안과 함께 90년대 문학도 사회구성원이 처해 있는 민족적 모순을 발굴하고 그것을 바람직한 전망으로 제시할 수 있어야 한다는 80년대적 문학운동이 유효하다는 사실을 인정한 것이었다.

이렇게 90년대 문단이 조직을 재정비하고 새로운 문학적 시도를 준비할 때 전북지역에서도 진보 문학인을 중심으로 90년대를 준비하고 있었다. 1988년 전주 고백교회에서 창립총회를 열고 출범한 전북민족문학인협의회(이하 '민문협')가 1992년 기관지 『사람의 문학』을 창간하게 된 것이다. 민문협은 창간호에서 "1992년은 다른 어느 때보다도 우리 사회 곳곳에서 '변화'의 조짐들이 다양하게 또아리를 튼 한 해"라고 진단하면서 그 원인을 "동구 사회주의권의 붕괴에 따른 '위기'라는 용어를 필요 이

---

50 한국작가회의 40주년 기념사업단 편찬위원회, 『한국작가회의 40년사: 1974-2014』, 실천문학사, 2014, 253쪽.
51 강형철, 「문학운동의 조직적 과제와 전망」, 『실천문학』, 앞의 책, 173~187쪽.

상으로 광범위하게 전파시킴으로써 이념적, 정서적 좌표를 잃어버린 무주공산 상태의 변화"에서 찾았다. 여기에서 눈길을 끄는 것은 민문협이 90년대 문학의 변화 조짐을 현실 사회주의의 몰락이 아니라 그것에 과잉 대응하는 과정에서 발생한 혼란에서 발견하는 것이다. 즉 발생한 '현상'이 아니라 그 현상에 대응하는 과잉의 '반응'을 90년대 초 한국 사회와 한국 문학의 좌표 상실 원인으로 본 것이다. 이러한 진단은 『사람의 문학』을 제호로 내 건 민문협의 90년대에 대한 전망적 인식을 잘 보여준다.

> 진정한 '변화'는 지금, 이곳의 대중들 속에서 이루어지고 있고, 앞으로도 그리 될 것이라는 귀중한 확신을 우리는 1992년에 얻었다. 사회 각 부문에서 눈부시게 성장하고 있는 대중운동과 이 운동의 주체인 대중이야말로 우리에게 모든 희망의 이름으로 다가오고 있다. 따라서 우리는 끝까지 '사람'에게 희망을 걸기로 했으며 그래서 이 책의 이름도 『사람의 문학』으로 정했다.[52]

창간호 머리말에 해당하는 이 글에서 민문협이 바라본 90년대는 '사람'으로 전망될 수 있다. 이는 80년대 민족문학의 운동 주체였던 '민중'으로부터 90년대적 '대중'으로 교체하는 과정에서 나타난 필연적인 결과이다. 인용문에서 민문협은 1992년의

---

[52] 전북민족문학인협의회, 「'사람'에게 희망을」, 『사람의 문학』, 도서출판 참나무, 1992, 6쪽.

성과 중 하나로 "대중운동과 이 운동의 주체인 대중"을 인정하고 있다. 이러한 진단은 상당한 파격이었다. 1988년 창립된 이후 민문협은 "팜플렛형 회보『전북의 민족문학』을 제외하고는 아직까지 민문협의 공식적인 발표매체를 가지지 못했"[53]었다. 눈여겨볼 것은 회보에서의 '민족'이 '대중'으로 전격 전향되었다는 점과, '민중'이나 '대중'처럼 특정 이념과 사회윤리를 상기시키는 용어 대신 '사람'이라는 가치중립적 용어를 사용하고 있다는 점이다. 여기에서 민문협의 90년대 진단이 얼마만큼 유효했는지를 확인할 수 있다. 80년대 말에 세계사적으로 진영이 해체되었고, 90년대 들어 전지구적 자본주의와 소비대중문화의 흐름에 편승해가는 상황에서 민족-민주-민중을 매개하는 80년대식 문학적 전망의 결속이 해체되고 있다는 것을 인정하고, 삼민의 자리에 '사람'이라는 90년대적 가치를 새롭게 도입하고 있기 때문이다. 이렇게 민문협은 1980년대 민족문학의 동력이었던 '민중'의 자리에 1990년대식 '사람'을 만들어냈다.

3. 『사람의 문학』과 민족문학인협의회

1990년대 전북지역 민족문학 운동의 출발은 『사람의 문학』 창간이다. 창간호에서 눈에 띄는 것은 "특집-민족시인 박봉우"인데, 이는 『사람의 문학』이 80년대적 민족문학과 결별하는 방식을 상징적으로 보여주는 사례이다. 광주에서 태어나 1956

---

[53] 같은 곳.

년 서울신문 신춘문예에 시 「휴전선」이 당선된 박봉우 시인은 1975년 전주에 정착하여 살다가 1990년 3월 2일 작고했다. 김익두는 박봉우의 시 세계를 다룬 「통일의 삶, 통일의 시학」에서 그의 시적 원천이 '분단'과 '통일'임을 지적하면서 "분단은 그가 처한 역사적 현실이고, 통일은 그의 시가 지향하고 있는 이상이다."[54]라고 평가하였다. 이러한 평가는 박봉우 시에 대한 문단 안팎의 일반론에 해당한다. 그런데 김익두는 이어지는 글에서 다음과 같이 박봉우 시를 읽어내고 있다.

> 그의 시들은 새로운 비전이나 독창적으로 구축된 언어세계로 자족하고자 하는 것이 아니라, 오히려 그러한 시적 자율성을 내던지고 시의 사회적 역사적 사명 속으로 파고 들어가 우리의 언어미학적인 기대를 윤리적인 각성으로 전환시키고자 한다. 이 과정에서 그의 시를 시로 존재할 수 있게 하는 것은, 좀 애매한 말이긴 하지만 시를 언어미학으로 섬세하게 구축하기보다는 정신과 육체가 현실의 모순들과 부딪혀 상호작용을 할 때 발생하는, 그 시인의 육체로부터 무의식적으로 흘러나오는 '뼈와 살의 고통스러운 비명'이기 때문이 아닐까 한다.[55]

김익두에 따르면, 박봉우 시는 "정신과 육체가 현실의 모순들과 부딪혀" "무의식적으로 흘러나오는" "고통스러운 비명"에 다름 아니다. 박봉우 시인에 대한 이러한 평가는 '민족시인'을 대

---

54 김익두, 「통일의 삶, 통일의 시학」, 위의 책, 11쪽.
55 위의 글, 11~12쪽.

하는 90년대식 접근법이다. 80년대까지 민족문학의 핵심 가치는 민중으로 통칭되는 역사공동체적 삶을 담아내는 것이었다. 그런데 김익두는 박봉우 시에서 개인의 무의식적 '비명'을 읽어냄으로써 박봉우 시에 90년대식 '사람'의 시라는 새로운 가치를 부여하고 있다. 이는 『사람의 문학』에 참여하고 있는 민문협의 당대적 '무의식'이기도 했다. 김중배의 「새벽의 사람」 '새벽의 시인'과 이병천의 「휴전선의 삶과 토막난 생애」에서 박봉우 시인에 접근하는 방식도 근본에서는 '사람'으로서의 박봉우였다.

『사람의 문학』 창간호에 수록된 신작시의 면면도 80년대 민중·민족문학 계열과 달라진 면모를 보인다. 시대와 역사를 향해 겨누었던 언어의 날카로운 돌파력이 주춤하고 현실에 충돌한 사유와 감각이 진동해내는 내적 비명이 나타난다. "쪼그만 가시내 하나 때문에/ 예배당 종소리 한 번도 안 놓쳤다"(심호택, 「이십 년 후」)라거나 "산을 오른다/ 내려갈 길을 분명히 알고 있다면/ 나는 나를 잊고 오르리라"(안도현, 「모악산을 오르며」), "인생은/ 주모가 바뀐 선술집의 술맛 같은 것/ 한 번 떠나오면 다시 갈 수 없는 곳으로/ 무적을 울리며 기차는 간다/ 어머니―"(김유석, 「삼포 가는 길」)에서 보듯, 사람으로서의 욕망과 충동 같은 것이 회고 혹은 다짐의 형식으로 주조음을 형성하고 있다. 90년대 시에서 회고나 다짐의 형식이 두드러진 것은 그러한 형식이 비현장성을 드러내는 방식이고, 비실재를 폭로하는 방식이기 때문이다. 다시 말해서 회고나 다짐은 '지금-여기'가 아니라 '그때-거기'의 사태 속으로 시를 끌고 간다. 그럴 때 시의 언어는 현실돌파력이 무디어질 수밖에 없다.

몸 바쳐 사랑을 하고도
不姙의 바람이 너무 시려워
차가운 구들장에 이불을 펴 놓고
그 위에 몸 부딪쳐야 더워지는 전기장판 깔아 놓고
몸져누워 속살 내보이며 기도하는,
(하나님, 당신은 진정 임재하여 계시나이다)
날마다 지아비에 대한 사랑을 맹세하는
서른 여섯 살 나의 아내는
敬畏하는 하나님을 가슴에 숨기고
밤새도록 '숨은그림찾기'를 하다가
도시 뒤켠 소나무숲을 넘어오는 닭울음 소리 듣고
깨어서, 깨어서 다시 아침을 감사하고
책갈피 해진 성경에서 奇蹟이란 단어를 찾듯
벌씀바귀 가는 잎사귀 다듬어
된장에 무치고 참기름 한 방울 떨어뜨려
간신히 창살을 넘어오는 햇살 위에 놓는다.

— 박성구, 「어양동 일기-1」 전문

  이 시에서 눈길을 끄는 것은 괄호에 담겨 있는 진술이다. "임재하여 계시나이다"라는 진술을 괄호에 묶어둔 것은 비현장성과 비실재성의 대표적인 사례이다. 괄호의 진술은 한자로 기표되어 있는 '不姙' '敬畏' '奇蹟'과 교묘하게 결합하여 이 시를 삶의 현장으로부터 이탈하게 만든다. 이들 세 시어가 환기하는 것은 부재의 상징이다. 화자는 "숨은그림찾기" 형식으로 이들 부재의 대상을 지향한다. 이때 '숨은그림찾기' 행위가 '부재의 대상'을 향한 개인의 욕망 표출 방식이라는 것은 쉽게 알 수 있다. 문제는 '부재의 대상'이라는 모순적 사태이다. 부재가 성립하기 위해서는 '대상 없음'이 충족되어야 한다는 것이 일반적 관점이다. 그러나 부재는 또한 '대상 있음'을 전제한 인식 사태이다. 그럴 때 부재는 '있음의 없음'으로 이해될 수 있고, '부재의 대상'은 있어야 할 것이 없어진 사태로 인해, 있을 때 기대되었던 것을 향한 비현장적이고 비실재적인 욕망이 된다.

이것이 90년대 시에서 드물지 않게 나타나는 시적 전략 가운데 하나이다. 부재의 대상을 향한 문학적 전개 속에서 후일담의 형식이 나타났고, 해체의 방법론이 등장했다. 80년대 후반에 나타나기 시작해 90년대를 횡행했던 해체시의 경우, 이혜원이 지적한 것처럼 "90년대의 해체시는 포스트모던한 소비사회의 삶의 방식 그대로 감각적이고 표피적인 양식에 머물"면서 "부정의 대상도 목적도 없이 무차별하게 행해지는 배설의 언어는 해체의 진정한 정신을 퇴색시킬 뿐"[56]이었다. 이러한 90년대식 해체시의 방법론도 결국은 '부재의 대상'을 향한 '숨은그림찾기'식 시 쓰기와 무관하지 않다. 이때 '부재의 대상'인 '숨은그림'은 시적 주체의 괄호, 다시 말해 사회역사적 현장과 실재로부터 문을 견고하게 닫아버린 내적 세계에 '임재'해 있었다.

이렇게 『사람의 문학』은 1990년대 전북의 민족문학 흐름을

---

[56] 이혜원, 「해체를 넘어서, 시성을 찾아서」, 『세기말의 꿈과 문학』, 하늘연못, 1999, 43쪽.

'개인의 문학'과 연계해가기 시작했다. 중요한 것은 이러한 연계가 창작 주체로서 '개인'에 국한되지 않았다는 점이다.『사람의 문학』은 1995년에 발행한 3호부터 제호를『사람과 문학』으로 바꾸고 있는데,「제3호를 내면서」의 부제를 "진정성의 이름으로 사람들 곁으로"라고 함으로써 문학의 독자를 당대 민중 개념이 아니라 '개인'으로서의 사람에 맞추고 있음을 밝힌다.

> 이 사회는 언제부턴가 사람이라는 존재를 잊어버리면서 인간성을 함께 잃었으며 인간성이 사라지면서 문학을 함께 멀리하기도 했다. 이와 같은 '사회'와 '사람', '사람'과 '문학' 사이에 가로놓인 어둡고 슬픈 거리를 극복하는 방편으로 우리는 오늘 다시 진정성의 이름으로 사람들 곁으로 다가가야 함을 새삼 확인한다.[57]

인용문에서 강조하고 있는 것은 '사회=사람=문학'의 구도이다. 이는 80년대의 현실 인식론이었던 '사회 〉사람 〉문학'의 위계 구도를 해체하고 사회와 그 사회구성원인 사람, 그리고 그 사람의 표현 양식인 문학을 상호존중의 관점으로 재구성하는 일이다. 이 구도가 의미 있는 것은 80년대식 민족문학이 민중의 힘으로 민주주의를 선취하고자 했던 것을 90년대식 민족문학이 상징적으로나마 실현했다는 사실이다. 사회를 구성하는 제 요소들이 부등식의 위계가 아니라 등식 관계를 형성해야

---

[57] 전북민족문학인협의회,「제3호를 내면서: 진정성의 이름으로 사람들 곁으로」,『사람과 문학』제3호, 전북민족문학인협의회, 1995, 12쪽.

한다는 90년대식 시도 자체가 (무)의식적으로 민주주의 역량이 얼마나 성장·성숙해졌는지를 증명하기 때문이다.

문학을 사람의 괄호에 묶었던 『사람의 문학』이 사람과 문학을 상호존중의 관계로 재정립함으로써 『사람과 문학』은 90년대 전북지역 민족문학 운동에서 중요한 전환점이 되었다. 이러한 방향 전환이 이루어질 수 있었던 것은 90년대 문학의 현장이 변했다는 현실적인 이유 때문이다. 『사람과 문학』 3호에 실린 최동현의 서평은 90년대 민족문학 운동의 주체였던 시인들의 시적 특성이 잘 드러나 있다. 최동현은 안도현의 『외롭고 높고 쓸쓸한』, 복효근의 『당신이 슬플 때 나는 사랑한다』, 박형진의 『바구니 속 감자싹은 시들어가고』를 함께 읽어내는 글에서 다음과 같이 90년대적 상황을 이야기했다.

> 후기 자본주의 사회에서 살면서도, 고집스럽게 시인이 되기를 원하는 사람들이 있다는 사실, 끊임없이 자기에의 집착을 버리고 누군가의 보다 나은 삶을 위해 고뇌하는 사람들이 있다는 사실은, 아직도 우리에게 희망이 남아 있다는 것을 확인시켜 준다. 사랑이라 이름할 수 있는 그것은 작은 희망에 불과하고, 또 그 작은 희망의 불씨나마 지켜나가기가 힘든 상황이긴 하지만, 그러기 때문에 그것들은 소중하다.
> 올해 나온 세 권의 시집을 통해서 공통적으로 확인할 수 있었던 것은, 그들이 모두 '나'를 희생하여 타인에게 다가가려고 한다는 것, 그리고 나의 삶이 '누군가를 위한' 삶이 되어야 한다

는 열망이었다.[58]

이 글에서 최동현이 강조하고 있는 것은 '나'와 '누군가를 위한'이다. 이를 통해 최동현은 개인 단위에서 시적 논의를 시작하고 있으며, 그 개인의 시적 열망을 서평의 목표로 삼는 것을 확인할 수 있다. 이러한 시집 읽기의 방법은 역설적으로 그러한 시집을 탄생시킨 당대라는 시대 읽기의 방법이기도 하다. 결국 "후기 자본주의"라는 세계사적 흐름 속에서 민족문학의 세부는 민중이라는 집체적 관점을 유보하고, 개인인 '나'라는 새로운 시적·시대적 주체를 호명할 수밖에 없었던 것이다. 안도현이 "나는 이제 너의 상처를 감싸주지 않으련다."(「상처깊은 시대에게」)라고 쓰면서 '나'와 '너'를 강조한 것도 90년대라는 개인 주체의 시대를 시적 감각으로 포착해낸 필연적인 결과였다.

4. 『작가의 눈』과 전북작가회의

『사람의 문학』으로 출발한 90년대 전북의 민족문학 운동은 90년대 중반 작가들의 임의 단체였던 전북민족문학인협의회를 전북작가회의로 공식화하게 된다. 이 과정을 거슬러 가면 1988년 전북민족문학인협의회 창립이 있고, 1985년 이병천, 안도현, 최동현, 박두규 등이 주축이 된 '남민시' 동인이 있다. 이러한 단계적 과정을 발전적 해체로 볼 것인가 아니면 해체적 발전

---

[58] 최동현, 「사랑을 위한 시들」, 위의 책, 166쪽.

으로 볼 것인가는 고민이 필요하다. 발전적 해체와 해체적 발전이 단순히 단어의 배열에서 오는 문자적 차이를 의미하지는 않는다.

먼저 발전적 해체의 기본 전개 과정은 이렇다. 하나의 조직이 목표를 표방하고, 조직 구성원의 역량이 목표 지향적으로 발현되어왔다. 그런데 어느 순간 조직의 목표에 착오가 발생하고, 조직 구성원의 역량을 집중해낼 동력을 상실하게 된다. 이때 조직의 목표와 구성원의 역량을 교란하는 근본적인 원인은 크게 두 가지이다. 하나는 사회역사적으로 인간의 삶에 중요한 변화가 발생했을 때이고, 나머지 하나는 조직의 목표와 구성원의 역량이 그 변화에 무감각해졌을 때이다. 이 경우 조직은 변화된 사회역사적 객관 조건을 받아들이고 그것에 맞는 새로운 조직 목표와 새로운 조직 구성원의 역량을 재정립하게 된다. 이것이 발전적 해체의 과정이다. 따라서 발전적 해체는 언제나 객관 조건의 변화에 따른 수동적인 반응이자 결과론적인 대응 방식이 된다.

반면 해체적 발전은 조직의 역동성이 전면화되는 발전 방식이다. 발전적 해체와 달리 해체적 발전은 예민한 시대 감각을 바탕으로 사회역사적 객관 조건의 변화에 선제적으로 조직의 목표와 구성원의 역량을 결집해가는 모델이다. 따라서 해체적 발전은 시대 담론을 생산하고, 해체 방식과 발전 방향을 기획하며, 실현될 전망을 제시하는 것이 목표이다. 발전적 해체와 해체적 발전이 상반되는 이유는 각각이 다른 이념을 기축으로 삼고 있어서다. 발전적 해체의 이념이 '발전'에 있고, 발전을

'위해' 기성 조직을 해체하는 것이라면, 해체적 발전은 '해체' 자체가 핵심 가치이자 이념으로 자리한다. 해체의 이념은 부정성에서 발현된다. 목격하는 객관 조건이 현상하는 것을 철저하게 부정하고, 그렇게 부정된 사회역사적 조건들에서 '이후의 자리'에 놓일 가능성을 발견한다.

이것이 전북의 민족문학 운동을 해체적 발전 과정으로 보는 가장 큰 이유다. 남민시 동인부터 전북민족문학인협의회, 그리고 전북작가회의의 성립 과정은 사회역사적 객관 조건에 선제적으로 대응하는 모습을 보였다. 1985년 남민시 동인의 1987년 민주화운동 대응 과정이 그렇고, 1988년 민문협 창립 이후 1992년 『사람의 문학』을 통해 90년대 대중문화 속 개인의 위상에 주목한 것, 그리고 1997년 전북작가회의 조직과 『작가의 눈』을 통해 1998년 IMF 이후의 시대 이념을 타진한 것이 그렇다. 특히 『작가의 눈』은 기관지였던 『사람의 문학』을 해체하고 전북 지역 종합 문예지로서의 위상을 확보했다는 점에서 창간의 의의를 찾을 수 있다.

'협의회'라는 임의 단체의 성격을 벗고 이제 전북작가회의라는 문인 조직으로서의 본격적인 이름을 표방하면서 우리는 우리에게 주어진 역할이 결코 적지 않다는 사실 앞에서 새삼 어깨가 무거워진다. 그것은 밀실에서의 개인적인 글쓰기를 뛰어넘는 그 어떤 것을 이제까지 우리는 추구해왔고, 앞으로도 여전히 그 역할은 우리가 감당해야 할 몫으로 남아 있는 까닭이다. 그리고 한편으로는 이기적이고 편향적인 파벌을 조장하는 문인

단체가 아니라 명실공히 이 지역의 문학을 선도하고 상징하는 대표성을 띤 단체가 되어야 한다는 숙제를 안고 있기 때문이다.

(중략)

『작가의 눈』으로 제호를 결정한 것은 글쓰기 뿐만 아니라 올곧은 삶을 살아가는 데 가장 기본이 되는 게 '눈'이라는 생각 때문이다. 『작가의 눈』은 세상이 어두울수록, 세상의 몸과 마음이 썩어 문드러질수록 두 눈을 초롱초롱하게 뜨고 있어야겠다는 우리의 다짐인 동시에, 늘 새로운 시각으로 세상을 관찰하고자 하는 작가 정신의 상징이기도 하다.[59]

전북작가회의는 "임의 단체"를 벗어나 민족문학작가회의 전북지회로서의 공식적 지위를 획득했다. 그런 만큼 "개인적인 글쓰기를 뛰어넘는 그 어떤 것"에 대한 책임의 무게가 더해졌다. 그중 하나가 "지역의 문학을 선도하고 상징"해야 한다는 "숙제"다. 민문협 당시 『사람의 문학』을 통해 문학과 사람의 관계를 새롭게 모색했다면, 『작가의 눈』이 포착한 것은 지역 문학의 가능성이다. 이들이 지역 문학에 주목한 것은 90년대 중반 이후 변화의 조짐이 나타난 삶의 제반 조건과 무관하지 않다. 80년대 말 현실사회주의가 몰락하면서 거대 담론의 유효성이 의심받게 되었고, 90년대를 지나오면서 담론으로부터 개인 주체를 분리하는 것에 성공했다. 이러한 사회역사적 전개 속에서 지역은 중앙이라는 담론에 종속되거나 변방의 역할로 자신을 축소할 필

---

[59] 전북작가회의, 「창간호를 내면서」, 『작가의 눈』 창간호, 도서출판 서편제, 1997, 10~11쪽.

요가 없었다. 행정적으로 이미 지방자치가 실현되고 있었던 것도 지방의 중앙 종속을 빠르게 해소하는 요인이 되었다. 이 과정에서 지방은 중앙의 상대적 개념을 탈피하고 독립된 지역으로 단위를 재설정할 수 있었다.

이렇게 90년대의 사회역사적 단위가 개인과 지역으로 탈구축되면서 세계 인식의 새로운 방식이 요청되었다. 『작가의 눈』 창간호에서 "눈"에 주목한 것은 "새로운 시각으로 세상을 관찰하고자" 한 필연적인 시도였다. '눈'은 상징적인 의미에서 세계를 인식하는 통로이자 삶을 구성하는 중심이다. 1980년대 거대 담론의 객관 조건에서 '이념'이 세계와 소통하는 매개였다면, 1990년대에는 개인의 '눈', 다시 말해 주체적 관점이 세계 속 개인의 위상을 확정했다. 그런 점에서 『작가의 눈』은 90년대적 시대 담론으로 '눈'을 발견하고 '눈'을 통해 90년대 '이후의 자리'를 전망해냈다. 그러나 이러한 세계 인식의 성과가 문학적 성취로 반영되었다고 보기는 어렵다. 새로운 관점과 인식이 문학이 요구하는 오랜 관습에 스며들기까지, 실효된 문학적 관습을 해체하고 극복하기 위해서는 좀 더 기다려야 했다.

> 첫눈 오고
> 배고픈 기억이 마구 달려
> 온다 비틀거리는 발자국들 불면의
> 골목으로 흩어지고 그 긴 담벼락에 기대
> 나는 눈을 뭉쳐서 한 쌈 해 먹었다
> 길 위에 닿자 마자 사그라드는

불티처럼 자욱히 몰려 오는
쓸쓸한 기억들 눈에 밟혀
나는 아무 것도 보지 못한다

(중략)

흔적없는 눈보라
그러나 아직 안심해서는 안된다
한나절 햇볕에 고삐 풀린 마음이
눈 녹은 길 위를 성큼
내딛을 때, 보도블록 사이로
왈칵 튀어오르는 기억의 퇴행성은
저마다 가슴 속의 자국을 더듬어 보게 한다
다음 날 바지단의 얼룩으로
덮어 쓰는 눈의 기행문이
길을 잃어버리는
그런 날이면

— 박태건, 「백야-눈 속에서 길을 잃다」 부분

박태건의 시는 90년대 후반으로 향해가는 시적 인식의 한 전형처럼 읽힌다. 아직 80년대식 문학적 관습이 "쓸쓸한 기억들"처럼 남아 있고, 아직 새로운 세계는 "나는 아무 것도 보지 못한다"처럼 시야에 포착되지 않는다. 이는 사회역사적 아노미(anomie)의 일종이다. 거대 담론이 실효하고 그것을 대체할 새로운 담론은 부재한 상태에서 '개인'이 자기 삶을 구성하는 일은 쉽지 않다. 돌아갈 곳(거대 담론)이 사라지고 나아갈 곳(전망)이 확정되지 않은 상태에서 개인이 취할 수 있는 인식적 포즈는 '기억'을 재구성하는 일이다. 그러나 그렇게 재구성된 기억은 사실 "퇴행"적일 수밖에 없다. 그런 점에서 박태건이 '백야' 이미지로 "기억의 퇴행성"을 지목해낸 것은 유효한 진단으로 보인다. 물론 박태건의 '백야'는 우리가 아는 백야(white night)와 다르게 읽을 필요가 있다. 인용시에서 백야는 표면적으로 눈(snow) 내린 밤을 대상화하고 있지만, 이 시에서 백야는 기억을 더듬어가는 눈(eyes), 즉 세계 인식의 백화 현상(colorosis)에 가깝다. 박태건은 1990년대의 사회역사적 아노미를 전망이 불분명한 백야의 관점으로 내면화하는 것이다. 시인이 기억하고 있는 80년대적 "바지단의 얼룩"을 "덮어 쓰는 눈의 기행문이/ 길을 잃어버리는/ 그런 날"이 바로 90년대의 백야이자 문학적 아노미를 압축적으로 보여주는 사례에 해당한다.

그리고 1997년, 우리 사회는 국제통화기금에 구제금융을 신청하는 파국을 맞이한다. IMF 외환위기 사태는 경제적 파산이라는 형식으로 다가왔지만, 사실 90년대 우리 사회의 파산은 삶을 추동해나갈 이념의 파국에서 비롯했다고 볼 수 있다. 이념 없는 시대에 소비대중문화의 확산은 뼈대 없이 몸집만 키운 꼴이었다. 이념 부재의 아노미는 무규칙과 무규정과 무분별을 개인의 삶에 밀어 넣었다. 그 결과 나타난 것이 삶의 위기, 전망의 부재, 과거로의 퇴행이었다. 여기에 새천년에 대한 기대와 세기말 현상까지 중첩되면서 90년대 후반 전북의 민족문학 운동은 다소 주춤했던 것으로 판단된다.

> 자본주의 시대라서 가능했던 표현, 그 '중산층 가정'이, 어느 날 참말로 맥없이 풍비박산돼 버리고 급기야 실직 가장과 그 어린 아들이 나란히 줄을 서 무료 급식소에서 나눠 주는 밥을 먹는 장면!…… 그걸 본 사람들이라면, 그 목격자가 설혹 자본주의의 완강한 신봉자, 아니 자본주의의 신(神) 자신이라고 하더라도 그걸 부인하지는 못하리라.
> (중략)
> 아, 이 씁쓸함이라니!…… 한 시대 전에나 자주 쓰던 표현 하나를 다시 꺼내어 닦고 먼지를 털어 쓰자면, 아 참, 이런 옘병할 가치 혼란이여.[60]

『작가의 눈』 1998년 여름호 「책머리에」 한 대목이다. 국제통화기금에 구제금융을 신청한 이후 우리 사회의 단면을 보여주면서, 당시 우리 사회의 특징을 "이런 옘병할 가치 혼란"으로 정리하고 있다. 이러한 혼란이 발생한 이유는 "맥없이 풍비박산돼 버"린 삶의 가치이자 시대적 전망이었다. 이러한 현상은 90년대가 현실사회주의의 소멸에 따른 이념 부재, 담론 부재의 시대로부터 소비대중문화를 통한 자본주의 시대로 나아가는 과정에서 필연적으로 맞닥뜨려야 하는 위기이자 한계였다. 그것은 우리 사회가 자본주의적 이념을 제대로 갖추지 못한 상태에서 90

---

[60] 전북작가회의, 「작가의 눈이 보고 있다」, 『작가의 눈』 2호, 자음과 모음, 1998, 11쪽.

년대를 맞이하게 되었다는 것과 빠르게 소비 대중사회로 진입해가면서 자본의 윤리, 소비의 윤리를 내면화하지 못했다는 것에서 원인을 찾을 수 있다. 『작가의 눈』이 포착한 '가치 혼란'은 밀레니엄을 바라보는 세기말의 우리 사회를 적확하게 진단한 표현이라고 할 수 있다.

이렇게 '옘병할' 시대에 민족문학 운동은 앞으로 나아갈 동력을 제대로 확보할 수 없었다. "한 시대 전에나 자주 쓰던 표현 하나를 다시 꺼내어 닦고 먼지를 털어" 써야 하는 것은 퇴행적 기억의 재현을 통해 운동의 전열을 정비하고자 하는 시도일 것이다. 『작가의 눈』 2호에서 박남준이 "산다는 일이 그런 것이라면/ 삶의 어느 구비에 나, 풀꽃 한 포기를 위해/ 몸의 한편 내어 준 적 있었는가 피워 본 적 있었던가"(「아름다운 관계」)라고 삶과 사유를 과거로 복귀시키는 것이 그런 사례에 해당한다. '지금-여기'의 가치가 혼란하고 이후의 삶이 전망되지 않을 때, '그때-거기'로 복귀하여 재정비함으로써 혼란한 가치의 시대를 돌파해나갈 동력을 확보하고자 하는 것이다. 이러한 전열 정비의 시간이 1990년대 후반, 21세기를 앞둔 시점에서 확인할 수 있는 전북의 민족문학 운동의 형세였다.

5. 이십 세기 전북의 민족문학 성과

이렇게 1990년대 민족문학 운동은 소비대중문화, 자본주의 같은 새로운 가치와 충돌하고, 그 안에서 현실을 진단하고 그 이후를 전망해내려는 시도들이 있었다. 그러나 알다시피 90년대는 주어진 물리적 시간에 반해 그 안에서 작동했던 사회역사적 전개가 빨랐고, 부침의 파고가 높았다. 87년 민주화운동 이후 민주 세력의 일부가 구권위주의 세력과 결탁하는 3당 합당이 1990년 5월에 이루어졌고, 이를 기반으로 탄생한 김영삼 정부는 우리 사회의 민주주의를 지체하게 했다. 이러한 정치적 혼란을 틈타 자본주의가 무섭게 침투하게 되는데, 80년대식 거대담론과 제대로 결별하지 못한 상태에서 맛본 자본주의의 독은 치명적이었다.

이렇게 거대 담론 소멸−소비대중문화와 자본주의−IMF 구제금융 신청이 단시간에 거듭되면서 90년대는 말 그대로 '옘병할 가치 혼란'의 시대였다. 전북의 민족문학 운동을 이끌어왔던 진보적 문학인들은 이러한 시대의 흐름을 예리한 시선으로 읽어냈다. 그리하여 "삶이란,/ 버선처럼 뒤집어 볼수록 실밥이 많은 것"(안도현, 「양철 지붕에 대하여」, 『작가의 눈』 2호)을 간파해내고, "썰물 끝에서 견디는 한 순간의 미늘 같은 허무가/ 절정도 없이 걷어내는 삶의 거품들"(김유석, 「해변의 길손」, 『작가의 눈』 2호)을 들여다보았다. 그리고 우리 삶의 '실밥'과 '거품들'을 새로운 문학적 자양분으로 삼아 90년대 이후의 문학을 전망하고자 했다. 이러한 시도에 말을 더하는 이희중의 이야기에 귀 기울여보자.

요컨대 삶에 근거한 글쓰기는 글이 현실의 체험 공간에서 분리되어 소모적인 관념의 영역으로 떠오르는 것을 막아 주는 좋은 방법이지만, 이 역시 손쉽게 평생을 머물만한 집이 되지는 못한다. 그래서 소재 또는 방법의 탐색과 모험적 선택은 항상 모든 예술가 앞에 놓인, 결코 다하지 못할 숙제와 같다.[61]

이희중의 글은 21세기를 목전에 둔 전북 민족문학 운동이 귀 담아들어야 할 내용을 제안하고 있다. 그는 첫 문장을 통해 "삶에 근거한 글쓰기"라는 80~90년대식 민족문학 운동의 글쓰기가 보여준 성과와 한계를 짚었다. 90년대를 거치면서 무너진 중산층의 삶이 그랬던 것처럼, 삶의 문학은 "평생을 머물만한 집"이 될 수 없는 시대가 되었다. 그래서 그는 두 번째 문장을 통해 21세기 민족문학 운동이 모색해야 할 대안을 제시했다. 문학적 "방법의 탐색과 모험적 선택"이 그것이다. 이렇게 90년대 전북의 민족문학 운동은 21세기를 맞이하는 청사진까지 어렴풋하나마 그려놓았다. 그런 점에서 90년대 전북의 민족문학 운동은 세기말이라는 부정적 현상 속에서도 80년대를 정리하고 21세기를 준비하는 전열 정비의 시기였다. 임명진의 말을 끌어오면서 90년대를 이렇게 정리하고자 한다. "그렇다면 문학(예술)이 할 일은 무엇인가? 인간들이 스스로를 감싸안음으로써 그런 불신, 증오, 저주를 극복할 수 있다는 가능성을 확인하는 일을 해내지 않겠는가?" 90년대 전북의 민족문학 운동은 90년대라는 가능성, 나아가 이후의 가능성까지를 타진해내는 일에 주력했다고 할 수 있겠다.

---

[61] 이희중, 「삶을 사랑하는 시인들」, 『작가의 눈』 2호, 앞의 책, 1998, 276쪽.

1990년대 시의 내면성
―김용택과 안도현의 시

1. 들어가며

　1980년대를 타자의 시대라고 규정하는 일은 다소 위험하고 편파적일 수 있다. 알려졌다시피 1980년대 한국 사회는 '우리'라는 공동체를 구성하는 일에 매진하였고, 연대와 결속의 가치를 무엇보다 강조하였기 때문이다. 게다가 80년대는 민족·민중·민주의 기치 아래 하나 되기를 열망한 시기이기도 했다. 그리하여 "80년대를 진지하게 사는 사람들에게 있어서 가장 '정상적'인 것은 혁명주의자가 되는 것이었고, 혁명주의자의 주요한 사상적 과제의 하나는 모든 일탈적 사상에 대하여 '개량'의 낙인을 부여하고 그것의 확산을 저지하는 것"[62]이 되기도 했다. 그러함에도 1980년대를 타자의 시대로 부르고 싶은 저변에는 '정상적'이라는 이념적 범주와 '일탈적 사상'의 대비에서 비롯한다.
　정상-일탈의 구도는 1980년대적 관점으로 보면 마르크스적

---

[62] 조희연, 「사회구성체논쟁의 반성과 90년대 논쟁의 출발점」, 『월간 사회평론』 92권 11호, 사회평론, 1992, 187쪽.

하부-상부 구조에 대응한다. 부르주아 자본가(일탈, 상부)를 해소하기 위한 프롤레타리아(정상, 하부)의 혁명 과제는 그 형식에 있어서 타자를 부정하는 것처럼 보이지만, 엄밀한 의미에서 부르주아 자본가(타자)가 없으면 프롤레타리아의 정상성이 승인될 기반을 잃는다는 점에서 문제적이다. 혁명 주체는 타자의 성립으로 존재할 수 있다. 이러한 관점에서 1980년대를 타자의 시대라고 일차적으로 규정하지만, 본질적인 문제는 혁명주의자의 내면에 존재하는 타자의 형식이다. '우리'라는 공동체와 연대의 내면에서 그 연대의 감각과 감정을 타자화하는 또 다른 '일탈적 사상'을 배제할 수 없기 때문이다.

그러나 1990년대가 되면 사회역사적 관점에서 정상-일탈의 구도가 해체된다. 이 과정에서 가장 두드러지게 나타난 현상이 타자 형식의 쇠퇴다. 세계사적으로 현실사회주의가 힘을 잃으면서 이데올로기적으로 형성된 '우리'라는 연대와 유대의 정치 감각이 둔해졌다. 눈앞에 실재했던 타자가 사라지면서 1990년대는 역사철학의 공동 현상이 발생했다.[63] 역사철학이 "전체로서의 인간 경험 속에서 그 위치를 발견하려는 시도, 경험의 다른 형태에 대한 그것의 관계, 그것의 기원, 그리고 그것의 타당성에 대한 비판적 논의"[64]에 맞닿아 있는 것에 반해, 1990년대

---

[63] R. G. 콜링우드는 "역사철학이 성립되려면 먼저 체계적이고 지속적으로 역사적 지식을 쌓으려는 시도가 있어야 한다."(R. G. 콜링우드, 문학과사회연구소 엮음, 『역사철학론』, 청하, 1990, 206쪽)라고 하였다. 이런 관점에 따르면, 1980년대의 정치사회적 테마였던 민족운동, 민중운동이 역사철학적 관점에서 전개되었다는 사실을 알 수 있다.

[64] 위의 책, 99쪽.

타자의 은폐는 '전체로서의 인간 경험'을 불가능하게 만들었다. 타자로 인해 견고했던 연대감이 느슨해지면서 1980년대식 민족·민중 이데올로기는 존재 거처를 상실했다.

민족·민중 이데올로기는 개인을 거세하면서 집단과 전체의 동력을 구축하는 시스템이다. 이런 시스템이 필요했던 것은 세계사적으로 '타자'의 힘이 강력했기 때문이었다. 그런데 1990년대가 되면서 타자의 힘이 급속하게 위축되자 전체로서의 동력 시스템이 무기력해졌다. 이렇게 1990년대는 인간 경험이 타자의 부재 현상을 겪으면서 세계와의 연계성이 느슨해졌다. 중요한 것은 전체의 부분으로 경험 세계가 축소되는 과정에서 공동화된 역사철학의 자리에 개인으로서의 '나'가 들어섰다는 사실이다. 민족·민중 이데올로기에서 거세되었던 '나'가 복권됨으로써 1990년대는 타자의 시대로부터 내면성의 시대로 나아갈 수 있었다.

이 글은 1990년대 시에서 내면성이 어떻게 형성되고 있는가를 탐색하고 있다. 이를 위해 김용택과 안도현 두 시인의 시를 논의 대상으로 삼았다. 두 시인은 1980년대 당대의 역사철학에 입각한 시를 썼다는 공통점이 있고, 전북지역에서 교류하면서 크고 작은 영향을 서로 주고받았다는 특징이 있다. 뿐만 아니라 김용택 시인이 1998년 제12회 소월시문학상을, 안도현 시인이 1999년 제13회 소월시문학상을 수상한 사실에서 알 수 있듯, 두 시인은 1990년대 한국의 서정시를 대표한다고 할 수 있다. 그렇다고 1980년대 두 사람의 시적 지향을 동궤에 놓을 수는 없다. 김용택은 「섬진강」 연작을 통해 근과거의 미시적인 민중공동체에 관심을 두었고, 안도현은 「서울로 가는 전봉준」을 통해 거시적 민중 투쟁에 몰입했다. 이렇게 1980년대 김용택과 안도현의 시는 '전체로서의 인간 경험'을 발견하고자 했지만, 그 세부에 있어서는 차이를 보인다. 이 글은 그러한 차이가 1990년대에 두 시인의 시적 내면성을 어떻게 형성하고 있는지 살펴보고자 한다.

2. 1990년대 다중 주체의 내면성

1980년대식 이념의 외피가 벗겨지자[65] 1990년대 문학은 "거대서사 밑에 깔려 있던 개인의 내밀한 소서사들"이 문학적 의미를 획득할 기회를 얻게 되었는데, 그와 같은 변화는 소재 발굴의 차원이 아니라 시적 "태도의 전환을 의미"한 것이었다.[66] 이러한 태도의 전환은 이념이라는 문학 외부 체계에 복무하면서 잃어버렸던 문학의 자율성을 복원하는 것이었다. 이런 의미에서 "문학이 자율적인 체계로서 자기 자신을 추스르지 않으면 안 되는 시점이 90년대"[67]라는 의견에 동의할 수 있다. 1990년

---

[65] 이와 관련하여 임우기는 "문제는, 동구권의 체제가 무너지고 있다는 사실 그 자체가 아니라, 체제의 무너짐을 이념의 무너짐으로, 다시 이념의 무너짐을 문학(리얼리즘문학)의 무너짐으로 등식화하는 경향 혹은 심리적 상태에 있다."(임우기, 「왜 리얼리즘인가?: '흔적의 문학'에 대한 인식」, 『문학과 사회』 1992년 봄호, 문학과지성사, 1992, 65쪽)고 지적하면서 동구권 체제의 해체와 이념의 폐기 그리고 이념에 입각한 문학 방법론의 시효를 동일하게 보아서는 안 된다는 점을 강조했다.

[66] 정끝별, 『오륙의 노래』, 하늘연못, 2001, 14쪽.

[67] 황종연 외, 『90년대 문학 어떻게 볼 것인가』, 민음사, 1999, 41쪽.

을 전후로 현실사회주의가 몰락하는 것을 목격하는 과정에서 시인들은 이념이라는 외피 없는 삶과 문학의 가능성을 새롭게 발견하게 된 것이다.

이렇게 1990년대 시는 1980년대식 역사철학 혹은 거대 담론에 기대지 않고, 문학의 자율적 근거를 탐색하는 과정에서 '나' 주체를 발견하였다.[68] '태도의 전환'을 시도하는 가운데 "새로운 시대의 역사적 깊이는 외부 세계의 혼란한 상(像) 속에 있는 것이 아니라 붕괴된 내면(시적 자아)의 고뇌와 새로운 시적 자아의 구축 속에 있는 것"[69]이라는 진단을 확보한 것이다.

> 1980년대에 대한 질적 대타의식에서 출발한 1990년대의 시는 이른바 서정성의 강화, 일상적 삶에 대한 관심의 증폭, 시적 형상성의 확보를 위한 노력 등으로 그 모습을 나타냈고, 정치(精緻)한 이념적·방법적 기율을 벗어나 다양한 내용적 변모를 꾀하게 되었다. 자연스럽게 시의 경향은 전대(前代)와는 주제나 대상이 판이해지게 되어 '우리'보다 '나'의 절실한 문제로 시선을 옮겨갔고, 그 동안 불변의 가치로 인식되어 왔던 이념적 구심력

---

[68] 김경복은 90년대의 개인에 대해 "90년대 시의 중요한 특징 중의 하나인 개인의 발견은 근대에 들어와 발견한 개인/주체의 발견과 상통되면서 다른 의미를 띤다. 그것은 공동체의 이념이라는 거대담론에 짓눌린 개인의 발굴이라는 점에서는 유사하지만 근대적 개인이 개성의 추구와 자유의 확보로서 그 주된 특징을 갖는다면 90년대 개인의 발견은 사적인 가치의 확보와 구체성의 추구로서 그 의미를 갖는다."라고 하여 90년대 개인이 80년대의 근대적/역사적 개인과 90년대적 사적 개인이라는 양가성을 지니고 있다고 강조했다. 김경복, 「90년대 한국 서정시의 탈정치성과 신서정성」, 『한국문학논총』 49집, 한국문학회, 2008, 283~284쪽.
[69] 이병훈, 「90년대 시의 새로운 모색과 가능성」, 『실천문학』 29호, 실천문학사, 1993, 309쪽.

에 대한 발본적인 반성적 사유를 요청하게 되었다.[70]

인용문에서 확인할 수 있듯, 1990년대에 시도된 시적 태도의 전환은 '우리'를 해체하고, '우리'로부터 '나'를 "반성적"으로 재구축하는 일이었다. 이념과 함께 '붕괴된 내면'을 어떻게 구축해나갈 것인가에 대한 고민은 (시적) 자아에 대한 새로운 정체성을 부여하는 일로 연결되었다. "90년대 문학의 출발을 조건 지웠던 근원적인 파토스는 아무래도 80년대에 대한 청산과 단절의 감각"[71]이라는 점에서 새로운 정체성으로서의 내면, 다시 말해 1990년대식 내면성을 구축하는 일은 탈정치적인 것처럼 보였다. 그런 까닭에 1990년대 문학이 형상화하고 있는 개인의 내면은 전 지구적 자본주의의 침투로부터 안전하고도 자유로운 어떤 내밀한 공간으로 간주되었다. 즉 "90년대에 접어들어서는 세계로부터 거리를 둔 자아의 정지상태 속에서 마치 사물이 제 키를 키우듯 정적인 움직임이 서정의 얼 안에서 견고히 똬리를 틀고 있"[72]었던 것이다.

1990년대 문학에서 논의되었던 '내면성'은 1980년대 문학의 운동성과 이념성에 응수해 그것이 결여한 '풍부하고 심오한' 문학성과 예술성을 강조하는 경우가 많았다. 그럴 때 내면성은 문학성(예술성)을 뒷받침하는 핵심 근거이자 문학적인 가치로 규정되었다. 그러나 1990년대 '대중문화'와 마주하게 되면서 내

---

70 유성호, 『상징의 숲을 가로질러』, 하늘연못, 1999, 115쪽.
71 황종연 외, 앞의 책, 19쪽.
72 임규찬, 『왔던 길, 가는 길 사이에서』, 창작과비평사, 1997, 88쪽.

면성은 대중문화의 상업성과 상품 미학을 비판하는 근거가 되기도 했다.[73] 이 과정에서 내면성은 개인의 사적 영역을 규정하는 성격을 넘어 1990년대에 재구축된 동시대적 집단 정체성으로 기능했다.[74] 이러한 의미에서 1980년대식 '우리'로부터 탈구축된 '나'의 내면성을 사적 개인으로 환원하는 것은 바람직하지 않다. 1980년대의 '나'가 민족·민중이라는 '우리'를 구성하는 원자로 존재했던 것처럼, 1990년대 '나' 또한 1990년대식 '우리'의 집합적 속성을 공유·실천하는 입자적 존재이기 때문이다. 따라서 "한 사회 내에서 특정한 사회적 위치나 상황을 점하는 자들이 공통적으로 갖는 내면성"[75], 즉 1990년대의 '집합적 내면성'에 주목할 필요가 있고, 나아가 집합적 내면성이 사적 개인의 자아를 통해 어떻게 실현되는지에 관심을 둘 필요가 있다. 그럴 때 문제 되는 것은 1990년대를 지배했던 집합적 내면성의 정체이다.

  1990년대의 주체는 근대적 역사발전의 주도권을 상실하는 대신 개별적인 개체로 출현하였다. 들뢰즈에 따르면, 이들 개별적 개체는 자기 자신의 재생산 그리고 확장 속에서만 존재하는 '욕

---

[73] 배하은, 「만들어진 내면성」, 『한국현대문학연구』 50집, 한국현대문학회, 2016, 549~550쪽.
[74] 이러한 의미에서 "내면을 '주어진 한 시대, 공간에서의 모든 지식을 가능케 하는' 인식 가능조건으로서의 인식론적 장(champ epistemologique) 혹은 단순하게 말해 1990년대 문학장의 에피스테메(episteme)를 구성하는 핵심적인 장치"라고 할 수 있다. 강동호, 「언표로서의 내면」, 『한국학연구』 제56집, 인하대학교 한국학연구소, 2020, 267쪽.
[75] 이종영, 『내면성의 형식들』, 새물결, 2002, 10쪽.

망으로서의 실체'이다.[76] 이 욕망의 각 단계에서 개별화된 개인이 나타나며, 이런 개인들이 계열화를 이루는 것이 인간 사회의 실체라는 입장이다. 이렇게 개별화된 욕망이 계열화된 집합적 내면성이 1990년대라는 사회의 실체를 구성하게 된 것이다. 들뢰즈의 계열화된 개별적 욕망 주체는 네그리에 의해 '다중(multitude)'이라는 집합적·존재론적 위상을 획득한다. 다중은 "자신을 어떤 고정된 통일성 속에 묶어두지 않고 끊임없이 비약적으로 자기를 전개하는 존재"로 "어떤 목적 지향성이 있지 않으며 오히려 이런 자기 전개 속에서 환희를 얻는다."[77] 통일성에 구속되지 않고 목적 지향적이지 않다는 점에서 다중은 무정부주의적 색채를 강하게 띠며, "다양한 문화들, 인종들, 민족들, 성별들, 성적 지향성들, 다양한 노동형식들, 다양한 삶의 방식들, 다양한 세계관들 그리고 다양한 욕구들과 같은 모든 특이한 차이들을 가진 다양체(multiplicity)로 존재"[78]한다. 이들 다중은 1990년대 전 지구적 자본주의 시스템과 제국적 질서에 개별적인 차원에서 저항하며 보다 나은 삶을 추구했다.[79] 1990년대 "세계는 강압적인 정치나 역사, 제도와 같은 강력한 타자로

---

76 위의 글, 116쪽.
77 이병창, 「90년대 한국사회의 탈근대적 '주체' 개념」, 『철학연구』 102집, 대한철학회, 2007, 118쪽.
78 장시복, 「다중은 대안세계화운동의 희망인가」, 『마르크스주의 연구』 제6권 2호, 경상대학교 사회과학연구원, 2009, 221쪽.
79 이렇게 다중은 "현대자본주의의 주요한 생산방식인 포스트포드주의가 야기한 변화, 특히 사회발전의 핵심 요소로 부각된 주체의 화용론적 실천(정보, 상징, 이미지에 대한 이해 및 활용)과 사회적 협력(네트워크로 구성된 사회관계 및 조직형태)과 관련된다." 김성일, 「현대사회의 괴물인 다중에 관한 해부학」, 『문화과학』 제50호, 문화과학사, 2007, 124쪽.

서 우뚝한 것이라기보다는 도시, 문명, 일상, 대중문화, 환경, 죽음, 미디어, 성가 같은 다양한 얼굴로 세분화되고 영향력도 상대화되"어 있었고, 그 결과 "1990년대의 자아는 미세하지만 독자적이고 자립적인 호흡으로 이전의 자아와 대결할 수 있"[80]는 여건이 마련되었던 것이다.[81]

여기에서 확인할 수 있는 것은 '미세하지만 독자적이고 자립적인 호흡'으로 무장하고 있는 다중 주체의 내면이다. 다중은 '다양한 얼굴로 세분화'된 존재이고, 개별적인 차원에서 1990년대를 상대하고 있는 존재이다. 다중 주체의 출현은 1990년대 들어 시적 다양성이 확보될 수 있었던 결정적인 계기였고, 이들의 독자적이고 자립적인 시적 호흡은 결과적으로 2000년대 이후 한국 시에 새로운 활력을 가져왔다. 이렇게 1980년대 민중

---

[80] 이수명, 『공습의 시대:1990년대 한국시문학사』, 문학동네, 2016, 25쪽.
[81] 한국사회에서 다중 주체가 구체적으로 출현한 시기는 "당시 촛불집회에 참여하는 방식은 기존집회의 집결 방식인 수직적 전달과 달리, 자발적 참여나 수평적 전달로 집결하는 형태를 보였다. 이는 전위로써 기능하는 기관이나 단체의 주도력이 사라짐이다. 전위를 나타내는 전형(典型)이 바로 '깃발'이다. '깃발은 해당 기관이나 단체의 목적이나 이념을 나타내며, 구성원들을 일사분란하게 움직이고 선도하는 거대주체를 상징한다. 2002년 겨울에 '다중'의 등장으로 전위의 성격을 띠는 거대주체인 '깃발'의 역할이 약화되었다."(민세명, 「한국의 정치주체로서 다중 연구―네그리와 하트의 이론을 중심으로」, 부산대학교 박사학위논문, 2016, 106쪽)라고 하여 2002년 겨울, 미순·효순 사건으로 알려진 미군장갑차 여중생 압사 사건으로 촉발된 촛불집회로 본다. 그러나 1990년대에 이미 다중 주체의 가능성이 예비되어 있었다. 1991년 5월의 분신정국과 1993년 김영삼 대통령 당선으로 출발한 문민정부, 그리고 1997년 IMF와 1998년 출범한 국민의 정부로 이어지는 과정은 1980년대식 거대 주체의 퇴장을 이끄는 동시에 개인 주체가 사회와 역사의 전면에 등장하게 했다. 2002년 한일월드컵 응원과 촛불집회 참가 활동이 자발적, 수평적으로 전개될 수 있었던 것도 1990년대에 민중 주체로부터 다중 주체로의 이행이 상당히 진행되었다는 사실을 암시한다.

주체가 1990년대 다중 주체로 갱신하여 나타나면서 민중 주체의 시를 썼던 시인들의 시에도 변화가 나타날 수밖에 없었다. 이러한 현상을 확인하기 위해 이 글은 1980년대 민중·민족 문학적 태도를 보였던 김용택과 안도현 시에 나타난 1990년대 다중 주체의 내면성을 살펴볼 것이다

3. 사랑의 정동: 자기 재생/구원을 도모하는 방법

1980년대에 가장 뚜렷한 성과를 거두었던 노동시, 농민시 등 민중 계열의 시는 1990년대의 탈정치적 흐름에서 급속하게 위축되었다. 많은 시인이 1990년대의 '미세하지만 독자적이고 자립적인 호흡'의 세계로 진입하지 못한 채 여전히 거시적 안목에 매달리고 있었다. 그러나 전반적으로 "90년대 초반 리얼리즘 시의 논의가 본격화되면서, 창작방법과 시적 형상화 방식에 대한 논의가 진전되는 (⋯중략⋯) 일정한 자기 반성을 거치면서 서정성의 회복과 언어미학 탐구 등의 시의 본질적 측면에도 관심을 기울'[82]이기 시작했다.

새로운 주체는 돌연변이가 아닌 이상 역사성을 가지고 있다.
한국사회의 산업화시기에 경제성장을 위해 노력한 국민의 노력을 토대로 하여, 국민이 요구하는 부족분을 메우기 위해 민주

---

82 오형엽, 「전환기적 모색, 근대와 탈근대의 경계에서-90년대 시의 지형도」, 황종연 외, 앞의 책, 144쪽.

화 진입기에 민중은 새로운 사회구조를 구상하였다. 이후 민주화 성숙기에 이러한 구상을 구체화하는 현실적인 시민이 등장하듯이, 다중 역시 이전의 헤게모니를 장악한 시민의 민주적 역량과 민주화시대 이후 익숙해진 소통의 방식을 바탕으로 생활에서의 문제점을 개선하고자 했다. 이는 거대주체들의 정치관과는 차별성을 갖는다. 다중에게는 거대담론보다는 생활담론이 곧 정치이고 경제이며, 삶이고 저항인 것이다.[83]

인용문에서처럼 1990년대의 다중 주체는 1980년대 민중 주체의 역사성을 이어받아 민중 주체가 형성해 놓은 '민주화시대 이후'의 소통 방식으로 '생활 담론'을 발견했다. 1990년대에 생활담론의 핵심은 물질노동에서 이탈하고 탈산업화되던 자본주의의 심화된 내면이었다. 탈산업화된 사회에서 비물질노동의 구체적인 형태는 '상징분석 노동'과 '정동적 노동'으로 나타났다.[84] 상징분석 노동이 "데이터의 입력 및 워드 작업과 같은 틀에 박힌 상징조작"을 포함하는 "문제-해결, 문제-확인, 전략적인 중개활동" 노동이라면, 정동적 노동은 인간적 접촉을 통해 상호작용하는 소통의 계기들 속에서 발생하는 노동을 말한다.[85]

시를 포함한 문학과 예술 활동은 정동적 노동의 한 형태이다. 질 들뢰즈는 정동이 "아무 것도 재현하지 않는 사유양식"이

---

83 민세명, 위의 글, 106쪽.
84 승준, 「비물질노동과 새로운 주체성의 형성」, 질 들뢰즈·안또니오 네그리 외, 『비물질노동과 다중』, 갈무리, 2005, 324쪽.
85 마이클 하트, 「정동적 노동」, 위의 책, 149쪽.

자 "하나의 내적 실재를 갖고 있는 것"으로 "누군가의 존재 능력의 연속적인 변이"라고 했다.[86] 그렇기 때문에 정동은 누군가의 행위 능력과 행위를 받는 능력 사이에서 발생한다.[87] 이러한 정동의 발생 형식이 포착해내는 것은 "정동은 몸이 마주침의 세계에 속함을 표시하거나, 또는 세계가 마주침들로 이뤄진 몸에 속함을 표시"한다는 점에서 몸의 감각 내용, 다시 말해 다양한 마주침들이 발생하는 몸이 그것의 감응들(그것의 정동됨)을 성찰하고 사유한 내용이다.[88]

이처럼 1990년대 비물질노동이 본격화되는 시점에서 다중주체의 노동 형태 가운데 하나가 정동의 생산이었다.[89] 김용택의 경우 정동은 '사랑'이라는 기표로 발생하고 있다. 그리고 그 사랑의 기표는 고향과 고향 사람들이라는 확장된 몸의 감응, 즉 신체화된 역사 경험에 토대를 둔다.[90] 1993년 발간된 시집

---

86 질 들뢰즈, 「정동이란 무엇인가?」, 위의 책, 33~34쪽.
87 그레고리 J. 시그워스·멜리사 그레그, 「미명의 목록[창안]」, 그레고리 J. 시그워스·멜리사 그레그 편저, 최성희·김지영·박혜정 옮김, 『정동이론』, 갈무리, 2015, 14쪽.
88 위의 글, 16~17쪽.
89 1990년대에 본격화된 비물질노동은 감정 노동을 성장시켰다. 백화점, 항공사, 대형마트 같은 대면 형식의 감정 노동뿐만 아니라 콜센터 같은 비대면 형식의 감정 노동이 확산·고착화되면서 비물질노동은 재화로서의 서비스뿐만 아니라 정동을 생산하게 되었다.
90 '고향'은 확장된 몸/신체이다. 인지과학에서 "우리가 생각하고 말하고 행하는 모든 것은 우리의 신체화된 마음에 의존하고 있"(G. 레이코프·M. 존슨, 임지룡·윤희수·노양진·나익주 옮김, 『몸의 철학』, 박이정, 2002, 795쪽)다는 점을 감안하면, 개인의 세계 인식을 규정하는 대표적인 것이 '고향'으로 기표화된 공동체적·역사적 경험 내용이다. 고향은 한 개인의 신체적·정서적·지적 성장과 사회화 과정에 결정적인 역할을 한다. 김용택의 경우 임실 진뫼마을은 그의 시세계에 절대적인 영향을 끼쳤다.

『그대, 거침없는 사랑』은 1990년대 김용택의 시가 지향하는 정동이 무엇인지 해명해준다. 그는 '나'의 저편에 '당신', '그대'를 놓고, 나/당신 사이에서 발생하는 사랑의 감응을 언어로 감지해낸다.

> 당신이 어두우시면/ 저도 어두워요/ 당신이 밝으시면/ 저도 밝아요/ 언제 어느 때 어느 곳에서 있든 내게/ 당신은 닿아 있으니까요/ 힘 내시어요/ 나는 힘 없지만/ 내 사랑은 힘 있으리라 믿어요/ 내 귀한 당신께/ 햇살 가득하시길/ 당신 발걸음 힘차고 날래시길 빌어드려요/ 그러면서/ 그러시면서/ 언제나 당신 따르는 별 하나 있는 줄 생각해 내시어/ 가끔가끔/ 하늘 쳐다보시어요/ 거기 나는 까만 하늘에/ 그냥 깜빡거릴게요.
> ―「별 하나」 전문(『그대, 거침없는 사랑』)

김용택의 "특장이 가장 잘 드러나는 것은 역시 서정적인 언어로 농촌 공동체의 훼손되지 않은 삶을 그리거나 자연의 무구한 아름다움에 다가가고자 할 때"이며, 그럴 때 "그는 우리가 일상적으로 경험하는 한정된 세계 너머" 곧 자연질서의 숭고한 아름다움이며 그런 자연과 어울려 사는 삶과 노동의 존엄함"에 눈을 돌리게 한다.[91] 이렇게 농촌사회의 세목들을 언어로 복원해왔던 그의 시는 1990년대 들어 "'지금 여기'에 대한 환멸과 긍정적 가치의 유보 그리고 세속에 대한 윤리적 우월감" 속에서

---

91 남진우, 『나사로의 시학』, 문학동네, 2013, 307~308쪽.

"리얼리즘의 정신과 방법이 현저히 탈색되고 있"다는 평가를 받기도 했다.[92] 그러나 그의 시는 '섬진강'으로 기표화 된 고향을 자기 몸의 확장형으로 간주하고 그러한 자기 신체적 대상을 향해 사랑의 정동을 심화시켜나간다. 1980년대에 '섬진강'이라는 한정된 고향 기표를 통해 전근대적 삶의 공동체를 그리움의 대상으로 삼았던 그는 1990년대에 오면 현재의 삶이 구성되는 처소들까지 '섬진강'의 기표로 삼기 시작했다. 이러한 확장을 가능하게 한 동력이 바로 사랑이었다.

김용택에게 사랑의 발견은 이후의 시적 행보에 결정적인 역할을 했다. 그에게 "사랑은/ 이 세상을 다 버리고/ 이 세상을 다 얻는/ 새벽같은"(「길」) 것이었다. 이러한 역설적 진리를 발견할 수 있었던 것은 1990년대 들어 1980년대에 "자신의 영혼과 행동을 규율하던 어떤 절대적 가치 혹은 그러해야 한다고 믿었던 진리가 사라졌다는 (…중략…) 현실에 대한 환멸감과 존재의 무력함"[93]을 당신 혹은 그대를 향한 사랑으로 극복했기 때문이다. 물론 1980년대 시에도 당신에 대한 사랑과 그리움이 없었던 것은 아니었다. 하지만 1980년대 시에서 그리움의 대상은 맹목으로서의 '당신'에 불과했다. 반면 1990년대에 오면 부재함으로써 존재하는 역설적인 '당신'으로 사랑의 대상이 넓어진다.[94] 『강 같은 세월』(1995) 「후기」에서 "나는 내 몸과 마음이 지치고 허물어지고 망가지면서 그리고 다시 서서히 깨어나고 정신이 들

---

[92] 유성호, 『상징의 숲을 가로질러』, 하늘연못, 1999, 135쪽.
[93] 최현식, 『말 속의 침묵』, 문학과지성사, 2002, 95쪽.
[94] 위의 글, 96쪽.

면서 그 긴 고통과 죽음과 대면한 싸움 속에서 인간의 위엄과 문학의 위엄을 같은 선상에 놓고 (…중략…) 외롭고 긴 침묵과 고요에서 싹트는 말, 그리고 무한한 사랑만이 인간을, 문학을 세운다."[95]라고 함으로써 김용택은 '무한한 사랑'만이 인간과 문학을 '긴 고통과 죽음'으로부터 구원할 수 있다고 믿었다.

오월의 숲에 갔었네/ 그 숲에 가서/ 나는 숲 가득 퍼지는 사랑의 빛으로/ 내 가슴 가득 채웠다네/ 찔레꽃 받아든 날의 사랑이여/ 이 세상 끝없는 사랑의 날들이여!/ 바람 불고 눈 내려도/ 우리들의 숲엔 잎 지는 날 없으리.
―「찔레꽃 받아 들던 날」부분(『강 같은 세월』)

시인아/ 애초에 아무것도 가진 게 없었으니/ 끝까지 노래만 남는다/ 달이 두고 간 새벽 어둠 속에서/ 외로움과 절망의 끝을 본 시인아/ 노래가 끊어진 자리에서도/ 노래는 새로 태어나 세상을 깨우나니/ 시인아/ 아침을 두려워하는 것들이 어찌/ 노래 잃은 시인의 눈빛뿐이겠느냐/ 노래하라/ 서리 하얗게 깔린 새벽/ 김 나는 빈 들판처럼/ 입김을 하얗게 뿜으며 노래하라/ 세월은 갈지라도/ 노래는 끝이 없고/ 땅도, 네가 디딘 땅도/ 영원할지니/ 다 버리고 다 얻는/ 저 새벽같이 노래하라.
―「노래」부분(『강 같은 세월』)

---

[95] 김용택,「후기」,『강 같은 세월』, 창작과비평사, 1995, 163쪽.

인용한 시에서 확인할 수 있듯, "이 세상 끝없는 사랑의 날들"을 위해 시인에게 필요한 것은 "입김을 하얗게 뿜으며 노래하"는 일이다. 노래야말로 '끝이 없고' '영원'하기 때문이다. '사랑'이라는 관념 세계를 '끝없는 노래'로 감각화하기 위해 김용택이 선택한 시적 방법은 이야기하기이다. 이야기하기는 1990년대 다중 주체의 '미세하지만 독자적이고 자립적인 호흡'을 가장 효과적으로 드러내는 방식이기도 하다. 이야기하기는 주체의 내면성을 효과적으로 드러내는 방법이었다. 그것은 주체가 자기를 영원히 재생산하는 방법이면서 이야기된 내용이 최종적으로 이야기한 주체에게 귀속된다는 점에서 그렇다.

김용택이 1990년대 개인의 내면을 형상화하는 방법으로 이야기하기를 선택한 이유는 부재하는 그대/당신의 존재를 확인하기 위해서다. 그러나 김용택의 이야기하기는 부재 대상을 눈앞에 소환하기 위한 시적 방법이 아니다. 김용택은 시가 "서사의 일종이되 그 특유의 서술양식이 갖는 수사적 책략으로 이야기의 결핍을 추구하는 서사양식"[96]이라는 사실에 충실하다. 그의 시가 이야기하기를 통해 궁극적으로 도달하고자 하는 이야기의 결핍은 '이야기 없음'이 아니라 '이야기 감춤'이다. 따라서 김용택의 이야기하기는 "이야기를 보이지 않는 부재와 결핍의 방식으로 존재하게"[97] 하는 시적 방법으로 활용된다.

이웃 마을에 살던 그 여자는/ 내가 어디 갔다가 오는 날을

---

[96] 도정일, 『시인은 숲으로 가지 못한다』, 민음사, 1994, 146쪽.
[97] 위의 글, 147쪽.

어떻게 아는지/ 내가 그의 마을 앞을 지날 때를 어떻게 아는지/ 내가 그의 집 앞을 지날 때쯤이면 용케도 발걸음을 딱 맞추어가지고는/ 작고 예쁜 대소쿠리를 옆에 끼고 대문을 나서서/ 긴 간짓대로 된 감망을 끌고/ 딸가닥딸가닥 자갈돌들을 차며/ 미리 내 앞을 걸어갑니다
—「애인」 부분(『그 여자네 집』)

어느 날인가/ 그 어느 날인가 못밥을 머리에 이고 가다가 나와 딱/ 마주쳤을 때/ "어머나" 깜짝 놀라며 뚝 멈추어 서서 두 눈을 똥그랗게 뜨고/ 나를 쳐다보며 반가움을 하나도 감추지 않고/ 환하게, 들판에 고봉으로 담아놓은 쌀밥같이,/ 화아안하게 하얀 이를 다 드러내며 웃던 그/ 여자 함박꽃 같던 그/ 여자
—「그 여자네 집」 부분(『그 여자네 집』)

인용한 시는 이야기하기의 전형을 보여준다. 듣는 사람이 이야기 정보를 제대로 수신했는지를 확인하듯 동일한 정보를 반복하는 것이나, 세부 정보를 종결하지 않고 계속해서 연결해가는 방식은 구어적이다. 이렇게 "그 여자" 이야기를 통해 김용택이 드러내고자 한 것은 자기 안에 부재한 '나'라는 존재이다. '나'는 단독으로 드러나지 않고 언제나 '그 여자'라는 대타 존재와 더불어 존재한다. 이러한 자기 인식은 1980년대 역사적 주체로 '자립'할 수 있었던 것과 대비된다. 그런 면에서 1980년대의 역사적 주체가 에토스적으로 존재했다면, 1990년대 주체는

파토스적 자기 서사에 충실하다고 할 수 있다.[98]

이렇게 1990년대 김용택의 시는 이야기하기를 통해 부재와 결핍의 상황이 존재한다는 사실을 드러내고 있다. 그에게 부재와 결핍의 대상은 언제나 사랑의 대상이었다는 점에서 이야기하기는 사랑을 확인하는 일이다. 사랑은 '세상을 다 버리고' '세상을 다 얻는 것'이라고 역설적으로 인식한 것이나 "내 가난함으로/ 세상의 어딘가에서/ 누군가가 배부릅니다"(「세상의 길가」, 『그 여자네 집』)라고 한 것은 부재와 결핍을 이야기하는 일이 결국에는 주체가 다시 존재하는, 즉 영원히 재생산되는 방법이라는 시적 진실을 보여준다. 따라서 김용택에게 사랑의 정동은 자기 재생산의 시적 방법으로 기능했다. 이러한 방법을 통해 김용택은 "사랑이 날개를 다는 것만은 아니더군요/ 사랑은,/ 사랑은/ 때로 무거운 바윗덩이를 짊어지는 것이더이다"(「노을」, 『그 여자네 집』)라는 파토스적 사랑을 1990년대의 자기 서사로 구축할 수 있었다.

4. 기다림의 정동: 낭만적 상상력을 통한 부재의 자기 질문

1980년대 안도현의 시 세계는 그의 등단작을 통해 역사철학적 성격을 짐작할 수 있다. 1981년 매일신문 신춘문예 당선작

---

[98] 아리스토텔레스는 사람의 자연적 성향, 기질, 도덕적 성격 등을 에토스로, 주어진 상황에서 표출되는 감정을 파토스로 구별했다. 이런 관점에서 1980년대 민중 중심의 시적 화자가 역사적 주체로서 에토스적 속성을 띠었다면, 개별화된 다중 주체가 출현한 1990년대 시의 화자는 상대화된 주체로서 자기 호흡을 하는 파토스적 속성을 구현한다고 볼 수 있다.

「낙동강」과 1984년 동아일보 신춘문예 당선작 「서울로 가는 전봉준」은 '강'으로 형상화된 역사의 상징적 현장을 담고 있다. 과거의 시간을 현재의 순간에 호명하는 기억의 방법론을 통해 그는 동시대와 이후 시대의 윤리를 확정하고자 했다. 이 과정에서 안도현은 역사적 과거와 도래할 미래를 동일시하고, 두 시간 사이에 끼어 있는 현재의 시간은 극복해야 할 것으로 인식한다. "흰 옷자락 할아버지의 뒷모습"이 "내 이마 위로도 소리 없이 흐르는 것을 알았다"라는 발견과 "낙동강/ 그 맑은 마지막 물빛으로 남아 타오르고 싶었다"(「낙동강」)라는 사적 전망은 "들꽃들아/ 그날이 오면 닭 울 때/ 흰 무명띠 머리에 두르고 동진강 어귀에 모여/ 척왜척화 척왜척화 물결소리에/ 귀를 기울이라"(「서울로 가는 전봉준」)를 통해 동시대적이고 공동체적인 윤리로 확립되었다.

이렇게 과거를 호명해내는 기억의 방법으로 1980년대의 사회역사적 상상력을 추동했던 안도현의 시는 1990년대 들어 사회역사적 투쟁력이 상대적으로 약화되었다. 대신 안도현은 "아련한 그리움의 정감"[99]을 통해 현실에 부재한 역사철학적 윤리를 드러냈다. 역사철학은 "역사적 사고와 역사적 지식의 특수한 성격을 명료하게 하려는 시도이며, 무엇이 역사인가 라는 질문에 대한 대답을 하려는 시도"[100]이다. 이런 점에서 개인의 기억을 공동체의 역사적 기억과 연계하여 현실 삶의 모순을 폭로하고 역사적 전망을 기획하는 안도현의 시는 1990년대에도 역사

---

99 홍용희, 『꽃과 어둠의 산조』, 문학동네, 1999, 244쪽.
100 R. G. 콜링우드, 앞의 책, 12쪽.

철학적 윤리의 범주를 벗어나지 않는다. 그러나 1990년대 들어 안도현은 역사적 기억을 시로 형상화하는 방법을 새롭게 모색한다. "처절한 싸움의 시절에 무기로 쓰기에는 시들이 너무 대가 약하지 않은가 하는 자괴감" 속에서 "부드러움도 힘이 될 수 있다고 생각"[101]하게 된 것이다.

그렇게 해서 발견한 '부드러운 힘'이 바로 그리움이다. 안도현이 그리움의 상상력을 통해 드러내고자 하는 것은 부재하는 것이고, 부재의 대상은 1980년대부터 줄곧 역사를 구성하는 개개인의 삶이었다. 그가 그리워하는 대상은 "지난 삶의 역사, 추억의 풍경, 미지의 연인 등"이며 기억의 방법론을 통해 그는 "부재의 감동"을 시적 미의식으로 드러냈다.[102] 그의 시에서 부재의 대상은 언제나 현실의 결핍과 불안을 환기하며, 그래서 그 자체로 사회역사적 투쟁 방법으로 작용하기도 했다. 그러나 1980년대와 달리 1990년대 안도현의 시에서 눈에 띄는 것은 낭만적 세계 인식이었다. 그러한 인식의 배경에는 1980년대식 세계 대응 방식이 실패했다는 것, 그리고 그러한 투쟁에서 개인적으로 패배했다는 (무)의식이 있었다.

　　괴로움으로 하여/ 그대는 울지 말라/ 마음이 괴로운 사람

---

[101] 안도현, 「책머리에」, 『그대에게 가고 싶다』, 푸른숲, 1991. 안도현은 첫 시집 『서울로 가는 전봉준』(1985)에 이어 두 번째 시집 『모닥불』(1989)을 발간했는데, 시집 『모닥불』 「후기」에서 그의 역사철학적 입장을 간략하게 밝히고 있다. "구체적인 삶의 감동을 시적 감동으로 이끌어내는 것! 이 땅에서 숨쉬고 밥먹으며 시 쓰는 자로서 어찌 그 꿈의 고삐를 늦출 수 있겠는가? 가는 데까지 가보는 거다."라고 하여 사회역사적 투쟁력에 힘을 싣고 있다.

[102] 홍용희, 같은 곳.

은/ 지금/ 누군가를/ 사랑하고 있는 사람이니/ 아무도 곁에 없는 겨울/ 홀로 춥다고 떨지 마라// (…중략…)// 가다 보면 어둠도 오고/ 그대와 나/ 그때 쓰러질 듯 피곤해지면/ 우리가/ 세상 속을 흩날리며/ 서로서로 어깨 끼고 내려오는/ 저 수많은 눈발 중의 하나인 것을/ 생각하자/ 부끄러운 것은 가려주고/ 더러운 것은 덮어주며/ 가장 낮은 곳으로부터/ 찬란한 한 세상을 만들어 가는/ 우리

—「그대에게」부분(『그대에게 가고 싶다』)

이 시는 『그대에게 가고 싶다』(1991)에 실려 있고, 아직은 1980년대식 세계 대응 방식이 남아 있다. 그런 까닭에 "울지 말라", "떨지 마라" 같은 금기적 가르침부터 "생각하자"라는 전망적 제시까지 "우리"라는 공동체적 투쟁방식을 활용하였다. 이는 이 시집에 실린 시편들이 창작된 시기가 1980년대와 맞물려 있기 때문이지만, 『외롭고 높고 쓸쓸한』(1994) 이후 안도현의 시는 '나' 중심의 세계 인식으로 변모한다. "생각하면/ 삶이란/ 나를 산산이 으깨는 일/ 눈 내려 세상이 미끄러운 어느 이른 아침에/ 나 아닌 그 누가 마음 놓고 걸어갈/ 그 길을 만들 줄도 몰랐었네, 나는"(「연탄 한 장」)이나 "불현듯 나는 서러워진다/ 그칠 줄 모르고 쏟아지는 눈발 때문이 아니라/ 시 몇 줄에 아등바등 매달려 지내온 날들이 무엇이었나 싶어서/ 나는 그동안 세상 바깥에서 세상 속을 몰래 훔쳐보기만 했던 것이다// (…중략…)/ 살아야겠다고, 흰 종이 위에다 꼭꼭 눌러/ 이 세상을 사랑해야겠다고 쓰고 또 쓸 것이다"(「겨울 밤에 시 쓰기」)에서 확

인할 수 있듯 "자신에 대한 엄격한 평가와 더 험해진 삶의 행로를 감당하기 위해 신발을 단단히 조여매는 결단의 모습"[103]을 보인다.

『그리운 여우』(1997)에서도 자기 자신에 대한 단련은 계속되었다. '나'는 누구인가에 대한 시적 질문은 1980년대 타자 중심의 역사 인식에서 벗어나 '자아'에 대한 올바른 인식이야말로 사회역사적 상상력을 이끌어가는 동력이라는 인식에서 비롯했다. "다른 곳은 다 놔두고/ 굳이 수숫대 끝에/ 그 아슬아슬한 곳에 내려앉는/ 이유가 뭐냐?/ 내가 이렇게 따지듯이 물으면// 잠자리가 나에게 되묻는다/ 너는 지금 어디에 서 있느냐!"(「나와 잠자리의 갈등1」)는 이전 시집 『외롭고 높고 쓸쓸한』에서 "연탄재 함부로 발로 차지 마라/ 너는/ 누구에게 한 번이라도 뜨거운 사람이었느냐"(「너에게 묻는다」)라는 질문의 연장이다. 물론 「너에게 묻는다」가 타자적 역사 인식을 드러내는 질문이라면, 「나와 잠자리의 갈등1」은 그 질문을 자기 자신에게 돌려 자아의 정체성을 따져 묻는 것이었다. 그러나 『그리운 여우』에서부터 안도현의 시는 일상에서 촉발된 낭만적 상상력을 적극적으로 탐색하기 시작했다. 낭만적 세계 탐색은 '나' 중심의 자아 인식이 가장 극단으로, 그리고 극적으로 나타나는 방식이었다.

　　이렇게 눈 많이 오시는 날 밤에는/ 나는 방에 누에고치처럼
　　동그랗게 갇혀서/ 희고 통통한 나의 세상 바깥에 또 다른 세상

---

[103] 이성욱, 「연탄에서 오는 새 길의 풍경」, 안도현, 『외롭고 높고 쓸쓸한』, 문학동네, 1994, 127쪽.

이 있을 것이라 생각하고/ 그 세상에도 눈이 이렇게 많이 오실 것인데/ 여우 한마리가, 말로만 듣던 그 눈도 털도 빨간 여우 한 마리가/ 나를 홀리려고 눈발 속을 헤치고/ 네 발로 어슬렁 어슬렁 산골짜기를 타고 내려올 것이라 생각하고/ (…중략…)/ 자리를 차고 일어나 방문을 열어제껴 보았던 것인데/ 눈 내려 쌓이는 소리 같은 발자국 소리를 내며/ 아, 여우는 사라지고-/ 여우가 사라진 뒤에도 눈은 내리고 또 내리는데/ 그 여우 한마리를 생각하며/ 이렇게 눈 많이 오시는 날 밤에는/ 내 겨드랑이에도 눈발이 내려앉는지 근질근질거리기도 하고/ 가슴도 한없이 짠해져서 도대체가 잠을 이룰 수가 없었던 것이다.

― 「그리운 여우」 부분(『그리운 여우』)

이 시에서 "나는 방에 누에고치처럼 동그랗게 갇혀서" 머릿속에 떠오르는 이런저런 것들을 "생각하고" 있다. 그러면서 "나의 세상 바깥에 또 다른 세상이 있을 것이라 생각"한다. 중요한 것은 화자에게 '세상'은 '생각'의 대상이라는 점이다. 그럴 때 '다른 세상'도 객관 세계가 아니라 '생각'에 포섭된 주관 세계에 해당한다. 안도현이 1980년대 시에서 '그리움'을 중심으로 사회역사적 상상력과 역사철학적 '부재의 감동'을 객관적으로 형상화했다면, 1990년대 중반 이후 안도현의 시는 이 시에서처럼 '생각하기'라는 낭만적 상상력을 통해 그리움과 부재의 감동을 형상화했다. 특히 시집 『바닷가 우체국』(1999)에서 낭만적 상상력은 적극적으로 개진되었는데, "바다가 보이는 언덕 위에/ 우체국"(「바닷가 우체국」)은 '지금-여기'에 부재하는 상상적 그리움의 대상이었다.

이렇게 1990년대 후반 안도현의 시에는 과거의 일상을 점유했던 사물들에 대한 그리움이 다양한 사물과 상황을 거느리고 나타난다. 「오래 된 우물」, 「양철 지붕에 대하여」, 「내 살던 옛집 마당에」, 「감자 익는 냄새」, 「낙서」, 「저 낡은 선풍기」 등에서 그리움은 1980년대식 사회역사적 상상이 아닌 개인의 회고적 상상으로 활성화되어 있다. 그러면서 한편으로는 일상에서 "아주 작고 하찮은 것이/ 내 몸에 들어올 때"(「아주 작고 하찮은 것」)에 주목했다. 이 경우 안도현의 시는 일상적 삶에 대한 긍정적 신호를 보냈다. 이는 그의 시적 관심이 "내 시쓰기는, 지상과 천상의 다리를 놓는 바람의 게임, 즉 연날리기와 같은 것이어야겠다."[104]는 다짐과 무관하지 않다.

> 고래를 기다리며/ 나 장생포 바다에 있었지요/ 누군가 고래는 이제 돌아오지 않는다, 했지요/ 설혹 돌아온다고 해도 눈에는 보이지 않는다고요./ 나는 서러워져서 방파제 끝에 앉아/ 바다만 바라보았지요/ 기다리는 것은 오지 않는다는 것을/ 알면서도 기다리고, 기다리다 지치는 게 삶이라고/ 알면서도 기다렸지요/ 고래를 기다리는 동안/ 해변의 젖꼭지를 빠는 파도를 보았지요/ 숨을 한 번 내쉴 때마다/ 어깨를 들썩이는 그 바다가 바로/ 한 마리 고래일지도 모른다고 생각했지요
> ―「고래를 기다리며」 전문(『바닷가 우체국』)

---

[104] 안도현, 「시인이 쓰는 시 이야기: 언어의 게임」, 『바닷가 우체국』, 문학동네, 1999, 92쪽.

이 시에서 현실 너머의 어떤 것을 "기다리는 것"은 1990년대의 세기말적인 상황과 도래하는 이십일 세기에 대한 기대감이 만들어 낸 삶의 태도이다.[105] 이러한 '기다림'은 줄곧 안도현의 시적 지향이었다. 기다림의 태도는 '지상과 천상의 다리' 역할을 하면서 부재 자체를 증명한다. 부재한다는 인식을 드러냄으로써 존재해야(천상) 하지만 존재하지 않는(지상) '어떤 것'에 대한 그리움(다리)을 발생시키는 것이다. 이렇게 안도현이 '다리' 역할을 하겠다는 다짐의 내면에서는 1980년대의 그림자가 발견된다. 그것은 시대와 역사 앞에서 도래할 세계를 보여주어야 한다는 시인으로서의 소명 의식이다. 이러한 태도는 1990년대뿐만 아니라 안도현의 거의 모든 시에서 발견되는 특징이기도 하다. 1980년대 시에서 안도현이 지나간 역사적 사건 속에서 보이지 않는 진실을 발견하고자 했다면, 1990년대 시에서는 일상의 미세한 균열을 발견하고 그것들이 어떤 의미와 가치가 있는지를 누구보다 앞서 제시하고자 했다.

이렇게 1990년대 안도현의 시는 1980년대식 민중 주체의 잔영을 거느리고 있지만, 점차 '나'를 발견하고 '나'의 욕망을 충실하게 형상화해나간다. 이때 안도현의 욕망은 부재하는 것들을 향한 그리움으로 나타났고, 부재 대상은 역사적 진실로부

---

[105] 1992년 휴거 소동과 1997년 IMF 사태는 각각 정신 영역과 물질 영역에서 인간 심층에 불안을 가져왔다. 아울러 새천년을 앞둔 시점에서는 일명 Y2K 문제가 제기되어, 상징적인 의미에서 21세기의 불가능성까지 거론되었다. 이미 정보화 사회에 진입한 상태에서 세계를 구성하고 있는 컴퓨터의 시대 인식 불가능성은 인간의 세계 인식 불가능성을 의미했다. 그러나 단기간에 IMF를 극복했다는 자긍심과 더불어 세계화 시대, 전 지구적 시대 같은 후기자본주의적 키워드들에서 21세기를 맞이하는 낭만적 환상과 기대감이 나타나기도 했다.

터 점차 일상의 각성으로 전개되었다. 이러한 각성을 위해 안도현이 선택한 시적 방법은 '질문'이었다. 그의 1990년대 시는 나와 너 그리고 세계에 대한 물음표를 딛고 서 있다. 1990년대 끝자락에 출간된 시집 『바닷가 우체국』의 맨 끝에 실린 시는 그의 1990년대 시의 방법을 상징적으로 보여준다. "꽃의 종아리에 인둣불을 지질까/ 물고기의 눈에 먹물을 뿌릴까/ 바지랑대로 하늘 휘저어 별들을 섞을까/ 그도 저도 아니라면/ 시여/ 우주로 통하는 쥐구멍을/ 꼭꼭 틀어막을까"(「시가 씌어지지 않는 밤」 전문)처럼 안도현의 시는 1990년대를 향해 물음을 던지고 있다.

5. 나오며

1990년대는 1980년대의 역사철학적 이념과 이십일 세기라는 심화된 자본주의가 충돌하는 격전의 시기였다. 따라서 "1990년대는 당대의 현재시간과 '1980년대'의 시간, 그리고 2000년대 이후의 시간이라는 서로 다른 시간성들이 교차하고 갈등하며 교직되는 불균질하고 이질적인 시간성으로 특징지어진다."[106] 이렇게 객관 현실의 조건이 유동적이고 과도기적인 시기에 개인 주체의 자율성이 중요한 요소로 대두될 수밖에 없었다. 이것이 1990년대 문학이 사적 개인을 전면에 내세울 수밖에 없었던 이

---

[106] 김영찬, 「'90년대'는 없다-하나의 시론, '1990년대'를 읽는 코드」, 『한국학논집』 59호, 계명대학교 한국학연구원, 2015, 15~16쪽.

유 가운데 하나이다. 1990년대에 와서 객관 현실과 마주한 사적 개인의 위상이 공적 윤리와 이데올로기에 우세하게 된 것이다.

이러한 배경에서 1990년대 시문학은 개인 주체의 내면성이 두드러지게 나타났고, 그러한 내면성을 형상적 원리로 삼는 서정시가 다양하게 전개되었다. 특히 1980년대 민중시 계열에 속했던 시인들은 거대 담론이 해소된 공백을 개인 주체의 내면으로 채워나가기 위해 다양한 시도를 했다. 김용택과 안도현도 예외가 아니었다. 1980년대에 각각 민중공동체의 관점에서 당대의 역사적 모순을 형상화했고, 역사적 사건을 현재화하는 과정에서 민중 투쟁의 윤리에 천착했던 그들은 1990년대에 변화된 객관 조건에 따라 새로운 시적 방법론을 모색할 수밖에 없었다. 그 결과 그들은 비물질노동에 종사하는 (소)부르주아적 내면의 자율성에 충실하였다.

김용택의 '사랑'과 안도현의 '기다림'은 1990년대 시에서 발견할 수 있는 (소)부르주아적 내면성의 전형이었다. 그렇다고 해서 이들의 시가 사적 내면에 고립·유폐된 주체를 다룬 것은 아니다. 김용택은 '사랑'을 통해 이야기하는 주체의 내면성을 효과적으로 드러냈다. 부재한 '사랑'을 이야기하는 일은 주체가 다시 존재하는, 즉 자기 재생산의 시적 방법이었다. 안도현의 시에도 부재와 결핍의 조건은 김용택과 다르지 않았다. 이러한 부재 상황을 해소하기 위해 김용택이 이야기하기라는 시적 방법을 활용하였다면, 안도현은 자신과 세계를 향해 질문을 던졌다. 이 물음 속에서 안도현은 존재해야 하지만 존재하지 않는 '어떤 것'에 대한 낭만적 그리움을 형상화하고자 했다.

지금까지 김용택과 안도현의 1990년대 시에 나타난 내면성의 특징을 살펴보았다. 서정시의 본질이 시적 주체의 내면을 언어로 형상화하는 일이라는 점에서 시인의 내면성을 다루는 일이 심상할 수도 있다. 그러나 1990년대는 역사철학의 거대 윤리로부터 사적 개인의 자율적 시대로 이행해가는 과도기였다. 이 과정에서 이들은 (소)부르주아라는 다중 주체로서 '미세하지만 독자적이고 자립적인 호흡'으로 자신만의 변별적인 시적 내면성을 형성하고자 했다. 이런 점에서 1990년대 김용택과 안도현 두 시인의 자율적 내면성은 1980년대 시 쓰기와 변별되는 1990년대의 시적 지향을 해명하는 중요한 요소가 되기에 부족함이 없을 것이다.

다시 또 '사람의 문학'을 위하여
― 30년의 시차와 한 권의 시집

1. 다시 '새벽'을 생각하다

　문학이 시대의 파수꾼이자 첨병이어야 한다는 수사의 진정성을 믿는 사람은 드물지만, 여전히 문학이 어떤 식으로든 시대와 불화해야 한다는 데에는 적잖은 사람들이 고개를 끄덕일 것이다. 문학과 시대의 불화를 상상하는 사람들은 아직 문학의 문학성을 믿는 순수한 사람들일 확률이 높으며, 그들의 무의식에는 소명을 다한 시대의 파수꾼으로 초라하고 쓸쓸하게 뒷전으로 밀려나고 있는 문학을 향해 거의 마지막이 될지도 모르는 경의를 표하고 싶은 착잡한 애도가 담겨 있는지도 모른다. 문학은 이념과 신념의 시대가 종말을 고하는 순간, 다시 말해 문학의 시대적 소명 의식에 참여했던 눈먼 추종자들이 각성하고 문학 아닌 세계에 눈을 뜨기 시작하는 순간 무겁게 머리를 눌러대던 왕관을 내려놓아야만 했다. 바닥에 뒤집힌 왕관의 안쪽 테두리에는 이런 문장이 새겨져 있는 것처럼 보인다. '문학으로 어두웠던 시대의 새벽을 열었노라.'

30년 전까지만 해도 문학은 캄캄한 어둠 속에서 홀로 발광하며 불시에 닥쳐올 시대의 새벽을 기다리곤 했다. 독재와 군부의 착오적인 탄압에 맞서 문학은 스스로 역사의 비수가 되기를 마다하지 않았다. 어둠을 겨냥했던 비수에 오히려 깊은 상처를 입기도 했지만, 캄캄한 어둠 속 어딘가에 날 선 비수가 있다는 것만으로도 독재의 편에 선 사람들에게는 두려움을, 비수의 편에 선 사람들에게는 머지않아 어둠을 몰아내고 새벽이 올 것이라는 실낱같은 희망을 줄 수 있었다. 따라서 우리 문학사에서 새벽은 언제나 현재의 모순과 부정을 이겨내고 도달한 순간을 말하며, 기다림의 끝에 마침내 도착해야만 하는 당위의 운명을 이야기할 때 빠질 수 없는 상징의 유일성이었다.

우리 문학사에서 새벽을 기다리는 문학의 운명은 멀리 갈 것도 없이 윤동주에게서 찾아볼 수 있다. 윤동주는 시 「새벽이 올 때까지」에서 죽어가는 사람들에게는 검은 옷을 입히고 살아가는 사람들에게는 흰옷을 입힌 후 한 침대에 가지런하게 잠을 재우면 "이제 새벽이 오면/ 나팔소리 들려 올 게외다."라고 적었다. 죽음과 삶이 한 침대에서 맞이하는 새벽을 상상하는 순간 어디선가 예각으로 울려 퍼지는 나팔소리가 들린다. 나팔소리는 새로운 시대를 여는 소리처럼 어둠 속에서 웅크리고 있던 사람들을 각성시킨다. 그러나 새벽에 각성하고 깨어나는 사람은 '흰옷' 입고 살아가는 사람들이다. 검은 옷을 입고 죽어가는 사람들은 새벽 나팔소리에도 끝내 눈을 뜨지 않는다. 그러므로 새벽은 언제나 형형하게 살아 있는 사람에게만 허락된 시간이다. 시인 김남주도 "신새벽 뒷골목에/ 네 이름을 쓴다 민주주의

여"(「타는 목마름으로」)라며 새벽의 살아 있음을 시대의 절정으로 노래한 바 있다.

  문학이 시대와 역사의 새벽을 기다리는 동안에도 어둠은 그 위에 절망을 거느리고 더욱 무겁게 내려앉았다. 새벽을 기다리던 사람들은 새벽이 오기 전에 캄캄한 어둠 속으로 실종되었고, 새벽을 향했던 역사의 지향도 마지막 남았던 고개를 떨어뜨리기 직전, 저 먼 곳에서 마침내 한 줄기 빛이 희미하게 보이기 시작했다. 1987년 유월 항쟁. 그 피비린내 나는 투쟁과 승리가 드디어 역사의 새벽을 열어주는 것처럼 보였다. 민중민주운동이 핏빛 양탄자를 딛고 마침내 역사의 전면으로 등장하는 것 같았다. 뜨거운 함성이 거리를 휩쓸었다. 그랬다. 모든 것은 '~한 것 같았다'라는 규정할 수 없는 언어 속에 포섭될 수밖에 없었다. 격동이었다가 혼동이었다가 활동이었다가 마침내 운동으로 귀착된 시대의 새벽이 눈 앞에 펼쳐지기 시작한 것이다. 이렇게 87체제 속에서 민주 정부를 향한 열망은 커갔다. 그 순간 거리에는 삐라처럼 시가 넘쳐났고, 거리를 걷는 시인들의 이마는 뜨거웠다. 가슴 속에서 저절로 끓어오른 노래가 거리를 덮었다. 이것은 피의 승리가 아니라 시의 승리라고 시인들은 생각했다. 시가 새벽을 열었다고 시인들은 생각했다.

    눈은 살아 있다
    죽음을 잊어버린 영혼과 육체를 위하여
    눈은 새벽이 지나도록 살아 있다

기침을 하자
젊은 시인이여 기침을 하자
눈을 바라보며
밤새도록 고인 가슴의 가래라도
마음껏 뱉자

— 김수영, 「눈」 부분

그랬다. 시인들은 군부독재의 어둠 속에서도 "죽음을 잊어버린 영혼과 육체를 위하여" "기침을" 했다. "새벽이 지나도록 살아 있"는 "눈을 바라보며/ 밤새도록 고인 가슴의 가래"를 "마음껏 뱉"어 냈다. 시인들은 시가 시대를 앓고 시대를 견디며 시대를 견인한다고 믿었다. 다들 잠든 깊은 밤에도 스스로 깨어 있음을 확인하듯 기침을 하며 시인은 새벽을 맞이했고, 캄캄한 하늘을 쪼개며 붉게 쏟아져 내리는 여명의 기척을 명징한 한 줄의 언어로 마음껏 뱉어냈다. 이것이 시인들의 새벽이었다.

2. 87년 체제와 「남민시」 동인

새벽에 관해 길게 늘어놓은 건 한 권의 시집을 이야기하기 위해서이다. 최동현 시인의 『바람만 스쳐도 아픈 그대여』(모악, 2018)를 읽으며, 나는 늦게 온 새벽을 생각했다. 시집을 펼쳐 들었을 때 "30년 만에 재회를 하며 시집을 묶는다"는 「시인의 말」이 눈에 걸렸다. 30여 년 전, 그에게 시인의 '영혼과 육체'

가 되어 준 '남민시' 동인이 떠올랐기 때문이다. 그들 동인은 남민시 1집 『들 건너 사람들』(1985, 동문선)을 시작으로 『빈 들판에 쓰러져 우는 사람아』(1986, 청하), 『풀씨여 풀씨여』(1987, 청하)를 통해 새벽을 여는 대열에 동참하였다. 그중에서도 '「남민시」 1집을 내며'에 주목할 필요가 있다. 거기에는 남민시 동인의 존재 목적과 운동의 방향이 선명하게 제시되어 있기 때문이다. 30년 전에 그들이 세운 시의 결의가 시간의 침묵을 견디고 여전히 살아 있다.

    우리가 지금 여기 남녘 땅에서 더불어 출렁이며 만나는 추억과 역사는 살아가면서 우리들 스스로 만들어낸 것이려니와, 견디기 힘든 그 자체로의 역동성을 가지고 모든 사물과 그리움에 대한 치열함과 어우러져 이 나라 산천이 되고 푸른 하늘이 되는 것이니 시 쓰는 우리들의 한결같은 뜻이 여기에 있다. 문학하는 사내들이 이 땅에 살아 있음은, 역사와 추억에 온갖 정신과 몸과 풀과 강과 언덕에 피어나는 녹두꽃으로 함께 기억되어야 하며, 매양 충전되어 있는 대지의 입김과도 같아야 될 것이다. 그러므로 우리가 극복해야 할 것, 싸워야 하며 또한 희망하는 모든 것들이 이 자리에서 출발한다. 그리하여 시 쓰는 우리들의 작업이 끊임없이 이 산천과 하늘에 씨 뿌리는 일이란 점을 상기하며 모두어 생각을 같이 한다.(…중략…) 2년 전 가을 모여 서로의 결곡한 뜻과 이야기들을 나누며 '南民詩'라는 이름 하나를 둘러메고 한 자리에 모여 앉았을 때는 처녀의 수줍음과 낯부끄러움 이상의 그 무엇이 서려 있었다. 늘 흐린 호남벌에서 밥을 먹고 농약 뿌린 땅 위에서 갈뫼나 산하늘을 보고 역사를 이야기하고 어둔 밤에 술잔을 뒤집음은 **詩는 곧, 온갖 것, 詩야말로 온갖 것을 할 힘이 있음**을 믿기 때문이었다.(강조는 원문)

남민시 동인은 "우리가 극복해야 할 것, 싸워야 하며 또한 희망하는 모든 것들"이 치열하고 역동적인 역사라는 점을 인식하고, 살아 있는 역사를 위해 "씨 뿌리는 일"이 "시 쓰는 우리들의 작업"이라고 밝힌다. 그것은 "추억과 역사는 살아가면서 우리들 스스로 만들어낸 것"이라는 인식에서 피어난 고뇌의 꽃이다. 민중의 삶이 역사를 만든다고 믿는 "시 쓰는 우리들의 한결같은 뜻"은 "강과 언덕에 피어나는 녹두꽃"으로 기호화되어 나타나는데, '녹두꽃'은 "남녘 땅에서 더불어 출렁"였던 역사를 우리 눈앞으로 소환해내는 시대의 언어였다.(1980년대 '녹두꽃'은 부정기간행물 『녹두서평』(1986년), 문예지 「녹두꽃」 등에서 알 수 있듯 민족민중운동의 상징적 기표가 되었다.) 시가 역사의 새벽을 열 수 있다는 이와 같은 믿음은 "시야말로 온갖 것을 할 힘이 있음을 믿"는 일이다. 최동현도 이 믿음의 힘으로 시인의 길을 나섰다.

남민시 1집 『들 건너 사람들』에는 백학기, 이병천, 정인섭, 박두규, 박배엽, 최동현, 박남준의 시가 실려 있는데, 최동현은 「民畵 I」 등 17편의 시를 발표했다. 시집 『바람만 스쳐도 아픈 그대여』 1부에 이들 시들이 수록되어 있다. 이들 시편들이 30년의 시간을 견딜 수 있었던 것은 '시야말로 온갖 것을 할 힘'이 있기 때문이었다.

생활기록부를 정리하다가
색인표 위 지워진
네 이름을 보았다.

너는 열다섯
늘 찌끄레기 옷만 입어서
언니가 밉다고 했다.

그 미운 언니를 따라 울먹이며
공장으로 가더니
한 달 뒤에는 퇴학이 되었고

나는 그 날
어느 교과서에도 없는 네 이야기를
생각하며
가슴이 마구 뛰었다.

책상이 치워지고
이름이 지워지고
그러나 그 누가 네가 남긴 기억마저를
지울 수 있으랴.

밤마다 너는 내 불면으로 와서

생각의 마디마디를
아프게 했다.

길은 보이지 않지만, 모두들
어디로든 가야만 하리라.
그렇게 떠나서 너는 지금
어느 눈길을 가고 있느냐.

어전리, 어두운 하늘 아래
열병처럼 너를 잊지 못하는
찬 눈이 내려
함부로 쌓이고 있다.

—「於田里4」전문

'미자에게'라고 부제가 붙은 이 시는 1980년대 농촌의 한 단면을 보여주는 데 부족함이 없다. 하지만 때로는 단면이 전면보다 현실을 적나라하게 묘파하기도 한다는 사실을 우리는 안다. 이 시는 1970년대에 본격화된 공업사회 및 산업사회를 향한 국가 주도적 전략 속에서 개인과 공동체의 삶이 어떻게 무너지고 있는지를 압축해서 보여준다. "늘 찌끄레기 옷만 입어서/ 언니가 밉다고" 할 정도로 가난했던 삶은, 그랬기 때문에 "그 미운 언니를 따라 울먹이며/ 공장으로" 갈 수밖에 없는 시대를 적나라하게 드러내며, 그 적나라한 시대가 "한 달 뒤에는 퇴학"을 당하게 될 수밖에 없는 동시대 인간 상실 현상을 강조한다. 당시 이러한 일들이 아주 흔했다고는 말하기는 어렵다. 그러함에도 비일비재했던 것은 사실이다. 이렇게 말하는 것이 모순이겠지만, 이 모순 속에 당시 민중의 삶이 전면적으로 담겨 있다는 생각에는 변함이 없다. 단순히 '많은' 아이들이 학업을 중단하고 도시의 공장노동자가 되어 열악한 삶을 살았다고 말하는 것이 당시의 상황을 선명하게 제시하는 일일 수도 있다.

   그러나 이 시에서 보여주고 있는 상황에는 '많은'이라는 계량화된 어법으로는 담아낼 수 없는 개별적인 사정들이 있다. 최동현은 그것을 "미운 언니를 따라 울먹이며"라는 대수롭지 않은 진술 속에 감추어 놓았다. 핵심은 '언니를 따라' 동생도 학교를 그만두고 공장노동자가 될 수밖에 없는 현실을 고발하는 것이지만, 그 앞뒤로 배치한 '미운'과 '울먹이며'라는 정서 언어에 언표될 수 없는 진실이 담겨 있다. 객관적 상황의 참혹함보다 그것을 마주한 한 인간의 심연을 비언어적 방법으로 표출하고 있는 것이다. 그렇게 해서 이 시는 "생활기록부"에서 "색인표 위 지워진/ 네 이름", 즉 '미자'가 어떻게 존재론적 가치를 상실하는지 악착같이 보여주고자 한다. 그러나 그것으로 끝나면 시는 정말 아무것도 할 수 없다. 최동현은 "책상이 치워지고/ 이름이 지워지"더라도 "그 누가 네가 남긴 기억마저를/ 지울 수 있으랴."고 힘주어 반문한다. 책상이나 출석부에 까만 잉크로 써넣은 이름의 물리적 조건의 무용함을 이야기하면서도 '기억'이라는 인간의 인간 이해, 인간의 인간 호명, 인간의 인간 사랑의 힘을 강조한다. 이 시의 후반부는 그러한 인간적 면모가 드러나 있다.

이렇게 보면 남민시 동인이 시가 온갖 것을 할 힘이 있다고 말했을 때, '온갖 것'에 대응하는 것 가운데 하나가 인간의 인간으로서의 도리가 아닐까 한다. 그것은 우리의 역사적 시간 속에서 가장 인간적인 삶의 양태를 보여주었던 (전근대적) 농경사회가 무너져가는 것에 대한 시적 응전의 방식이었다. 시의 힘으로 시대의 파국을 막아보겠다는 젊은 시인들의 연대는 1987년 11월에 발간된 남민시 3집 『풀씨여 풀씨여』로 일단 끝나지만, 이것이 시가 할 수 있는 온갖 힘에 대한 믿음을 수거하는 것은 아니다. 1987년, 우리는 뜨거운 유월을 건너면서 시의 힘을 그리고 민중 연대의 힘을 분명하게 목격했다. 이들이 역사의 현장에서 직접민주주의를 끌어낸 시대의 주역이자 자기 삶의 주인으로서 시와 민중의 힘을 확인하고 확정할 수 있었던 것은 충분히 아름다운 장면에 해당한다. 남민시 3집에 실린 최동현의 시 「만경강」 연작은 얼마쯤 그러한 아름다움을 노래한 것으로 읽힌다.

    내리는 눈발 속에서
    여리여릿 내게로 오는 것들,
    내 앞에 나직이 엎드려
    눈을 젖어 오는 것들, 이뻐라.

    먼 길에 먼저 저물어
    혹은 나부끼면서, 혹은 흐느끼면서
    지쳐 깃들이는 것들,

젖은 머리 숙이며 품 안에
뛰어드는 것들, 이뻐라.

예 와서 보게,
들풀 같은 이 사람아.
해진 육신들 다 벗어 버리고
흐린 물 함께 뉘우치며
고요히 흐르는 것들, 이뻐라.
이뻐라.

― 「만경강 1」 전문

  이 시의 1연 4행 "눈을 젖어 오는 것들"은 시집 『바람만 스쳐도 아픈 그대여』에 수록되면서 "눈물 젖어 오는 것들"로 바뀌었다.(애초에 '눈물'이었던 것이 남민시 3집에 수록되면서 '눈을'로 오식된 것인지, 아니면 시인이 30여 년 전 시를 시집에 수록하기 위해 교정보는 과정에서 수정된 것인지는 알 수 없다.) '눈을'과 '눈물' 가운데 어떤 시어가 이 시를 더 돋보이게 하는지 다투는 일은 의미가 없다. 중요한 것은 "이뻐라"라는 시어를 탄생시킨 삶과 시대에 대한 시인의 인식이다. 공교롭게도 『풀씨여 풀씨여』에 실린 4편의 만경강 연작은 "이뻐라"(「만경강 1」), "눈부신", "눈부실"(「만경강 2」), "아름답다"(「만경강 4」) 등 세상을 긍정적으로 바라보는 시적 지향이 담겨 있다. 특히 「만경강 1」의 '이뻐라'가 비슷한 시적 전개를 밟고 있는 「만경강 4」에서 '아름답다'로 변한 것은 주목할 만하다. 그 이유는 '이쁘다'라는 형상적 인식이 '아름답다'라는 심미적 인식으로 심화되고 있기 때문인데, 이러한 변화의 계기는 「만경강 2」에서 보이는 '눈부신/눈부실'에 반영된 시각적 환상성의 연장으로 보인다. 눈이 부시는 현상은 사물을 바라보는 시선에 빛이 개입하여 사물에 맺히는 시선의 초점을 교란하는 작용이다. 그 결과 사물의 형상은 '표면'을 잃게 되는데, 표면에 맺히지 못하는 시선이 초과하게 되면 사물의 심연에 맺히고, 미달하게 되면 허공에서 산란하고 만다.

「만경강 1」은 시선의 미달이나 초과 현상이 나타나기 전이다. 화자의 시선은 "여리여릿 내게로 오는 것들"을 포함하여 각 연마다 '~것들'을 제시하면서 그러한 '것들'을 "이뻐라"라고 명징하게 포착하고자 한다. 그것은 정확하게 '것들'의 표면에 맺힌 시선의 결과물이다. 이렇게 현실을 직시하는 것은 보이는 것을 보이는 대로 보여주는 것이지만, 그것이 시인의 궁극적인 목표가 될 수는 없다. 최동현이 보여주듯, 직시의 시선은 언제라도 미달과 초과의 양식으로 조절될 수 있다. 그 조절의 힘은 알다시피 시의 힘이다. 온갖 것을 다 할 수 있는 시는 대상을 초과하여 환상을 보여줄 수도 있고, 대상에 미달하여 산란해버릴 수도 있다. 「만경강 4」에서 보듯 최동현은 초과의 양식을 선택하고 있는데, 이 과정에서 '아름답다'라는 심미적 인식에 도달할 수 있게 한 근원적 힘은 역사적 전망에 대한 시인의 믿음이다. 그것은 역사적 미래를 선취하는 것으로, 미리 우리의 눈앞에 미래의 시간을 끌어와 보여주는 전망의 형식으로 완성된다. 최동현이 초과된 양식으로서의 역사적 전망을 보여줄 수 있었던 것은 87년 유월 항쟁의 (잠정적/미루어진) 승리에 안주하지 않앉기 때문이다.

이러한 인식은 "「남민시」 3집을 내면서"에서 확인할 수 있다. 남민시 동인은 "우리가 갈망하고 지지하는 바 진정한 공동체적 삶을 회복하기 위해 우리에게 남아 있는 역할은 무엇일 것인가" 묻고는 "모든 버림받은 것들과 함께 읽혀지기를 기대한다"라고 적었다. 여기서 '버림받은 것들'은 "「남민시」 2집을 내면서"(『빈 들판에 쓰러져 우는 사람아』)의 "우리의 땅은 바로 우리 겨레의 사랑과 정서의 진원지인 것이다. 오늘날의 우리는 너무나 이 땅의 심성과는 배반된 삶을 살고 있다"라고 한 데서 확인할 수 있다. '사랑과 정서의 진원지인' '이 땅의 심성과는 배반된 삶'이야말로 시대와 역사로부터 '버림받는 것들'이라는 인식이다. 그런 이유에서 최동현은 남민시 1집의 「어전리」 연작과 「들」 연작, 남민시 2집의 「논」 연작, 남민시 3집의 「만경강」 연작 등을 통해 '이 땅의 심성'을 드러내는 데 주력해왔다고 볼 수 있다.

3. 30년 후, 다시

지금까지 살펴본 것들을 통해 2018년 출간된 최동현 시집 『바람만 스쳐도 아픈 그대여』가 87체제에서의 삶과 심성을 30년의 시차를 극복하고 새롭게 제안한 21세기적 삶의 방식이라고 하면 시대착오일까? 공교롭게도 2016년 촛불시위는 1987년 유월 항쟁의 21세기 버전처럼 보인다. 달라진 것이 있다면 유월 항쟁이 유혈 투쟁이었던 것에 비해 촛불시위는 평화의 영역에서 한 걸음도 벗어나지 않았다는 점이다. 그리고 군부독재와의 항쟁을 통해 쟁취한 유월 항쟁이 또 다른 군부인 노태우 정권을 선택하는 오류를 범했다고 한다면, 촛불시위는 반민주정권을 몰아내고 성숙한 시민민주주의로 나아갈 수 있는 정치 권력을 선택했다는 차이가 있다.

그렇다면 촛불시위를 통해 새로운 정치적 질서 수립에 성공한 2017년은 정확히 30년 전과 같은 역사적 의미를 부여해도 되지 않을까? 87체제는 근대 이후 우리 사회의 정치 경제 사회 문화의 전환점으로 작동하면서 정치적으로는 군부독재를 비롯한 국가 권위주의가 종식되고, 형식에 불과했던 민주주의를 제도적으로 안착시켰다는 의미가 있다. 경제적으로는 보수적 헤게모니의 확립이 이루어지면서 국가 권력이 추진했던 산업화가 민주화 세력의 견제 속에 어느 정도 힘의 균형을 갖추게 된 계기로 작용했다. 87체제 속에서 우리 사회는 한동안 정치적 자유와 경제적 부를 축적하면서 시민사회의 삶이 전례 없이 풍요로워지게 되었다. 그러나 불과 10년 만에 IMF를 겪게 되면서 우리 삶의 민낯이 고스란히 드러나고 말았다. 가진 사람과 그렇지 않은 사람 사이에 장벽이 나타나기 시작하면서 87체제를 통해 국민적 승인을 받았던 진보 정치와 민주 세력의 무능력이 부각되었다. 이러한 혼란을 틈타 낡은 정치 세력이 역사의 전면으로 복귀하였고, 우리 사회는 유월 항쟁 이전으로 역사의 시간을 돌려놓고 말았다. 그러한 의미에서 2016년 겨울의 혹한을 뜨겁게 달구었던 촛불시위는 유월 항쟁의 투쟁 대상이었던 낡은 정치 세력과의 새로운 전면적 싸움이었다. 30년 전 최동현이 「만경강 3」에서 미리 말한 것처럼, "겨울비 내리는 강가, 마음 놓고/ 마음 놓고 펄럭여 본 사람"들이 광화문 광장에 모여 30년의 시차를 극복하고 또다시 정치적 혹한을 뜨겁게 녹여냈던 것이다.

그러나 2017체제라고 해서 시가 시대와 타협해도 좋다는 뜻은 아니다. 시가 시대를 예견하는 파수꾼이어야 한다는 신념 너머에는 시야말로 시대의 그늘을 걷어내고 소외된 삶을 역사의 전면에 올려놓아야 한다는 시의 이념이 있다. 30년 전 남민시 동인으로 활동하면서 그랬던 것처럼, 최동현은 2017체제의 '지금'과도 여전히 불화하는 중이다.

> 올해도 이팝나무에
> 흰 꽃이 가득 피었습니다.
>
> 쌀밥 냄새 수북한 꽃 사이로
> 역사의 푸른 멍처럼 그새 잎들도
> 고개를 내밀었습니다.
>
> 5월 지나며 아름다운 날,
> 우리가 알아채지 못하는 사이에
> 멀리서 두 살배기 어린애와 젊은 애비가
> 또 굶어죽었습니다.
>
> ─「5월 지나며」 전문

2018년 5월 어느 날, 경북 구미의 한 원룸에서 두 살배기 아이와 20대의 젊은 아빠가 굶어 죽은 채 발견되었다. 30년 전, 가난 때문에 학교를 그만두고 공장노동자가 되어야 했던 '열다섯 미자'는 2018년 '지금'도 우리 사회의 '어두운 하늘 아래'에 있다. 최동현은 지금 "쌀밥 냄새 수북한 꽃 사이"에서 "역사의 푸른 멍"같은 "두 살배기 어린애와 젊은 애비"를 본다. 그들은 30년 전 생활기록부에서 이름이 지워졌던 많은 '미자'들처럼 이 세상에서 "또 굶어죽었"다. 힘없고 가난한 이들은 이렇게 세상의 기록부에서 슬그머니 지어지고 만다. 그러나 시인은 지워지는 것들을 지워지도록 버려두지 않는다. 30년 전 남민시 동인들이 믿었던 '시야말로 온갖 것을 할 힘'은 지금 '시야말로 온갖 것을 해야 할 힘'으로 변해야 할 때라는 것을 안다. 그것은 아직 우리에게 '새벽'이 오지 않았기 때문이다. 30년 전의 믿음이었던 '할 힘'이 '힘'의 가능성을 말하고자 했다면, 지금 '해야 할 힘'은 '해야 할' 시인의 몫에 많은 믿음을 얹어 두었다.

문학이 죽고 시인의 시대는 사라졌지만, 그것으로써 문학이 그리고 시가 시대와 역사의 전면에서 인간의 삶을 견인해야 한다는 당위가 부정당하는 것은 아니다. 30년 전 87체제를 이끌었던 것도 시의 힘이 있었기 때문이고, 2017체제 또한 시의 힘을 빼놓고는 그것의 성취를 말하기 어렵다. 그러함에도 여전히 "아름다운 날,/ 우리가 알아채지 못하는" 것들이 있고, 사람과 사람들 간에는 "사이"가 존재한다. 아직 시대의 새벽이, 역사의 새벽이, 인간의 새벽이, 그리고 시의 새벽이 도래하지 않은 탓이다. 그러나 새벽 여명이 멀지 않게 느껴지는 것은 믿는 바가 있기 때문이다. 2018년 최동현 시인이 30년의 시차를 두고 시집『바람만 불어도 아픈 그대여』를 세상에 내놓은 것처럼, 우리 지역 진보적 문학인 단체인 전북작가회의가 올해로 창립 30주년을 맞이했다. 1988년 6월 전주 고백교회에서 전북민족문학인협의회로 출발한 전북작가회의는 1992년 기관지『사람의 문학』 창간호에서 "끝까지 사람에게 희망을 걸기로 했"음을 천명했다. 그리고 30년 동안 '사람'의 문학, '사람'을 위한 문학, '사람'과 함께 하는 문학을 해왔다. 사람이 곧 살림이고 살림이 곧 삶이라는 생각에는 변함이 없다. 지금까지 그래왔던 것처럼, 우리 지역 문학이 다시 또 '사람의 문학'으로 돌아가 이 땅의 심성을 배반하지 않는 삶을 살피기를 기대한다.

2부

내여 가득한 세계

'묶음의 트랙'에서 탄생하는 자기(I-Self)의 타인들

―지연, 『건너와 빈칸으로』

'시는 모든 것을 말하지만, 어떤 것에 대해서는 아무것도 말하지 못한다'라는 문장을 사랑하는 시인이 있다고 하자. 우리는 그의 시에서 특별한 비밀을 발견하기를 기대하지만, 훗날 헐렁한 우리의 주머니를 뒤져 보면 손가락에 걸려 나오는 것은 닳고 해진 몇 개의 시어일 확률이 높다. 반면 '시는 어떤 것을 말하지만, 그것이 모든 것을 의미하는 것은 아니다'라는 문장을 품고 있는 시인도 있다. 그의 시에서 우리는 남다른 감각의 명쾌함을 찾아낼 수는 있을 것이다. 하지만 시 읽기가 끝나고 나면 우리는 한밤의 불꽃놀이가 막을 내린 뒤 갑자기 밀어닥친 어둠처럼 막막한 허무에 갇히게 된다. 앞의 경우는 모든 것을 말하고자 하는 욕망이 현실의 구체에 밀착하지 못할 때 발생하고, 뒤의 경우는 시와 삶을 대하는 서툰 자세가 문제인 경우라고 하겠다.

우리에게는 아직 '시는 어떤 것을 말하지만, 아무것도 말하지 않는다' 같은 문장이 남아 있다. '어떤'이나 '아무' 같은 낱말에서 우리가 기대하는 것은 특별한 것이 아니라 자의(字義) 그대로의 순수함이다. 지시하지 않고 호명하지 말자는 것. 조금 고상하게 표현하자면, 말해져야 할 비밀을 철저히 은폐하자는 뜻이다. 그렇다고 비밀을 아예 봉인해 버리자는 의도는 아니다. '어떤'이나 '아무' 속에서 우리는 더러 비밀을 발견해 낼 실마리를 건져 올리는 경우가 있음을 안다. 그러한 실마리는 공감할 줄 알고 상상할 줄 아는 이들의 손끝에 걸릴 확률이 높은데, 지연 시인이 그 경우에 해당한다. 지연 시인은 '어떤' 것을 말하면서 '아무' 것도 말하지 않는 모순 화법을 시적 방법론으로 삼고 있기 때문이다.

웃음을 구우려면 몇 도의 어둠이 필요한가

갓 피어난 꽃잎은 몇 바퀴를 돌아야 대중적으로 웃는가

웃음은 담기는가 깨지는가

가스 창고 모서리에 목련꽃 핀다
　　　　　　　—「당신이 내내 전화를 받지 않아」 전문

비밀은 언제나 발견하는 자의 몫이거니와, 발견하는 자는 또한 질문하는 자와 다르지 않다는 것을 우리는 잘 안다. 그리고 질문하는 방법이 발견하는 방법이라는 사실도 안다. 발견은 질문에 응답하는 메아리처럼 주어지는 것이다. 칼을 휘두른 자리에서 자상(刺傷)을 발견하는 것처럼, 질문과 발견은 거의 언제나 인과의 운명을 벗어나지 않는다. 이러한 구도는 '어떤' 것을 말하면서도 '아무' 것도 말하지 않는 방법론의 특징이다. 중요한 것은 '어떤'과 '아무'를 매개하는, 말하면서도 말하지 않는 방법적 모순이다. 이 모순을 무엇이라고 지칭해야 옳을지 아직은 알 수 없다. 다만 지연 시인에 따르면, 그와 같은 모순은 모르지 않는 것을 질문함으로써 발생하는 것 같다. 「당신이 내내 전화를 받지 않아」에서 반복되는 저 물음의 화법이 필연적인 궁금함을 견인한다고 믿는 사람은 별로 없다. 저 물음표 없는 질문 화법에는 '어떤'과 '아무' 사이에 배치해 놓은 시적 발견의 경이(驚異)가 준비되어 있을 뿐이다. 따라서 '어떤' 것을 말하든, 발견되는 것은 경이를 거치는 순간 '아무' 것도 아닌 것이 된다. 모르지 않는 것이 이런 경우에 해당한다. 그런 까닭에 '필요한가' '웃는가' '담기는가 깨지는가'처럼 반복되는 질문 끝에 가까스로 닿은 "가스 창고 모서리에 목련꽃 핀다"라는 전언이 새롭게 발견된다. 이러한 전언 속에는 말해지지 않은 경이로운 비밀이 은폐되어 있기 때문이다. 그 비밀을 발견하는 즐거움은 눈 밝은 독자의 몫이겠지만, 적어도 지연 시인의 시를 읽기 위해서라면 우리는 이 비밀과 언제라도 마주칠 준비를 해 두어야 한다.

  그렇다면 다시 처음으로 돌아가 비밀을 발견하기 위한 질문의 형식에도 주목할 필요가 있다. 말했다시피 지연 시인은 모르지 않는 것을 묻는 일에 남다른 언어 감각을 발휘한다. 거듭 말하지만, 아는 것을 묻는 것이 아니라 모르지 않는 것을 묻는 일이다. 아는 것과 모르지 않는 것의 차이는 명백하다. 아는 것은 보편적 앎으로, 나를 포함한 세계가 모두 알고 있다. 모르지 않는 것은 개별적인 것으로, 그 주체는 유일하다. 오직 질문하는 자만이 모르지 않을 뿐, 나머지는 모르는 것이다. 지연 시인의 시적 질문이 모르지 않는 것을 내용으로 삼는다고 한다면, 거기에는 타자의 모름이 전제되어 있으며, 지연 시인의 시는 그 모름을 앎으로 발견하는 경이의 순간을 준비하고 있다.

> 불이 꺼졌어 사람들이 팝콘을 씹으며 웃고 있어
> 오 사 삼 바삭, 다시
> 오 초의 시간이 부푸는 동안 야광 문이 열렸어
> 나는 비상구 속에서 영화를 봤어
>
> 동네 어귀의 대문들이 눈을 감고 있었어 나도 따라 눈을 감고 더듬었어 파충류 등을 피해서 문고리에 손을 넣었어 울퉁불퉁한 정글 침묵이 나를 집어삼켰어 바람이 나를 덜컹이게 했어 맹렬하게 비가 내렸어 나는 문을 찾지 못하고 진흙에 빠진 초록 토끼 높이뛰기 하는 비에게 뛰어갔어 열려 있어도 나는 늘 갇혀 있나 생각하면서 닫혀 있어도 열려 있는 웅덩이를 찰방 밟았어
>
> 바삭, 나를 깨무는 팝콘 소리
>
> ―「비상구」 전문

모든 발견의 순간은 캄캄한 어둠이 배경으로 놓일 때 극적 효과를 만들어 낸다. 이때 어둠은 빛이 부재하는 자연법칙의 형식 속에서 완성된다. 하지만 상징적인 의미에서 어둠은 인간 이성과 감성의 상실 상태를 말하는 경우가 많다. 신화에서 알 수 있듯, 지금까지 인간이 상상해낸 거의 모든 종류의 서사가 어둠과 맞선 인간의 이성과 감성의 투쟁이었다는 사실은 어둠 이야말로 모든 극적 드라마의 산실임을 증명한다. 문학도 예외가 될 수 없다. 시는 (무)의식의 블랙아웃 상태에 놓인 우리에게 어둠을 관통하게 해줌으로써 새로운 사태와 사건을 발견하고 그 세계로 진입하게 한다. 따라서 시 「비상구」에서 우리가 읽어야 할 것은 어둠의 실체가 아니라 그 어둠에 은폐된 새로운 사태의 징후이다. 징후는 언제나 발견되기를 기다리는 경이이고, 징후는 발견하는 자를 언제나 새로운 사태 속으로 견인해 가는 형식이다. '비상구'는 그와 같은 무수한 징후 가운데 하나이다.

시 「비상구」는 "불이 꺼"지는 순간 존재하기 시작한다. 그런데 그 순간에 새롭게 발견되는 것이 또 있다. "바삭"거리는 소리다. 화자는 불이 꺼지는 순간 시각적 존재에서 청각적 존재로 개체의 성질을 옮겨 간다. 이러한 변화는 어둠을 대하는 인간 존재의 투쟁 방식이다. 이 과정에서 화자는 어둠에서만 존재론적 위상을 확보하는 "야광 문이 열"리는 것을 보게 되고, "비상구"라는 새로운 시각적 존재 가능성을 발견하게 된다. 이와 같은 방식으로 1연은 (외부 압력에 의한) 시각 상실 → (내적 필요에 따른) 청각 작동 → (다른 존재 형식을 지닌) 새로운 시각 획득이라는 다소 변형된 형태의 변증법적 인식을 보여준다. 그렇게 해서 탄생하게 된 새로운 시각 내용이 2연의 서사다. 따라서 '비상구'라는 '야광 문'적 시각에 포착된 2연의 내용은 상실되기 이전의 시각으로 바라본 일상 세계와 다를 수밖에 없다. 많은 경우 2연의 세계를 환상이나 기이함 같은 용어로 담아내려 하지만, 지연 시인은 그 상황을 "타자의 부름"(「참새 걸음으로 비가 오는데」)으로 환기해낸다. 중요한 것은 '타자'가 다른 존재 형식을 지닌 자기(I-Self)라는 사실이다. 아이-셀프(I-Self)로서의 자기는 자기(self)를 스스로 타자화할 때 도달하게 되는 극복된 존재이며, 자기(self)에게서 발견해 낸 현실 초과적인 상태로서의 존재이다. 그런 의미에서 어둠 속에서 시각을 상실한 자기가 '비상구'를 통해 새롭게 발견한 시각적 존재를 지연 시인은 '타자'라고 부른다. 발견된 타자는 언제나 도래하지 않는 가능성이자 곧 도래할 징후가 된다. 「비상구」에서 그 징후는 3연 "바삭, 나를 깨무는 팝콘 소리"를 통해 분명하게 돌출되는데, 알다시피 '나를 깨무는' 일이란 시각 상실의 자기가 타자로 갱신되는 순간과 다르지 않다.

「안녕, 한때의 별」은 징후로서의 타자가 탄생하는 과정을 다룬 서사로 읽힌다.

> 누구나 별은 다른 모양으로 태어나네
> 주인이 전세금을 들고 말없이 떠났네
> 귀 밝아지고 눈 밝아졌네
> 대밭에 별이 찍찍거리네

나는 별을 키우기로 했네

별들이 울타리를 갉아대네

천장에 별들이 그렁그렁하네

내 방은 울타리가 되어가네

낮 동안 나는 별에게 줄 밥을 찾네

별들은 더듬이를 먹고 싶어 하네

나는 망초 꽃잎을 떼어 한 입 먹였네

주인은 돌아오지 않네

대나무는 수시로 몸을 흔들었지만 뭐 어때?

별은 몸통이 사라지고 점점 이빨이 자라네

낯선 사람들이 술병을 던지네

남학생들이 침을 뱉네

나에게는 번들거리는 이빨이 다섯

별을 문틈으로 내보냈네

그들은 엄청나게 찍찍거린다고 도망을 가네

나는 이제 주인을 기다리지 않네

오늘 구름이 몽실거리네

비닐조각 같은 하루를 찢으며

나도 별이 되어가네

— 「안녕, 한때의 별」 전문

    이 시를 읽으면서 떠올린 생각은 '탄생'이라는 사건의 역사적 분절성이다. 탄생이 새로운 존재의 나타남이라고 할 때, 그 존재는 나타남 이전에는 존재하지 않았던—부재(不在)라기보다는 미재(未在)의 의미에서—것이다. 그러므로 탄생하는 것들은 어제까지의 세계를 알지 못하고, 탄생이라는 사건은 존재가 역사적 시간 속으로 갑자기 뛰어드는 형식을 지닐 수밖에 없다. 그렇다면 우리는 탄생의 원인이나 기원에 관심을 둘 수밖에 없는데, 대개 기원의 자리에 놓인 것은 신화를 비롯한 상상적 담화일 때가 많다. 이렇게 모든 태어나는 것들은 태어남과 동시에 존재로서의 독자적인 역사와 시간의 주체가 된다.

중요한 것은 '탄생'하는 일이 존재의 원인이나 기원과 단절을 시도하는 행위라는 점이다. 지연 시인은 탄생의 후폭풍을 재치 있는 상상적 서사로 포착한다. 알다시피 「안녕, 한때의 별」의 기본 구도는 "누구나 별은 다른 모양으로 태어나네"로 시작해서 "나도 별이 되어가네"로 끝난다. '태어나'서 '되어가'는 존재론적 확장을 가능하게 한 것은 역설적으로 떠나가는 존재이다. 그것은 탄생 이전의 세계이다. 탄생과 더불어 새롭게 시작된 역사적 시간은 그렇게 떠나가는 것과의 결별 속에서 마침내 탄생의 본질에 도달할 수 있다. 이 시에서 태어나자마자 곧장 "주인이 전세금을 들고 말없이 떠났"다는 진술은 탄생의 개시를 증거하는 사건이다. 이렇게 떠나간 것들이 결국에는 신화의 서사로 다시 돌아오게 된다. '주인'으로 상징되는 존재 기원과의 결별을 통해 탄생하는 것들은 "귀 밝아지고 눈 밝아"질 수 있었고, "별을 키우기로" 다짐할 수 있었다. 이 시에서 '별'이 무엇을 지시하는지, 혹은 어떤 것을 환기하는지는 중요하지 않다. '별'은 태어나는 것이고, 태어나서 "찍찍거리"고 "그렁그렁하"며 "더듬이를 먹고 싶어 하"는 존재이다. 이쯤 되면 '별'은 하나의 생명체를 연상하게 하지만, 지연 시인의 시에서 하나의 시어가 어떤 사건이나 사물과 명쾌하게 대응하지 않는다는 점을 떠올려 본다면, '별'은 상상적 서사를 발생시키는 모든 것이라고 하는 것이 바람직할 것이다. 따라서 '별'은 상징을 넘어 상상이고, 단절된 기원을 향한 상상적 서사 덩어리라고 해야 할 것이다.

> 왜 이마가 서늘해지는지
> 왜 가늘고 긴 담배를 태우고 싶은지
> 왜 느리게 하늘을 바라보고 싶은지
> 왜 낮달을 스쳐가는 새를 부르고 싶은지
> 왜 에스프레소를 청동 잔에 따르고 싶은지
> 왜 감잎 그늘에 한나절 앉아 있고만 싶은지
> 왜 마당에 내 이름을 끄적이고만 싶은지
> 왜 찌그러진 개 밥그릇 앞에 무릎을 꿇고만 싶은지
> 왜 내 그림자 위에 그대를 앉혀 두고만 싶은지
> 낙엽 하나가 사막에 고요히 묻히듯
> 바람에 사구가 허물어지듯
>
> 왜 초록의 비늘 오래 씹고만 싶은지
> ―「가을이면」 전문

상상적 서사와 사적 욕망을 구분하는 일은 쉽지 않다. 그것들은 후설이 지향성(intentionality)으로 제시한 개념 속에 포섭된다. 지향성은 어떤 대상의 의미는 그것을 향한 누군가의 의식 속에서 이미 형성되어 있다는 개념이다. 상상하는 일이나 욕망하는 일이 모두 상상과 욕망의 주체에서 발현한다는 점에서 그것들은 의식이 지향하는 바를 드러내는 일과 다르지 않다. 지연 시인은 이와 같은 주체의 지향성이 실현되는 방식에 관심이 크다. 「가을이면」에서 반복되고 있는 "왜"라는 사유는 상상적 서사의 본질이 의심하고 질문하는 데 있다는 점을 강조한다. "왜 이마가 서늘해지는지"라고 묻는 일은 '가을'을 향한 화자의 상상적 욕망을 반영한다. 이 욕망은 가을의 존재론적 본질을 넘어서는 지점에서 상상적으로 구축되는 서사이다. 따라서 '왜' 이후에 발생하는 상상적 욕망의 기표들은 어쩌면 가을의 본질과는 무관한 것일 수도 있다. 우리 의식이 가을을 가둘 수 있을 만큼 전면적이지도, 혹은 가을이 누군가의 의식 속에 자신의 존재를 고스란히 노출할 만큼 범주적이지도 않기 때문이다.

이 시가 1연에서 아홉 번에 걸쳐 '왜'라는 상상적 서사를 반복적으로 전개하는 것은 가을과 가을을 지향하는 인간 의식이 일차 방정식으로는 답을 구할 수 없는 관계이기 때문이다. 따라서 반복적인 대응 구조는 종결 지점을 계속해서 유예해 가는 방식으로 "낙엽 하나가 사막에 고요히 묻히듯/ 바람에 사구가 허물어지듯" 사유와 상상과 욕망의 휴지(休止)를 전략적으로 선택할 수밖에 없다. 이러한 전략은 그동안의 질문과는 다른 차원의 '왜'를 드러내기 위한 숨 고르기이다. 숨 고르기 끝에 연을 바꿔 탄생한 "초록의 비늘"은 가을의 상상적 서사로 읽힌다. 1연에서 반복적으로 제시된 '왜'의 욕망이 가을의 상징적 기표라는 점에서 '초록의 비늘'은 그 모든 가을의 상징을 초과해 버린 상상적 욕망이 된다. 지연 시인이 존재론적 본질과 그것을 넘어서는 상상적 서사를 이야기할 수 있는 것은 시집 「건너와 빈칸으로」에 실린 시편들이 '탄생'하는 것들을 지향의 중심으로 삼고 있기 때문이다. 눈여겨볼 지점은 탄생을 예비하는 지연 시인의 시적 방식이다.

> 손가락이 잘렸다 그녀는
> 오른손 검지를 배에 심었다
>
> 배의 조각을 떼어 오는 일에 열중하던
> 검지가 잔뿌리를 내밀며
> 수액 같은 진물을 흘렸다
> 배에 붙어 있던 꽃씨가 검지를
> 따라왔다는 것을 그녀는 알지 못한다
>
> (…중략…)
>
> 아무도 꽃이 피는 걸 보지 못하였으나
> 검지 끝에는 꽃을 떨군 꽃대가 검다
> ―「검지에 핀 으아리꽃」 부분

이 시에 따르면, "손가락이 잘렸"을 때, 자기 "배의 조각을 떼어" 이식함으로써 새로운 손가락이 탄생한다. 자기를 "떼어 오는 일", 다시 말해 자기를 타자화함으로써 새로운 자기(I-Self)를 탄생시킬 수 있다는 말이다. 지연 시인은 타자화를 통한 자기 탄생의 계기를 능숙하게 포착하고, 그것들의 흔적을 심층의 차원에서 상상적 초월에 이르는 폭넓은 시적 스펙트럼으로 조직해 낸다. 그렇게 해서 탄생한 역사적 시간이 "꽃이 피는 걸 보지 못하였으나/ 검지 끝에는 꽃을 떨군 꽃대가 검"은 흔적으로 남아 있는 것처럼, 지연 시인은 언제나 "그림자는 나를 기억하고/ 나는 그림자를 기억하지 못해/ 어둠 속에서 하얀 거품"(「창밖에 눈사람이 있어」)을 만들어 낸다. 이때 '하얀 거품'은 역사적 시간을 초월하여 지연 시인이 지금—여기로 소환해 낸 타자화된 자기 서사, 다시 말해 '어떤' 것을 말하면서도 '아무' 것도 말하지 않겠다는 묵음의 발화가 아닐까?

시집 『건너와 빈칸으로』에서 지연 시인은 "산도에서 길을 잃"(「투각」)고 "타인이 되어가는 나를 오래 배웅"(「배웅」)하는 상상적 서사의 탄생을 무겁지 않은 어법으로 기록하고 있다. 지연 시인이 상상적 서사를 통해 우리 시대가 타자의 시대임을 증명하는 동안, 시인의 사유와 감각 속에서 탄생한 시도 시인을 떠나 점점 타인이 되고 있다. 시가 타인이 되는 일은 어떤 것을 말하지만, 결국에는 아무것도 말하지 않겠다는 시적 지향과 무관하지 않다. 그래서일까? 지연 시인의 시를 읽고 "돌아보면 나마저 타자"(「가벽」)가 되어 있는 경이의 순간에 직면하는 경우가 많다. 그 순간에 시는 "죽고 사는 묵음의 트랙"(「B의 터널」)으로 우리 몸속에서 재생된다. 그러므로 '말하지만 말하지 않겠다'는 지연 시인의 상상적 서사를 우리는 '묵음의 트랙'으로 기꺼이 받아들여야 할 것이다.

내어(內語) 가득한 하나의 세계
─김정경, 『골목의 날씨』

1

 드러머(Drummer)가 박자를 놓치게 되면 음악은 망가지는 것이 아니라 그때부터 새로운 리듬을 창조한다는 이야기를 들었다. 그 이야기를 듣고는 삶의 결정적인 순간에 꼭 써먹을 일이 있을 것으로 생각하고는 잊고 있었다. 비슷한 의미로 잘못 든 길이 지도를 만들고, 길을 잃음으로써 새로운 길을 찾을 수 있다는 말도 들었지만, 어쩐지 드러머의 이야기만큼 결정적이지 않았다. 그렇게 드러머 이야기는 세계를 이해하는 단초가 되었고, 예상치 못한 상황에 놓일 때마다 드러머를 떠올렸다. 계획이 틀어지거나 일이 어긋날 때도 드러머는 거기에 있었다. 친했던 사람과 소원해지는 일에도 드러머가 개입했고, 오래전 일이 불쑥 머릿속에서 튀어나오는 일도 드러머의 소행이라고 생각했다. 드러머는 그렇게 일상에 균열을 내면서 지금까지와는 다른 삶의 맥락을 눈앞에 펼쳐놓았다.
 사소한 일에 불과할 드러머 이야기를 꺼낸 것은 또 다른 의미에서 사소하게 읽힐 김정경의 시를 오래도록 읽기 위해서다. 물론 그전에 사소함에 대한 오해를 먼저 풀어야 할 것이다. 사소함이 경험 미달의 방식이 아니라는 것을 우리는 잘 안다. 아울러 사소함이 무의미함과 동의어가 아니라는 점도 모르지 않는다. 사소하다는 말은 적거나 작아서 보잘것없거나 중요하지 않다는 사전적인 의미만으로는 그 말이 겪어 온 역사적 경험을 다 적어낼 수 없다. 사소하다는 말에 부정적인 뉘앙스가 강하게 채색되어 있다면, 거기에는 교정되어야 할 역사적 맥락이 담겨 있기 때문이다. 봉건 시대와 제국 시대, 그리고 냉전 시대를 거치는 동안 우리 개인의 삶은 거대 담론의 시녀로 복무했다. 그 시대에 우리 개인이 민중이나 국민이라는 집단적 정체성으로 간주되었던 것을 떠올려보면 거대 담론의 시녀라는 말이 무색하지 않다. 우리 개인의 사유와 경험은 거대 담론과의 전면전에서 거듭 패배할 수밖에 없었다. 시간이 흘러 절대적이라고 신봉했던 그러한 이념이나 체제가 허구였다는 것을 알게 되었지만, 그럼에도 아직 그 무렵의 영향에서 자유롭지 않은 것이 사소함의 의미 맥락이다. 개인의 사유와 경험의 가치 그리고 삶의 의미를 전략적으로 무력화시켰던 지난 세기까지의 억압적 영향이 아직도 사소함을 지배하고 있다.

 이제 거대 담론의 허상이 아니라 우리 개인의 구체적 경험과 욕망이 자기의 선명성을 보여주는 시절을 우리는 살고 있다. 지휘자의 손끝에서 흘러나오는 오케스트라 시대로부터 자기 내면의 충동과 열정에 사로잡혀 다른 소리와의 불협화를 미적 재능으로 삼는 재즈 음악가의 시대가 되었다. 이런 시대에 불협을

협연의 경지로 이끄는 우리 개인의 충동 경험이야말로 사소함의 한 사례라고 생각한다. 김정경의 시 읽기를 두고 사소함을 말하는 이유가 여기에 있다. 김정경의 시에는 시대와 인간 그리고 자기 내면을 향한 불협의 소리를 새로운 리듬으로 이끌어가려는 드러머의 시도들이 있다.

네 몸에 귀를 얹으면 발톱 자라는 소리까지 들을 수 있어. 빈틈없이 껴안고 네가 꾸는 꿈속까지 따라갈게. 겨울나무 칭칭 휘감은 전구처럼.

먼 언어를 배우는 사람이 되어 추운 나라로 가자. 나무들의 촘촘한 나이테 사이사이 너의 이름 켜켜이 쌓아올린 신전을 갖게 해줄게.

멀어서 다정해지는 약속들.

이곳은 그녀에게 너무 가깝고, 아직 멀다.

등에 입술을 붙이고
영혼에 닿듯 불렀지만
그녀까지 닿지 못했다.

광광거리며
깊어진

귀가 멀었다.
　　　　　─「추운 나라의 언어들처럼」 전문

　시가 견고하게 구축된 언어의 성채라는 보편적인 사실에서 출발하면, 그 성채에 새로운 언어를 쌓는 일이 그 성채를 좀 더 다채롭게 해주는 것처럼 생각되지만, 어쩐 일인지 기존의 언어가 빠지거나 새로운 언어가 얹히게 되면 시는 아주 낯선 이야기가 되고 만다. 시에 구축된 언어가 다른 언어에 쉽게 상처받고 또 그만큼 예민하여 잘 변질하기 때문이다. 「추운 나라의 언어들처럼」은 김정경이 시의 "언어"를 다루는 방식을 엿볼 수 있다. 이 시는 드러머의 경우처럼 언어를 놓침으로써 기성의 언어를 새로운 언어로 갱신해간다. "너무 가깝고, 아직 멀다"라는 감각적 시차는 이 시에서뿐만 아니라 이번 시집에 실린 시에서 언어를 갱신해가는 불순물로 작용한다. 이 불순물을 계기로 시는 오래된 약속과 당연한 가능성의 영역에서 뜻밖의 불가능한 영역으로 도약해간다. 1~3연이 "들을 수 있어" "따라갈게" "칭칭 휘감은 전구처럼" "갖게 해줄게" "다정해지는 약속들"을 통해 주체의 다정한 의지를 보여주고 있다면, 5~6연의 경우에는 "닿지 못했다" "귀가 멀었다"처럼 약속하고 가능할 것 같았던 시적 계약이 파기되는 모습을 보여준다.
　이러한 감각적 시차를 통해 김정경이 의도한 것은 표상하는 언어로부터 추론하는 언어로 질적 갱신을 도모하는 시 쓰기/읽기의 새로운 시도이다. "낙타가 앞지르면 실격이므로// 신은 시간으로 위엄을 드러낸다지"(「낙타」) 같은 시구가 그러한 시도를 적절하게 지지한다고 하겠다. 시 「낙타」는 낙타 목에 방울을 매달고 달리는 사막 종주에 관한 이야기이다. 낙타가 앞지르면 실격이 되는 것이 사막 종주의 유일한 규칙인데, '앞지르면'의 주체가 '낙타'이고 실격의 주체가 '선수'라는 점에서 감각적 시차는 '낙타'와 '선수'가 각기 주체로 존재하고자 하는 순간에 발생하는 '실격'의 순간을 말하게 된다. 그런데 이 순간이 성립되는 것을 방해하기 위해 불순물처럼 개입하는 것이 '신의 시간'이다. '신의 시간'은 실격을 방지하고 사막 종주를 승인하는 유일한 규칙이다. 그런 까닭에 사막 종주의 규칙은 신의 규칙으로 변질하고, 사막 종주 경기가 표상하고자 했던 실격은 신의 위엄을 추론하게 하는 것으로 낯선 그리고 새로운 시의 영역으로 옮겨 간다.

2

이러한 인식의 근저에는 언어에 대한 김정경의 자의식, 다시 말해 시인으로서 일상의 언어를 채굴하고 재련하여 시의 언어로 정련하고자 하는 연금술에 대한 강박이 있다. 중요한 것은 김정경의 경우 이 강박을 중압이나 억압의 고전적인 방식이 아니라 사소함이라는 사적(私的) 트라우마를 활용한다는 점이다. 이렇게 된 이상, 사적 트라우마의 김정경식 활용을 해명하지 않으면 안 되겠다. 트라우마가 외부에서 일어난 충격적인 사건으로 인해 발생한 심리적 외상이라는 사실은 잘 알려져 있다. 트라우마는 외부의 불순물이 내부에 주사(注射)되어 내부에 변형을 발생시키는 삶의 형식이다. 김정경의 시를 지배하고 있는 사적 트라우마는 기본적으로 트라우마의 속성에 기대고 있지만, 불순물이 형성되고 그것이 새로운 시와 삶을 촉매하는 과정에서 외부성을 배제한다는 특징이 있다. 그러니까 내부에서 충동질 된 사건이 일으키는 정서적 내상이 사적 트라우마인 것이다. 김정경의 시가 상처에 관해 말하고자 한다면, 그 상처는 외상보다는 내상인 경우가 많은 것도 그 이유 때문이다. 「추운 나라의 언어들처럼」이 "네가 꾸는 꿈속까지 따라갈게."라고 할 때, "나무들의 촘촘한 나이테 사이사이 너의 이름 켜켜이 쌓아 올린 신전을 갖게 해줄게."라고 할 때, '꿈속'이나 '신전'의 경우가 내상의 구체적 형상으로 읽히는 것은 '갈게'와 '해줄게'라는 충동의 언어들이 사적 트라우마를 표방하고 있기 때문이다.

>햇살이 콕콕 발톱을 쫀다
>세탁기 돌고
>리처드 하울리 노래하고
>나는 없다가 갑자기 생겨난 사람처럼
>어색하게 웅크려 발톱을 깎는다
>
>있어야 할 자리 찾아서 밖으로 나도는 동안
>한 여자가 떠났다
>주말 기다려 밑반찬 만들고
>화병에 물 갈아주던 그 사람 지금 부재중이다

그이가 어떻게 웃었더라?

기억이 콕콕 기억을 쪼아 먹는다

발톱을 깎았을 뿐인데

내게서 빠져나간 그녀의 자리가

한 움큼 비어 있다

몸이 설다

—「몸이 설다」 전문

이 시는 트라우마가 오는 방식과 내습한 트라우마의 형상을 간명하게 보여주고 있다. 트라우마는 "쫀다"와 거기에 대응하는 "깎는다"로부터 발생하여 몸을 "한 움큼 비어 있"게 하는 진공 상태로 존재한다. 김정경은 트라우마가 일방적으로 '쪼는' 일이 아니라 (외부에서) 쪼고 (내부에서) 깎는 상호작용이라는 사실을 공개적으로 선언한다. 그럼에도 외상이 아니라 내상이라고 말하는 것은 "기억이 콕콕 기억을 쪼아 먹"기 때문이다. 쪼는 일이 외부의 "햇살"로부터 내부의 "기억"으로 갱신되는 일은, 다시 말하지만, 1~2연에서 볼 수 있듯 감각적으로 확인되는 표상의 언어로부터 반성적 사유가 개입하고 있는 3~4연의 추론의 언어로 질적 갱신이 이루어지는 일이다. 이러한 이질적인 언어의 시차 속에서 트라우마는 "부재중"의 형식으로 존재한다. "몸이 설다"는 인식은 그러한 부재의 존재 형식을 보여주는 한 사례이다. 알다시피 이 시에서 말하는 '설다'는 감각은 표상적이기보다 추론적이다. '몸'이 감각적 대상이면서 사유의 주체라는 이중적인 존재 형식을 띠지만, '설다'를 성립시키는 것이 주체로서의 몸이라는 점에서, '설다'는 몸 주체의 사유 형식이 되기 때문이다. 게다가 몸이 설게 된 원인이 "기억이 콕콕 기억을 쪼아 먹는" 사유 형식이라는 사실도 이 시의 후반부가 추론의 언어 형식임을 증명한다.

김정경의 시가 추론의 언어에 얼마쯤 기대고 있다는 사실은 그의 시를 장악하고 있는 사적 트라우마의 기세를 짐작하게 한다. 라캉이 트라우마를 두고 실재와의 빗나간 만남이라고 말한 점을 떠올려보면, 김정경의 시에서 실재와 어긋난 지점을 발견하는 일은 그의 사적 트라우마와 만나는 일이 된다. 문제는 실재의 형식이다. 좀 더 라캉에 기대자면, 실재(the real)는 현실 밖의, 현실이 아닌, 현실 너머의 어떤 세계를 말한다. 그렇기 때문에 실재는 감각적으로 경험할 수 없을 뿐만 아니라 추론적으로도 그 본질에 닿을 수 없다. 따라서 실재는 언어를 초월하는 언어 밖의 세계이며 언어로 매개되지 않는 세계이다. 라캉이 언어 주체의 외부에 있는 성(性)과 죽음의 차원을 통해 실재를 구축하고 있다는 점에서 그 세계는 언어 주체에게는 알 수 없는 불안의 세계이다. 인간은 실재에 직면하는 순간 언어적 감각이 작동하지 않고 모든 사유의 범주들이 질식하고 만다. 불안이란 이런 것이다. 김정경이 "몸이 설다"고 한 것은 언어로 포섭되지 않는 부재의 순간, '한 움큼 비어 있'는 지점을 말하기 위함이다. 다시 말해 표상의 언어로부터 추론의 언어로 도약하는 그 시차(한 움큼 비어 있는 부재의 형식)의 불안을 폭로하는 방식으로 김정경은 감각의 언어와 사유의 언어를 충돌시켜 그 사이에서 언어적 진공을 만들어내는 것이다.

> 혼자서 살겠다고
> 혼자만 살아 보겠다고
> 고쳐 쓰고 또 고쳐 쓰던 자기소개서
> 개미들이 따라가며 밑줄을 긋는다
>
> 고쳐 쓰다만 자기소개서 위의 검은 줄이 흩어진다
> ―「검은 줄」 부분

> 새 애인 입속으로 헤어진 애인을 향한 복수의 혀
> 밀어 넣으면서
> 방울방울 부푸는 밤
> 한 쌍의 잘 어울리는 타인의 애인
> ―「솜사탕」 부분

인용한 시 모두 불안이라는 기둥 위에 세워진 실재를 이야기하고 있다. 「검은 줄」의 경우 언어적 진공을 만드는 불안의 근거는 실존하는 주체 "혼자서"와 그 실존을 사유하는 주체 "혼자만"의 충돌에 있다. 그 결과 "자기소개서"를 "고쳐 쓰고 또 고쳐 쓰"는 일을 무한 반복할 뿐, 최종적으로 자기소개서는 완성되지 않는다. 실재의 세계는 언어 주체의 외부에 있으므로 "고쳐 쓰다만 자기소개서 위의 검은 줄이 흩어"지는 것은 당연하다. 「솜사탕」도 다르지 않다. 지금 감각 세계 안쪽으로 들어와 있는 "새 애인"과 사유의 세계에 잔여로 남아 있는 "헤어진 애인"의 충돌은 언어의 진공으로 이 시를 이끌어 간다. 그 결과 "방울방울 부푸는" 진공의 "밤"을 맞이하게 되는데, 이 밤에 불안은 "타인의 애인"처럼 알 수 없는 신호를 보낸다. 김정경은 이렇게 감각 언어(「검은 줄」에서 '혼자서', 「솜사탕」에서 '새 애인')와 사유 언어(「검은 줄」에서 '혼자만', 「솜사탕」에서 '헤어진 애인')를 드라마틱하게 충돌시킬 줄 안다. 이 흔치 않은 방법론을 그의 시적 재능으로 간주하기에는 얼마쯤 심정적인 비약이 필요하지만, 그렇더라도 그의 시적 방법론이 긍정적인 방향으로 나아가고 있다는 점만큼은 부정할 필요가 없을 것 같다.

3

김정경의 시에 구축된 언어적 진공이 불안과 긴밀하게 닿는 것은 그것이 드러머가 놓쳐버린 리듬의 세계에 가깝기 때문이다. 그러나 드러머에게 불안은 놓쳐버린 리듬에서도 오고 새롭게 창조되는 리듬에서도 온다. 창조되는 리듬은 놓쳐버린 리듬의 진공을 공명(共鳴)하면서 압박해온다. "뿌리 없이도 몸에서 피어나 먹고 말하고 취하게 하는 불안의 꽃. 삶이 위태로워진 나무는 어느 때보다 화려하게 꽃 피운다네."(「불안꽃」)에서 알 수 있듯, 불안은 "뿌리 없"는 "몸에서 피어나" "화려하게 꽃 피"우는 "위태로워진 나무"의 모습과 다르지 않다. 이때 비유적으로 '뿌리 없는 몸'이 놓쳐버린 리듬이라면 '화려하게 피는 꽃'은 창조되는 리듬이 될 것이다. 이 사이에서 진공은 '위태로워진 나무'를 공명하여 "불안의 꽃"을 피우게 한다. 김정경은 '불안의 꽃'이라는 실재를 "내어 가득한 하나의 세계"라고 명명한다.

궁금했다

불쑥 침대로 뛰어드는 골목의 발자국들
스스로 머리 밀며 울던 모과나무의 비밀연애
빨래 곱게 개켜 방문 앞에 놓고 가는
주인집 아들의
빈 밥솥 같은 연심
겨울마다 천장과 지붕 사이에 자리 펴는
고양이의 가계
보일러 돌아가는 소리 들으며 썼다 지운 글들

이 모든 것의 주인은 정말 나였던가
내어(內語) 가득한 하나의 세계를
읽지 못하고 떠난다

안개와 노을을 풀어놓던 폐사지의 부도탑처럼
골목의 날씨를 만드는
다섯 채의 사이프러스와 백목련 두 채
산수유나무와 대추나무도

>   안녕은
>
>   안녕
>
> ― 「이 마음을 참으면 무엇이 되나」 전문

이 시는 "궁금"한 것의 목록을 나열한 것처럼 보인다. 2연에 나열된 것들이 감각적으로 환기되는 현상 세계의 목록이라면, 3연에서는 "이 모든 것의 주인은 정말 나였던가"에서 보듯 그것들에 대한 검증이 이루어지고 있다. 이런 경우 대체로 '알 수 없음'으로 검증이 끝나는 것이 일반적이다. 김정경도 그 점에서는 특별하지 않다. 그럼에도 "내어(內語) 가득한 하나의 세계"가 예사롭게 보이지 않는 것은, 그것이 2연에 나열된 목록을 괄목(刮目)하게 만들기 때문이다. 2연에 나열된 "발자국들" "비밀연애" "연심" "고양이의 가계" "썼다 지운 글들"이 하나의 세계라면, 그 세계를 일관하고 소통하는 "내어"가 있다는 것인데, 그 말들은 "읽지 못하"는 언어이다. 왜냐하면 '내어'의 세계는 진공의 세계이고, 진공의 세계는 "주법이 전하지 않는 악기"(「오늘 한 일」)처럼 리듬을 놓쳐버린 세계이기 때문이다. 김정경은 이러한 진공을 "폐사지의 부도탑"으로 형상화하는데, '부도탑'이 언어(이 경우에는 진리의 언어가 되겠지만)를 봉인해 둔 상징이라는 점을 떠올리면, '내어 가득한 하나의 세계'로서 충분히 존재론적 의의를 지닌다고 할 수 있다.

그런데 김정경의 '내어의 세계'가 사적 트라우마와 긴밀하게 연계된 것처럼 보이는 것은 무슨 이유일까? 트라우마가 실재와 어긋난 세계, 경험되지 않은 언어 외부의 세계라는 사실을 말한 바 있다. 그렇다면 '내어의 세계'는 '언어 외부의 세계'와 대척 관계가 아닌가! 그럼에도 김정경의 시에서 두 세계가 마치 표리 (表裏)를 이룬 것처럼 보이는 것은 "어쩌면 영원한 오독을/ 기대하는"(「안거」) 시적 기만일지도 모른다. 사실 이러한 혐의는 어느 정도 예상된 사태다. 김정경의 시가 리듬을 놓쳐버린 드러머의 새로운 시도 같다고 했을 때, 오독의 가능성은 예견되었다. 그러나 김정경의 시가 기대하는 오독은 리듬을 놓쳐야 비로소 새로운 리듬을 창조해내는 드러머의 시도처럼 새로운 읽기 형식을 요구한다. 이를테면 오독이란 읽히는 것을 읽는 일도 아니고 읽어야 할 것을 읽어내는 일도 아니다. 오히려 김정경의 오독은 읽힐 수 없는 것을 읽어내는 데서 발생한다. 그럴 때 놓쳐버린 리듬(읽히는 것을 읽는 일)과 창조된 리듬(읽어야 할 것을 읽어내는 일) 사이에서 진공으로 존재하는 '내어의 세계', 다시 말해 읽힐 수 없는 것을 읽어내는 일을 실현할 수 있다. 이제 보게 될 시가 '오독을/ 기대하는' 시의 한 사례가 될 것이다.

마지막 잎이 물 위에 떨어질 때

몸살 끝에 일어나 소고기 뭇국 끓일 때

모르는 사람의 행복을 빌어주고 싶을 때

말간 얼굴로 빠져나간 몸
내 몸에서 찾을 때

오래 살던 집 화단에 아끼는 시집을 묻어두고 이사할 때

이제 더는 기다리지 않겠노라
깨뜨린 술잔 속에도

깨끗이 잘라내지 못해 덜렁거리는 결심처럼

있었다

너는

—「내일」 전문

  시의 제목을 아무렇게나 붙이지 않았을 거라는 가정에서, 이 시의 제목이 '내일'인 것은 의미심장하다. 내일은 도래할 것으로 기대되는 시간이지만, 그 시간이 반드시 도래할 것이라는 보장은 없다. 설사 내일이 도래한다고 하더라도 이미 도래한 내일은 내일의 속성을 상실한 시간일 뿐이다. 내일은 가능성으로 존재할 뿐 구체적으로 실현되는 시간이 아니다. 그런 의미에서 이 시의 제목은, 김정경식으로 말하자면, 충분히 기대되는 오독의 시간이다. 읽힐 수 없는 것을 읽어내는 일이 내어의 세계를 지탱하는 일이라면, 존재하지 않는 시간을 감각적으로 실현해내는 일 또한 내일의 세계라는 점에서 그렇다. 그럴 때 내일의 세계는 실재와의 빗나간 만남이 되며, 결과적으로 트라우마의 시

간이 된다. 이 시에서 "말간 얼굴로 빠져나간 몸/ 내 몸에서 찾을 때/ (…중략…)/ 깨끗이 잘라내지 못해 덜렁거리는 결심" 같은 것이 내일의 세계에서 김정경의 사적 트라우마가 되고 있다. 김정경은 이 트라우마의 심연을 진단하는 일에도 또 그것을 극복하는 일에도 무감각한 것 같다. 이러한 심리는 리듬을 놓쳐버린 드러머가 새로운 리듬을 창조하는 와중에도 놓쳐버린 리듬을 성실하게 그리고 온몸으로 재현하는 윤리와 다르지 않다. 그것은 '빠져나간 몸'을 '내 몸에서 찾'는 일처럼 빗나간 시차(時差)를 재현하는 일에 가깝다. 라캉식으로 말하면 그렇게 재현된 세계는 실재 세계가 될 것이다. 김정경은 사적 트라우마를 통해 우리의 경험과 언어 바깥에 존재하는 실재 세계와 마주할 줄 안다. 그것이 설사 읽힐 수 없는 세계의 비밀을 우연히 발견해낸 오독의 결과일지라도 말이다. 그럴수록 그의 시적 감각은 첨예하게 다듬어지고 예리하게 빛나는 순간을 맞이한다. 김정경에게 '내어'는 "광휘와 치욕이 뒤섞인// (…중략…)/ 지상의 빈틈 메우려"(「지금 없는 사람」)는 언어의 리듬이기 때문이다.

4

이쯤 되면 눈썰미 좋은 사람들은 알아챘을 것이다. 김정경의 시집 『골목의 날씨』를 읽는 일이 악보에 그려진 리듬을 놓치고 원래의 리듬에서 많이 빗나간 리듬을 연주하는 드러머의 주법을 지켜보는 일이라는 것을. 김정경의 시를 읽는 동안 우리는 두 종류의 리듬이 우리의 귓가에서 자주 충돌하는 것을 경험했다. 선명하게 들리는 것은 드러머가 연주하는 창조된 리듬이겠지만, 어쩐지 우리는 가상에서 들려오는 리듬에 맞춰 흔들리고 싶었는지도 모른다. 이를테면 한 편의 시가 새로운 상상과 사유와 감각으로 우리가 경험하지 못하고 언어로 표현할 수 없는 실재를 우리 눈앞에 소환하더라도, 우리의 시선은 우리의 경험이 얼룩져있고 언제라도 언어화할 수 있는 삶이라는 현실을 애써 더듬는 것처럼 말이다. 김정경은 이렇게 빗나간 리듬을 시의 언어로 능숙하게 타래 지을 줄 안다. 다음 시가 그것을 증명하게 될 것이다.

꽃문 열고 여승들이 나온다
공장 문 열 시간, 출근 도장 찍고 연밭에 앉아
흰 꽃 찍어 낸다

백련은 음악 양각 어둠을 파내고 새겨 넣은 빛,
몸 밖으로 번진 것
소풍 온 한 무리의 여자들
꽃을 손바닥 위에 올려서 사진을 찍는다
웃으며 사진 속으로 들어간다

진흙 속에 아랫도리를 묻은 여승들
줄기와 연밥 사이 야물게 조여

하얀 꽃잎을 용접한다 저녁 예불 종소리,
공평하게 공양 그릇에 채워진다

꽃잎이 닫히기 전 여승들은
꽃 속으로 돌아가고
남은 여자들 서둘러
몸속에 초저녁별을 뿌리째 옮겨 심고 있다

—「백련공장」 전문

이 시는 애써 해독하지 않아도 좋다. 가벼운 마음으로 이 시가 연주하는 삶의 리듬을 따라가는 것만으로 충분하다. 시에 등장하는 인물을 먼저 보자. 1연에 "여승들이 나온다". '여승들'은 2연에서 "한 무리의 여자들"로 바뀌는데 그 계기는 "몸 밖으로 번진" "빛" 때문이다. '여승'과 '여자'의 존재론적 전이가 '빛'에 의해 이루어진 것이다. 빛이 내면에 머물면 여승으로, 그 빛이 외부로 발산되면 여자가 된다. 이러한 존재의 질적 전환은 3연에 오면 다시 "여승들"로 복귀하게 되는데, 이때의 '여승들'은 비유적인 의미에서 "진흙 속에 아랫도리를 묻"고 있는 연꽃이다. 여승→여자→연꽃이라는 생명의 개화 과정으로 보이는 존재의 전이 과정은 김정경의 시적 상상력에서 중요한 의미를 지니는 것처럼 보인다. 이 구도가 성(聖)에서 속(俗)으로 전개되었다가 최종적으로 그 모두를 초월하는 종교적 상상력으로 모이고 있기 때문이다.

「백련공장」을 읽는 또 하나의 줄기는 "꽃문 열고"로부터 "꽃

속으로 돌아가고" 사이의 역동적 사태를 살피는 일이다. 세계의 존재 형식이 개시하고 닫히는 구조를 본질로 삼고 있지만, 앞서 여승들의 존재 사태가 변증적 초월의 세계로 나갔던 것처럼, 이 시의 열림→닫힘의 구도가 평면적이지 않다는 점은 참고할 만하다. 그러나 이 시의 남다른 매력은 세계의 닫힘 이후에 있다. "남은 여자들 서둘러/ 몸속에 초저녁별을 뿌리째 옮겨 심"는 일을 어떻게 보아야 할 것인가? "꽃잎이 닫히기 전 여승들은/ 꽃 속으로 돌아가고" 없는데 '남은 여자들'은 누구인가? 지금까지 읽어 온 바에 따르면, 그들은 새로운 리듬을 창조하는 드러머들이자 실재와의 만남을 비켜 간 김정경의 트라우마라는 혐의에서 한 발자국도 벗어나기 어렵다. 이제 그들이 "몸속에" "옮겨 심"은 "초저녁별"의 "뿌리"에서 무엇이 피어나는지 지켜보는 일만 남았다. 김정경이 열림–닫힘이라는 세계의 존재 형식 이후를 눈여겨보는 이유가 어쩌면 세계가 닫힌 그 순간에 인간의 심연이 열린다는 사실을 알고 있기 때문은 아닐까? 그렇다면 김정경은 인간의 심연이 언어가 침투하지 못하는 진공의 세계, 즉 실재 세계라는 것도 알고 있지 않을까?

　김정경의 시는 「백련공장」의 경우처럼, 비유적인 의미에서 여승들에 관한 시로 읽히기도 하고 또 어떤 시는 여자들에 관한 시처럼 보이기도 한다. 그러니 여승들로 읽어도 여자들로 읽어도 잘못은 아니다. 그러나 김정경의 시에는 그 둘이 충돌하여 진공을 이루는 지점들이 적지 않게 펼쳐져 있다는 사실만큼은 알아두어야 할 것 같다. 그 지점이 여승들과 여자들을 초월해 버린 지점임은 굳이 말할 필요 없지만, 초월의 지점이 라캉이 말한 실재 세계에 가깝다는 사실만큼은 꾹꾹 눌러 적어두고 싶다. 그것은 또한 김정경이 "찬란하고 따뜻하고 먼 이국의 언어"(「멀고 따뜻하고 찬란한」)를 통해 모든 빗나간 것들의 심연으로 침투해갈 수 있을 거라는 믿음이기도 하다. 닫힌 세계의 심연에서 김정경이 '내어'의 새로운 리듬을 연주할 수 있으면 좋겠다.

Blind : 지연되는 시, 침묵하는 삶
―김헌수, 『다른 빛깔로 말하지 않을게』

1. 시: 지연되는 개시

    대부분의 시는 읽기와 더불어 시의 속살이 폭로되지만, 어떤 시들은 시를 다 읽고 난 후에야 시적 진심이 드러나기도 한다. 시적 개시가 지연되어 나타나는 경우다. 시와 시 읽기가 동조되지 않을 때 시 읽기는 그 격차를 해소하기 위해 거듭될 수밖에 없고, 다시 읽기가 시작되는 순간에 진정한 시 읽기가 도래한다. 그러나 거듭 읽기의 진정성은 시가 아니라 삶을 겨냥한다는 점에 주목할 필요가 있다. 시가 삶의 리듬과 욕망에 도전했던 언어화된 흔적이고, 시 읽기가 그 흔적의 사건을 짐작해내는 일이기 때문이다. 그렇기 때문에 김헌수 시인이 "어디로 튈지 모르는/ 밀려오는 생의 흔적"(「비문증」)이라고 한 편의 시를 마무리했을 때, 우리의 시 읽기는 그 '생의 흔적'을 찾아 나서는 거듭 읽기를 요청한다. 이른바, 시가 끝나는 곳에서 (진정한 의미의) 시가 시작되는 것이다. 이러한 읽기는 지연된 시 읽기이자 삶으로서의 시 읽기가 될 것이다.

시집 『다른 빛깔로 말하지 않을게』는 김현수 시인이 삶을 어떻게 바라보는지, 그 삶에 얼마만큼 근접해 있는지를 확인하는 자리이다. 결론부터 말하자면 이 시집은 김현수 시인과 "삶의 리듬을 함께 한다/ 여묾과 여림/ 흼과 바름"(「중얼거리는 달과 물은」)에 주목한 후, 시인의 "즐거운 고독과/ 날아가는 감정"(「오늘의 키워드」)을 파고든다. 드로잉 하듯 재빠르게 삶의 단면을 짚어내는 시인의 눈썰미는 날렵하고, 그것을 식자해내는 언어 감각은 세련되었다. "망루에 올라가 고공농성을 하는 그의 목소리"에서 "스스로를 설득하는/ 한 사람의 중얼거림"(「시청 앞에 서」)을 겹쳐 듣는 솜씨를 보면 알 수 있다. 누군가를 설득하는 일이 사실은 스스로 납득하는 일이라는 삶의 비밀을 들여다볼 줄 아는 것이다.

이렇게 김현수 시인은 도처에서 발견할 수 있는 삶의 흔적을 비밀의 심연으로 확장해낸다. 알다시피 흔적은 일상의 육체성과 구체성 그리고 현장성을 보존하고 있는 상징적인 무늬다. 점성술사가 캄캄한 밤하늘의 무늬를 꿰뚫어내듯, 시인은 침묵하고 있는 삶의 흔적에서 발화되어야 하는 리듬과 욕망을 발굴해낸다. 이제 보게 될 시에서 김현수 시인이 삶의 현장에 어떻게 개입하고 있는지 확인할 수 있다.

    당찬 깃을 들어 올리며
    나란히 꽃대를 밀어 올린다

    무릎 꺾인 삶에

불시착한 우리들의 우울한 취업

직립보행의 기억을 더듬다
돌아 나온 구직의 터널

불온한 책장 같은 꽃잎을 넘기며
세상과 타협하는 나를 세우고
지상에 없는 호모에렉투스의 꽃을 받아내고 싶다

튤립 사이로 가뿐하게 앉은
나비처럼 유장한 호흡
꽃술 사이로 번지는 편안한 망각

작년에 던져놓은 이력서에서 올라오는 싹
슬로 모션으로 깃을 세운 채
도도하게 서 있다

—「호모에렉투스」 전문

  이 시에는 선-존재로서의 인간적 고뇌가 담겨 있다. "우울한 취업" 전선에서 "세상과 타협하는 나"를 발견하는 일은 고통스럽다. 자기를 돌아보는 순간, 인간은 "지상에 없는 호모에렉투스의 꽃을 받아내고 싶"어 한다. 존재하지 않는 것을 향한 욕망의 기표를 발생시키는 것이다. 이러한 현상을 두고 현실 부정, 현실 회피라고 말하는 것은 시와 삶에 대한 모독이다. 부재를 향한 지향은 존재의 파괴적 재생을 위한 필연적인 과정이다. 그렇기 때문에 "작년에 던져놓은 이력서에서 올라오는 싹"으로서의 욕망은 오히려 "깃을 세운 채/ 도도하게 서 있"다. 그렇다면 무엇이 인간을 '도도하게 서 있'게 만들었을까?

호모에렉투스는 직립인이다. 선-존재가 되면서 인간은 두 가지 욕망에 노출되었다. 하나는 창공을 향해 뻗어나가는 시선의 무한이고, 다른 하나는 자신을 내려다볼 수 있는 성찰적 응시이다. 고개를 들어 올려다본 세상은 그동안 알고 있었던 삶의 지평과는 차원이 달랐다. 밤하늘에 가득한 별들은 손을 뻗으면 금방이라도 잡을 수 있을 것처럼 반짝거렸다. 그 손 뻗침 속에서 인간 최초의 욕망이 싹을 밀어 올렸다. 그러나 더 중요한 것은 욕망이 발생하는 순간 지금까지의 삶이 시시해졌다는 사실이다. 시선을 꺾어 자신을 내려다본 순간, "무릎 꺾인 삶에/ 불시착한" 것처럼 한없이 초라해진 삶이 보였다. 그때부터 인간은 "당찬 깃을 들어 올리며/ 나란히 꽃대를 밀어 올"리는 존재가 되기로 다짐했다.

이렇게 호모에렉투스는 무한하게 펼쳐져 있는 욕망의 창공과 시시하고 보잘것없는 현실의 삶 사이에서 경계적 존재로 살아가고 있다. "하늘 끝자락까지 뻗어가는/ 산딸나무의 자유를"(「산딸나무」) 꿈꾸는가 하면, "어둠에 걸린 너의 발/ 숲을 걷다가 너는 씻어내지 못한 얼룩에 갇"(「결벽증」)히기도 했다. 따라서 호모에렉투스는 (무한한) 욕망과 (씻을 수 없는) 얼룩을 삶의 본질로 하는 존재이다. 김헌수 시인은 이러한 인간의 삶을 "연민의 각도"(「큐레이터」)로 줄곧 응시한다.

2. 시선: 연민의 각도

 연민의 각도로 바라본 삶은 "건조한 시간을 넘어온/ 헐벗은 언어가 부풀고"(「리모컨만 만지작거리는 하루」) 그렇게 부풀어 오른 언어는 "시제가 부정확한 먼지에 기대어 흘러 다"(「도서관은 발효 중」)니고 있다. 김헌수 시인은 삶이 언어를 일그러뜨리고, 언어가 삶을 정확하게 기표화하지 못하는 지점에서 시가 발생한다고 믿는다. 그럼으로써 언어에는 삶의 비밀스러운 흔적이 남겨져 있다는 통상적인 믿음을 초과한다. 삶과 언어의 즉각적 동일시를 해체함으로써 시는 일상 언어가 감추고 있는 삶의 비밀을 폭로할 수 있다는 것이다.
 이렇게 일상을 환상으로 대체하는 언어가 시다. 따라서 "각을 세우고 찌르는"(「편두통」) 연민의 각도는 일상이 품고 있는 비밀을 폭로하기 위한 시적 예각의 응시다. 연민의 각도를 지닌 시인은 "수박을 어긋나게 썰어 나누던 사람처럼" "눈 밝은 시간으로 건너가 길을 낸"(「크레바스」) 후, "구름의 비문에 새겨지는 문장"(「곳에 따라 비」)을 읽는다. 비문의 문장은 연민의 문장이자 비밀의 문장이다. 그리하여 시란 삶을 향한 연민이자 삶이 남긴 비밀을 문장으로 새기는 일이라는 결론에 도달한다. 뒤집어서 말하자면 삶이란 "문장의 통로를 지나가"는 일인 것이다.

> 감자를 삶아 먹으며
> 소리를 굴리는 날이었지

포슬포슬한 글을 보면서 매달린 문장을 쓰고
뜨문뜨문 웃어보는 날이지
어제의 내가 지나가고
가야 할 길을 지나치며
글 바깥에서 그림자를 품어보았지

책상을 끌어당겨 가까이 있는 것들을 봤어
안에서 밖으로 밀어내는 얼룩
여며지는 글과 문장의 속앓이가 따라오는 게 보였어
혀끝에서 쓰고 읽고 지우고 다시 쓰고 읽는

당신은 문장의 통로를 지나가고
새벽에 써놓은 낱말 사이로
별은 뜨기도 하고 지기도 하고
포대자루에 주워 담은,
그 낡은 것들로 하루는 밝아지고
뛰노는 문장을 혀끝으로 녹여보는 날이었지
　　　　　　―「당신은 문장의 통로를 지나가고」 전문

　시를 쓰는 동안 시인의 의식은 분리되는 경향이 있다. 시를 써야 하는 의식이 표층에서 외부의 시적 대상에 천착하는 동안 심층 자아는 보다 안쪽에 몸을 숨긴 채 자신의 시 쓰기 활동을 관찰한다. 심층 자아는 외부 세계와 투쟁하고 있는 표층 자아의 고뇌가 정당한지 판별하고, 정당하지 못하다고 판단되면 표층 자아의 시 쓰기를 즉각 중지시킨다. 심층 자아는 "어제의 내가 지나가고/ 가야 할 길을 지나치며/ 글 바깥에서 그림자를 품어보"는 것이다. 이 경우에 표층 자아를 응시하는 심층 자아의 시선은 연민의 각도로 기울어 있는 것이 일반적이다. 이 응시의 각도를 만들어내기 위해 시인은 "혀끝에서 쓰고 읽고 지우고 다시 쓰고 읽는" 행위를 반복한다. 이러한 반복은 삶을 딛고 선 의식의 타륜(舵輪)을 조정하는 과정이다. 이 과정에서 시인은 자신의 삶이 "안에서 밖으로 밀어내는 얼룩"이라는 것을 감지하고 자신의 내부로부터 얼룩 같은 "문장의 속앓이가 따라오"도록 유인한다. 일상의 얼룩(흔적)으로부터 시적(문장의) 속앓이를 마중해 내다니. 이는 필시 "감자를 삶아 먹으며/ 소리를 굴리는 날"같은 일상에서 시가 창작되었다는 것을 강조하기 위함일 것이다.

 이쯤 되면 김헌수 시인에게 시적 일상이 어떤 의미인지 궁금해질 수밖에 없다. 한때는 탁월한 혜안이었겠지만, 이제는 빛나지 않는 진리가 되어버린 명제에 기대어 보자. 에밀 슈타이거가 『시학의 근본 개념』(삼중당, 1978)에서 서정시의 근본 원리로 '회감'을 제시한 적 있다. 회감은 회상으로 고쳐 적어도 좋다. 슈타이거에 따르면 서정시는 회상의 형식으로 발화되는데, 회상의 형식이란 일상을 '쓰고 읽고 지우고 다시 쓰고 읽는' 반복과 다르지 않다. 그렇기 때문에 회상은 단순히 지난 일을 떠올리는 것이 아니라, 지나간 일상을 새롭게 해석하거나 성숙하게 경험하는 일에 근접한다. 이것이 김헌수 시인이 생각하는 시적 일상이다. 시 쓰기의 형식 속에서 심층 자아가 표층 자아를 응시하듯, 회상의 형식 속에서 회상하는 주체는 회상되는 주체를 응시한다. 두 경우 모두 응시의 기울기에는 연민이 개입한다. 이제 보게 되는 시가 하나의 사례이다.

> 피사체를 따라가며 고정되었던 우리
> 경험이 녹아 든 욕설을 주문처럼 외웠던 우리
> 노출을 말하고
> 후레시를 터뜨리며 찍은
> 오래 전 사진 한 장
>
> 건너편에 켜진 푸른 등을 향해 질주하는
> 시선이 마구 뒤섞였던 십 년 전 우리,
> 다른 빛깔로 말하지 않을게
>
> ─「12월과 1월 사이」 부분

이런 대목에서 김헌수 시인이 연민의 각도로 응시하고 있는 삶을 볼 수 있다. "오래 전 사진 한 장"의 기표로 제시되고 있는 "시선이 마구 뒤섞였던 십 년 전 우리"가 그것이다. 슈타이거가 말했던바, 회상 형식으로 쓰인 이 시는 '십 년'이라는 시차를 통해 "피사체"와 "시선"의 구도가 형성되었다. 십 년 전 일상이 "잠복기를 지난 시간을 통과"(「골목」)함으로써 지연된 시차가 개시된 것이다. 그런 까닭에 김헌수 시인의 시는 삶의 한 무대가 끝난 후, 찬란했으나 속절없었던 시간을 다시 소환해내는 "커튼콜"(「벨칸토 음악회를 보고 온 날에는」)처럼 읽힌다. 커튼

콜의 순간에도 김헌수 시인의 시선은 "블라인드 쳐진 구석, 먹빛 흔적의 동백"(「블라인드가 내려진 저녁」)에서 벗어나지 않는다. 그 '먹빛 흔적'이 "살아서 울던 적이 있었"던 삶의 "검붉은 행진"(「수평의 대열」)이라고 믿기 때문이다.

3. 삶: 먹빛 흔적

그렇다면 블라인드가 걷히고 환한 조명이 쏟아지는 무대는 누구를 위한 자리인가. 이런 질문이 쏟아질 법도 하겠지만, 어쩔 수 없다. 화려한 무대를 꿈꾸는 한, 우리 삶은 블라인드에 가려진 구석이어야 한다. 무대란 구석에서 꿈꿀 수 있는 저편의 세계이다. 저편이란 언제나 우리가 닿을 수 없는 곳이다. 우리의 삶이 비극에 가깝다고 한다면 그 이유는 우리가 저편을 향한 이편의 몸부림에 불과한 존재라는 데 있다. 그렇기 때문에 문제가 되는 것은 구석을 바라보는 시선의 연민이다. 그 시선이 응시하는 것은 먹빛 흔적이고, 그 흔적이란 구석에서 살다가 소멸해간 어떤 존재에 대한 환기이다. 시인이란 이렇게 다른 흔적을 다른 언어로 포착할 줄 알고, 다른 언어 속에 다른 존재를 담아낼 줄 아는 존재라고 우리는 믿는다. 마찬가지로 김헌수 시인은 살아서 울던 적이 있었고 지금은 검붉은 행진으로 그 울음의 흔적을 남기고 있는 삶을 연민할 줄 안다. 그는 흔적에 담긴 삶의 구체적 풍경을 언어로 재생하는 일에 능숙하다. 김헌수 시인의 시적 풍경은 "오래된 usb"(「16그램」)에 저장되어 있는데, 그 한 풍경을 재생해 보기로 한다.

창을 열면 곰소염전이 보였지

거북하지 않은 것은 숨소리뿐,
겨울은 문을 닫고 들어오지 않았지

둘러보다가 모른 척 차를 몰았지
오래 훔쳐보던 염전은 내색 않고 있었지
주저앉아 꺽꺽대기도 했는데
다정한 말은 끝이 없고
완벽하게 가려지던 시절은
서늘하고 아득했지

한 발만 옮겨 놓아도 그만큼 보았을 텐데
잠들지 못하는 것들, 곰소에 가서 알았지
나를 기다리던, 짓느라 낡아진 한숨을 부려놓고
깊은 곳에 숨겨진,
첩첩이 패인 감정을 읽어보는 눈빛이 멈춰 섰지

그곳에 가면 숨소리가 들려
소금창고를 만날 때마다 손등을 어루만지곤 했지
인색했던 땀방울을 빚으려했지

> 누울 곳 없는 자들
>
> 목숨을 밀어올리고 여미어주기도 했지
>
> ―「바탕체로 읽는 하루」 전문

이 시에는 해풍에 땀이 마른 소금 살갗 같은 삶이 있다. 건조하면서도 끈적한 삶이다. 그 삶에는 턱 막히는 들숨이 있고, 쥐어짜듯 토해내는 날숨이 있다. 이렇게 살아가는 사람을 우리는 자기 "목숨을 밀어올"릴 줄 아는 호모에렉투스라고 말해도 좋다. 호모에렉투스는 "누울 곳이 없는 자들"이어서 운명적으로 선-존재가 될 수밖에 없다. 그렇게 직립인이 되었지만, 이들 앞에 펼쳐진 것은 "곰소염전"이다. 그곳은 실재의 세계이자 "깊은 곳에 숨겨진,/ 첩첩이 패인 감정을 읽어보는 눈빛이 멈춰" 있는 곳이다. 연민의 시선이 응시하고 있는 '블라인드 쳐진 구석'이 바로 이 시의 "소금창고"인 것이다. 이곳에서 김헌수 시인은 삶의 곡절이 말라붙은 흔적을 "어루만지곤" 한다. 그럴 때 손끝을 따라 떠오르는 "다정한 말은 끝이 없고/ 완벽하게 가려지던 시절은/ 서늘하고 아득"하다. 이 아득함을 다른 시에서는 이렇게 말하기도 했다.

> 작년에 하늘로 돌아간 아이의 눈망울을 생각했습니다 내가 슬프다고 했지만 그는 마땅한 슬픔을 찾지 못하고 길을 나섭니다 다시 봄이 오고 머지않아 겨울이 오면 금강의 눈발을 기억할 것입니다 나와 그 사이에 새떼가 흘리고 간 울음을 주워봅니다 금강에서 사라져버린 시간을 홀로 두기로 했던 약속이 흐

릅니다

—「그해 봄에는」 부분

아득함은 멀고 가까운 거리의 문제가 아니다. 아득함은 "작년"의 시간으로부터 "다시 봄"과 "겨울"의 "사이"에서 발생한다. 그 사이에 깊은 상실은 "슬픔"으로 비화되고, "기억"하는 것으로 이어진다. 기억의 숙성을 거친 슬픔은 "울음"의 "약속"으로 "사라져버린 시간"을 대체한다. 이 시간이 바로 연민의 시선이 응시하는 흔적이자 '블라인드 쳐진 구석'이다. 이 옹색한 삶의 현장에서 김헌수 시인은 "내일이면 사라질 진북동의 질감을 기억해 두려고"(「개와 나는 배롱나무 사이를 돌고」) 삶의 진실을 언어로 다듬어낸다. 그러나 "작년"의 질감을 "다시" 기억해야 하므로 김헌수 시인의 시는 언제나 뒤늦게 개시된다. 이것이 김헌수 시인의 시를 거듭 읽게 하는 힘이다.

이제까지 본 것처럼, 시집 『다른 빛깔로 말하지 않을게』는 시 읽기가 끝난 이후에 본격적인 시 읽기가 시작된다. 거듭 읽기는 그의 시가 "벌어진 입술 사이로"(「살바도르 달리에게」), "즙이 흐르던 사이"(「크레바스」), "튤립 사이"(「호모에렉투스」), "그림자 사이로"(「겨울의 패턴」), "달과 물 사이에서"(「중얼거리는 달과 물은」), "어깨 사이로"(「여전히 나를 부르는」), "기린로 빌딩 사이로"(「시청 앞에서」), "아이들 사이로"(「usb」), "새벽에 써놓은 낱말 사이로"(「당신은 문장의 통로를 지나가고」), "벌판과 벌판 사이"(「태백으로 갈까」) 등 '사이'의 세계를 시적 지평으로 삼는 것과도 긴밀하게 관련된다. '사이'의 존재론을 통해 우리 삶을 시차의 몸부림으로 전환해냄으로써 김헌수 시인의 시는 "활자들을 빽빽하게// 삶아서 말리고 걸어둔 언어"(「페이퍼」)가 되어 독자들에게 당도하였다. 그 언어들이 "순도 높은 단어의 조합"(「짧은 통화」)인 것은 인상적이다. 그래서 거듭 읽게 된다. 그러고도 못다 읽은 것들이 있다면, 그것들은 이 시집 어딘가 비밀의 갈피에서 먹빛 흔적으로 침묵하고 있을 것이다.

자기 반향의 시 쓰기
−최은별, 『네 시를 읽는 오후 네 시』

최은별의 시를 처음 읽었을 때 "아주아주 긴 꿈을"(「물고기와 새」) 헤매고 난 느낌이었다. 그런데 거듭 읽으면서는 "그것이 꿈이고 사랑이었을까/ 혹은 도피처였을까"(「낙하」) 하는 의구심이 고개를 내밀었다. 내친김에 한 번 더 읽기로 했더니, 그의 시는 "꿈에서 하염없이 어둠을 더듬었고/ 꿈인 걸 알아서 아주 무섭진 않았지만 꿈인 걸 알아도 불행했"(「눈이 떠지지 않는 꿈」)던 시간을 고백하는 것처럼 읽혔다. 여기서 알 수 있는 것은 최은별의 시가 '읽는 시'가 아니라 '읽히는 시'라는 사실이다. 그의 시를 두고 '읽힌다'라고 말할 수 있는 근거는 두 가지이다. 하나는 최은별의 시는 읽는 이의 심연을 압도하는 힘이 있다는 것. 또 하나는 읽는 이의 경험 세계와 쉽게 타협하지 않는 개성이 있다는 것. 그런 까닭에 읽을 수 없는 최은별의 시를 읽어가는 일이 얼마쯤 곤혹스러울 수도 있을 것이다. 그러나 그러한 곤혹이 불편한 감정에서 나온다기보다는 불안한 심정을 감추기 위한 것이라고 받아들이고 싶다. 최은별의 시를 읽는 일은 황무지를 향해 첫발을 내딛는 것처럼 어느 정도 불안을 감수해야 한다. 그러므로 읽으려고 애쓰기보다는 그의 시가 어떻게 읽히는지 두고 볼 필요가 있다. 그것이 최은별의 시가 독자에게 요청하는 독법이 될 테니까.

1. 감각의 순도

시가 인간 심연의 가장 깊은 곳을 탐색하는 탐침봉이라는 믿음이 있다. 맞은편에는 시야말로 세계에 대한 인간 감각의 원형을 형상하는 장르라는 믿음이 놓여 있다. 두 믿음은 얼핏 모순되는 것처럼 보인다. '심연'이라는 말과 '감각'이라는 말이 환기하는 상반된 공간 감각 탓이다. 심연이 인간 내면의 보이지 않는 정신적인 지점과 관련된다면, 감각은 기능화되어 있는 신체의 최전방에 포진한 것으로 알려져 있다. 이렇게 몸과 마음을 별개로 접근하는 방식은 인간이 삶을 총체적으로 이해하기보다는 기능적으로 구분하고, 그것을 해체하여 분석하기 위한 편의에서 비롯했다. 그러나 알다시피 시는 인간의 삶을 기계적으로 설명하는 장르가 아니다. 그런 점에서 우리는 심연과 감각이 기표는 다르지만, 그것이 지시하는 지점 혹은 그것이 포함하고자 하는 본질은 같을지 모른다고 추측해볼 수 있다. 우리의 심연은 우리의 감각이 세계의 본질을 가장 예민하게 포착해낸 원형질로 가득 차 있는 세계이자 어떤 잡음도 섞이지 않은 감각 정보들이 순도 높게 가라앉아 있는 세계일 수 있다는 것이다.

이러한 관점에서 최은별의 시는 감각의 높은 순도를 확보한 것으로 보인다.

멀리 푸른 산들이 여러 겹으로 겹쳐 있었다
눈앞의 수면에는 빛살이 가득 늘어박혀 있었다
부허한 마음을 수습하기에 좋은 풍경이었다
좋은 날이었다

문득, 당신이 내 안에 숨어들어 일으켰던
파문을 형상화하고 싶었다
내가 고개를 돌린 뒤에야 닿곤 하는 늦은 눈동자
살금살금 다가와 어깨를 토옥 건드리는 여린 손길
정적 속 스스럽게 한번 터는 마른기침, 같은

나는 가장 반질반질 윤이 나는 돌멩이를 찾았다
짝짝이 신발 중 더 거추장스럽다고 생각되는 쪽을 벗어 던지고
앙감질로 힘차게 뛰었다
던져진 돌멩이는 선연한 곡선을 그리며 날아
수면에 작은 파문을 일으켰다

그것은 아주 조심스러웠고
눈이 부셨다

―「파문」 전문

이 시에서 눈에 띄는 것은 "좋은 날이었다"와 "눈이 부셨다"를 마주 세워놓은 배치이다. 그렇게 좋고 부신 안쪽에서 "파문"이 발행한다. 2연에서는 "파문을 형상화하고 싶었다"라고 하여 화자의 심연을 드러내고, 4연에서는 "수면에 작은 파문을 일으켰다"라고 하여 심연을 감각적 대상으로 전면화했다. 여기까지 읽는 동안 번거로운 일은 발생하지 않았고, 오히려 시의 구도는 명징하고 화자의 행위는 정당하게 보인다. 다시 1연으로 눈길을 돌리면 "멀리 푸른 산들"로부터 "눈앞의 수면"까지 "겹쳐 있"고 "늘어박혀 있"는 것들을 일별한 후, 그것들이 "좋은 풍경이었다"라고 시의 포석을 깔아놓는데, 또 3연에 가면 "고개를 돌린 뒤에야" "살금살금 다가"오는 "늦은 눈동자"와 "여린 손길"을 마련해두고 있다. 이쯤 되면 이 시는 정교하게 틀어 올린 구조물로 보아도 틀리지 않을 것 같다. 1연의 "부허한 마음"으로부터 터져 나오는 3연의 "마른 기침"은 4연에서 "거추장스럽다고 생각되는 쪽을 벗어 던지"는 일로 전환되면서 드라마틱한 서사를 구축한다. 그러나 지금까지의 드라마에 누락된 것이 있다. 바로 "당신"이다. "내 안에 숨어들어 일으켰던/ 파문"의 당사자인 '당신'을 누락시킨다면, 이 시는 한낱 언어구조물에 불과했을 것이다. 최종적으로 이 시는 '당신'과 '나'의 관계가 "짝짝이"로 폭로되는 순간 완성되고 있기 때문이다.

「파문」을 사례로 살폈지만, 최은별의 시는 직관적이면서 서사 배치에 있어서 정교한 모습을 보여준다. 이것이 가능한 이유는 그가 시적 대상을 충분히 장악하고 있기 때문이다. 시적 장악력이 탁월할수록 시에 힘이 실리는 법인데, 최은별의 시는 그러한 힘으로 독자를 압도함으로써 읽히는 시의 범례를 만들어 간다. 가령 "비밀을 구걸하지 않는 새들의/ 단단하고 선명한 노래처럼// 외쳐야지"(「메아리」)라고 그가 속내를 털어놓을 수 있는 이유도 '메아리'의 본질과 속성을 낱낱이 헤아려냈기 때문이다. 알다시피 메아리는 원본의 아우라가 상실된 청각 이미지에 불과하다. 줄여 말하자면, 메아리는 청각적 카피본에 해당한다. 그렇다고 해서 메아리를 가상 존재(시뮬라크르)의 범주에 넣을 수도 없다. 메아리가 청각적 카피에 해당하는 건 맞지만, 카피의 방식이 이미지 복제를 통한 재생이 아니라 실제 감각의 반향(反響)에 따른 증폭이기 때문이다. 이는 원본을 지속하는 중요한 방법이다. 메아리처럼, 원본을 지속할 경우, 원본이 환기하는 감각('메아리'의 경우에는 청각) 자질을 심연까지 연장해 나갈 수 있는 장점이 있다. 최은별은 서사와 이미지를 재생하는 중요한 기법으로 메아리의 반향을 활용할 줄 안다.

  시집은 건조대 위에서 빨랫감의 기분에 대해 생각해 본다
  볕도 없고 비만 내리고 있지만 시집은 실제 빨랫감이 아니라서
  별로 상관없다 시, 와 비, 는 비슷한 글자이니 더더욱 괜찮을 지도 모른다

  시집은 한 번 읽힌 뒤 쭉 책장에서 노쇠해져 가고 있었기 때문에
  드디어 잊히는 것으로 운명을 맞이할 참이었기 때문에

자신이 다시 한 번 선택된 것도, 지금 건조대 위에 널려 있는
상황도 다 꿈같고
몇 번씩 입혀지고, 세탁되는 빨랫감의 기분을 알 리도 없다
고 판정한다

—「빨랫감」부분

모든 잃었던 것들이 좌표를 읽고 궤적을 더듬네요
당신을 왜곡하고 균열시키던 시간이
실없는 농담이었던 듯이

그렇다면 그냥
당신이기로 해요 계속 당신이기로

—「증발」부분

「빨랫감」에서 감각적 원본이 "시집"이라면, 그로부터 연장된 반향의 감각은 "실제 빨랫감"이거나 혹은 그 역의 관계를 상정할 수 있다. 이 관계는 "시, 와 비"라는 또 다른 반향의 방식을 포함한다. 최은별의 시에서 '시', '비' 같은 소릿값을 통해 반향을 생성하는 일은 낯설지 않다. "볕도 없고"와 "별로 상관없다"가 그렇고 "당신이기로 해요 계속 당신이기로" 같은 경우도 음운의 반향을 시적 장치로 활용하는 예이다. 그럴 때 반향은 언제나 "잊히는 것으로 운명을 맞이"하게 되는 감각적 원본들이 "모든 잃었던 것들이 좌표를 읽고 궤적을 더듬"는 방식으로 "실제" 세계를 재생해낸다.

2. 연장된 1인칭, 당신

그런데 최은별의 시가 반향을 통해 더듬고 있는 궤적에서 자주 목격되는 것은 '당신'이다. 이때 당신은 '나'로부터 반향된 존재라는 점에서 문제적이다. 최은별은 당신이라는 2인칭을, 이런 표현이 가능한지 모르겠지만, 연장(延長, extended)된 1인칭으로 활용한다. 이러한 시각은 자신을 객관적 대상으로 재인식하는 방식과 다르다. 자신을 초월하여 자신을 응시하는 자기 분리의 시선이 아니라, 자기동일성을 유지한 채 자기로부터 연장된 자기를 바라보는 것이다. 이러한 방식은 일차적으로 현재에서 과거로 향하는 시간성을 공간화(연장화)하는 방식을 채택한다.

> 마른 혀로 어둠을 닦는다
> 내가 똑똑히 바라보았던 그날들이
> 내게 절실했던 그날들이 만져지지 않는다
> 어둠에 뒤섞인 그을음만이 그 모든 흔적인 것인지
> 무엇도 속단할 수 없다
>
> 잘릴 만큼 혀를 깨무는 건 어렵다
> 잘려도 죽을 만큼 피를 흘릴 수도 없다
>
> 그래도 나는 할 수 있어야 한다
> 이 혀를 잘라 버리고 죽을 만큼 피를 흘리고
> 다시 새 혀가 돋아나

당신이 아닌 사람을 말할 수 있어야 한다

마른 혀를 접는다
귀퉁이를 잃어버린 어둠이 사라질 준비를 한다

생을 바쳐 오직 당신만을 부르고도 싶었지만
당신이 내 혀에 가시처럼 박혀
나는 당신을 발설할 때마다 따끔따끔 아프다

—「가시」 전문

이 시의 매력은 어법에 있다. 시집에 실린 많은 시들이, 비유적인 의미에서, 당겨지고 있는 시위의 장력처럼 유연한 탄력을 보여주는 데 반해, 「가시」는 더는 당길 수 없을 만큼 팽팽하게 경직된 시위의 어법을 보여준다. 이런 어법의 시는 이미지와 메시지가 곧장 과녁을 향하는 덕분에 독자를 단숨에 사로잡게 된다. "닦는다" "않는다" "어렵다" "접는다" "아프다" 같은 3음절 서술어와 "없다" "한다"의 2음절 서술어는 시적 긴장을 만들어 내기에 충분하다. 특히 1, 2연의 '없다'로부터 3, 4연의 '한다'로 이행하는 세부를 통해 최은별은 자신의 세련된 언어 감각을 충분히 드러냈다. 이러한 형식을 동원하여 이 시는 "내가 똑똑히 바라보았던 그날들"에 "내게 절실했던" 것들이 "만져지지 않는" 사태를 연장하고, "다시" "할 수 있어야 한다"라는 당위의 세계를 겨냥한다. 3연에서 보여주는 "혀를 잘라 버리고" "다시 새 혀가 돋아나"는 과정이 자기를 연장해가는 방식에 해당한다.

그리하여 "생을 바쳐 오직 당신만을 부르고"자 한다. 이 간절한 부름이 "내 혀에 가시처럼 박혀" 있는 "당신"이라는 자기 존재의 반향을 드러내는 방식이 될 것이다.

이렇게 연장된 자기로서의 당신을 호출하는 이유는 "이제 오른쪽 엄지의 지문으로는/ 나를 잘 증명할 수 없게 되었"(「무효화」)기 때문이다. 나와 타자 사이에 변별적 자질이었던 '지문'의 효력 상실은 자기 존재를 확인하기 위해 좀 더 확실한 것을 요청한다. 최은별은 그것을 자기 신체의 일부이자 연장된 형태인 '점'에서 찾는다. "내 무릎엔 진한 점이 하나 있다 너무 진해서/ 점 같지 않고 살아 움직이는 무엇 같"(「무릎의 점」)은 인칭적 존재를 발견하는 것이다. 인칭적 존재는 시집 곳곳에서 호명과 명명의 방식으로 소환하고 있는 개별화된 인격체를 포함한다. 그녀, 엄마, 너, 친구, 학원 강사 같은 '당신'의 이형태들이 화자에게 박혀 있는 점의 형태로 존재한다. 그럴 때 '점'은 자기 자신이면서 자기로부터 연장된 객관적 대상이 된다. 이제 보게 될 「밑줄을 그어 줘」는 자기 반향의 결과이자 연장된 1인칭으로서의 자기를 증명하는 방식이 압축적으로 드러나 있다.

손이 미운 철부지 소녀야

글재주라곤 하나 없는 네가
내 꿈속에선 긴긴 편지를 썼지
그러면 그건 나의 말일까 너의 말일까

(…중략…)

손이 미운 철부지 소녀야
미처 건네지도 못한 그 이야기를
꿈 밖에서 다시 해 주겠니

중요하다고 말해 줘
~~내게 밑줄을 크어 줘~~
아니 아니, 취소선 말고 밑줄, 밑줄을 그어 줘

해가 지고 별이 뜨거든, 마침 바람이 불거든 말해 줘
<u>그때 그 사람, 바로 나였다고</u>

— 「밑줄을 그어 줘」 부분

   이 시에서 화자는 자신을 "손이 미운 철부지 소녀"라고 부른다. 이 경우 부르는 자와 불리는 자는 서로 분리된다. 그러나 이들의 분리가 "꿈"이라는 비실재적 세계에서 일어나게 되면 사정이 달라진다. 프로이트가 말했다시피 꿈이란 의식의 세계에서 억압된 자아의 욕망이 발현되는 공간이다. 이곳에서 나는 연장된 나를 만나게 되는데, 최은별은 연장된 자아로 '철부지 소녀'를 호명한다. '미운 철부지'라는 저의를 짐작해보건대, 호명하는 주체 나는 "글재주라곤 하나 없는 네가／ 내 꿈속에선 긴 긴 편지를 썼"을 때, 과연 그 말의 진심과 그 효력에 관해 "나의 말일까 너의 말일까" 하고 의심할 수밖에 없다. 그리고 이러한 의심이 자기 자신을 지목한다는 점에서 자의식이라고 말할 수 있다. 이 시에서 "취소선 말고 밑줄, 밑줄을 그어 줘"라는 진술이 연장된 1인칭으로서의 자의식이 발현된 사태에 해당한다. 이러한 자의식을 인정하는 순간 "그때 그 사람, 바로 나였다"라는 자기동일성의 세계에 도달하게 된다.

3. ///부끄러운/// 시

꿈이라는 비실재 세계로 연장된 1인칭으로서의 자의식은 꿈 밖 현실에서는 좀처럼 힘을 발휘하지 못한다. 최은별의 자의식은 꿈이나 환청 같은 비실재 세계에 갇혀 있다. 그래서 그는 "매일 커피를 일곱 잔씩 마시다 보면/ 환청이 들릴 수 있다는 신화 같은 이야기// 나도 매일 그렇게 마시면 내 안의 환청을 읽어 낼 수 있을까/ 웅—웅거리는 말들을 실재시킬 수 있을까"(「환청」)라고 묻는다. 그가 이렇게 비실재 세계에 탐닉하는 것은 "내 넘치는 꿈은 그 긴 꿈을 다 돌고도 남아/ 오래도록 자취를 남기고 있었"(「꿈의 자취」)기 때문이다. 최은별은 언제나 환청의 세계, 꿈의 세계 외부에서 꿈과 환청의 세계에 연장된 자의식에 주목하고, 거기에서 포착한 세계를 시의 세계로 인도한다. "난 오직 꿈속에서만 너에게 적은 글자들을 구겨 던질 수 있었"고 "그러면 꿈속에선 구겨진 글자들이 웅얼거리며 자신을 발음했고" "아직 적지 못한 글자들까지/ 나는 이미 다 외우고 있었"(「치사량」)다는 정황으로 미루어 보건대, 꿈이라는 비실재 세계는 실재 세계를 살아가는 사람을 시인으로 만들어주는 창조적 기제로 작동하는 것 같다. 최은별은 이러한 과정을 견고하게 고안한 기호("///")의 세계로 부호화한다. 그 결과 삼중의 "빗금"에 갇힌 세계는 연장된 1인칭의 세계이자 꿈과 환청의 세계, 나아가 자기동일성으로 구축된 시적 세계가 된다.

／／／감기약을 먹었더니 졸음과 수전증이 왔다

천장은 갈수록 높아지고
그 아득한 천장에 종이는 겁을 먹었다

분명 반.듯.반.듯하게 글씨를 썼는데
겁먹은 종이가 이리 흔들, 저리 흔들, 해 버려서
글씨가 비.뚤.배.뚤해졌다

어릴 때는 경필 대회에서 금상도 수상했건만
이젠 악필가가 따로 없다

'천재는 악필이라지' 하며
내가 비로소 천재가 된 것인가 주억이다가
'글씨는 마음의 거울이라고!' 하며
종이를 찢는다

너를 잃은 나의 말들이

어디로 가야 할지 몰라 울고 있다
실어가 된 그들이 실비로 내리고 있다

어떻게 해야 무너지지 않을 수 있을까

누군가가 끌어낸 것이라 믿고 싶었지만
끌린 자국은 없었다
나를 떠나기 위해
스스로 걸어간 자국만이 뚜렷했을 뿐

감기약을 먹었으니 입을 다무는 게 좋겠다

빗금을 많이 치면 부끄럽다는 거니까
이 시는 부끄러울 것이다///

— 「///부끄러운 시///」 전문

「///부끄러운 시///」는 실재 세계와 연장된 비실재 세계가 충돌하면서 의식과 무의식이 통합된 자의식을 도모한다. "졸음과 수전증"이라는 비실재 세계에 입문한 화자는 과거에는 "반.듯.반.듯하게 글씨를 썼는데" 지금은 "글씨가 비,뚤,배,뚤해졌다"라거나 "어릴 때는 경필 대회에서 금상도 수상했건만" "이젠 악필가" 되었다고 자기 분열의 증상을 발견한다. 그렇지만 자아가 분리/분열된 상태는 곧장 "글씨는 마음의 거울"을 통해 복구될 수 있는 여지를 마련한다. '거울'을 통해 자기를 반향함으로써 화자는 과거의 자신이 현재의 삶을 반영하고 있는 통합된 자의식, 즉 '비,뚤,배,뚤해'진 글씨를 쓰는 '악필가'로 연장되어 있는 1인칭으로서의 자기 자신을 인정한다.

그럼에도 연장된 1인칭의 서사를 "부끄러운 시"라고 규정한 이유는 무엇일까? 표면적으로 최은별은 "빗금을 많이 치"고 있기 때문이라고 말한다. 그럴 때 빗금은 "너를 잃은 나의 말들"이거나 "나를 떠나기 위해/ 스스로 걸어간 자국"의 기호이다. 상실과 부재의 삼중 빗금 속에서 최은별은 "감기약을 먹"고 "실어"의 세계로 들어갈 수밖에 없다. 이때 '실어'의 세계가 바로 비실재 세계이자 삼중 빗금으로 차단된 세계이다. 그 세계에서 최은별은 "입을 다"물어버린다. 왜냐하면 "너와 반짝이는 장면들을 공유하며 명명하고 싶을 때마다/ 이미 네가 그것에 붙인 이름이 있어서/ 나는 함부로 시인이 될 수 없었"(「네 시를 읽는 오후 네 시」)기 때문이다. 이미 주어져 있는 이름을 부르는 자는 시인이 될 수 없다. 기성 세계를 호명하는 일은 창조적인 시의 일이 아니다. 따라서 그가 '부끄러운 시'라고 말하는 심연에는 세계를 명명하고 싶을 때마다 "어디로 가야 할지 몰라" 잃어버린 말이 있다. 최은별은 이 말의 반향을 시로 쓰고자 하는데, 공교롭게도 거기에서 반향된 것은 실어의 세계, 즉 침묵이다. 시의 부끄러움은 이러한 침묵을 제대로 써내지 못하는 자의식에서 나온 것이 아닐까? 그러나 역설적으로 이 시집은 침묵을 반향하는 과정을 통해 순도 높은 심연의 메아리를 얻을 수 있었다.

이제까지 살펴본 것처럼 최은별의 시는 특별히 감각적이고 예민한 감수성으로 무장하고 있다. 그러한 감수성은 실재 세계에서 발현되기보다는 꿈이나 환청 같은 비실재 세계를 무대로 삼는다. 이런 현상은 이천년대 시에서 줄곧 목격해온 일이라서 그 자체로는 특별하다고 할 수 없다. 하지만 최은별은 그러한 시적 감성과 감각을 발생시키는 메커니즘에 도전함으로써 연장된 1인칭이라는 낯선, 그리고 독자적인 자의식의 영역을 확보했다. 인용한 시가 보여주고자 하는 세계가 바로 꿈과 환청이 연장된 자의식의 세계이다. 그러한 자의식은 꿈(환청)의 입구(////)와 출구(////)에 갇혀 있다. 따라서 삼중의 빗금으로 완강하게 거부하는 세계로 들어가기 위해 독자들은 "가위에 눌리는 꿈"(「식은 붕어빵」)을 꾸거나 "꿈에서 하염없이 어둠을 더듬"(「눈이 떠지지 않는 꿈」)을 필요가 있다. 그래야만 우리는 연장된 1인칭으로서의 자의식을 반향하고 있는 최은별의 시 세계를 만나게 된다.

침묵하는 푸른 언어들의 세계
−도혜숙, 『고요를 끓이다』

1. 침묵

"낮에 다녀간 밤비"를 기억하는 시인이 있다. 그는 "꽃섬을 싸서 바다를 통째로 삼키고 싶"어하지만, "세상에서 가장 슬픈 모자를 쓰고" "눈의 온기로만 가장 환히 꽃 피우는 여자"이다. 그의 시를 읽다 보면 "나는 사막이다", "나는 황량하고 고독한 왕이야" 같은 분열의 단단한 결기와 마주하게 되는데, 그런 까닭에 그의 시는 "널 이루지 못한 꿈들/ 삼키고/ 별이 된 노래를// 몸에 이식"해 놓은 "앙상한 침묵의 뼈"처럼 불온하게 보인다. 뿐만 아니라 그의 시는 "눈물에 식히던 가슴의 화기"를 머금은 듯 뜨겁고 냉정하게 보인다. 그는 또 "사라진 모든 존재를 흔들어 깨우는/ 거대한 침묵"이라는 "당신 안에 누적된 나를 뽑아내"는 심정을 시로 써내기도 했다. 분명 그러한 연유일 것이다. 시집 『고요를 끓이다』에 실린 시들이 "어둠의 탯줄을 끊으며 막 태어난/ 저 붉은 사리알들"처럼 위태롭게 매달려 있는 이유가.

지금까지 인용한 구절들은 차례대로 「벽」「죽비」「기억 편집증」

「눈이 된 여자」「독감」「무쉐뜨, 절망의 노래」「눈물, 별의 뿌리를 캐다」「가난한 달」「얼굴을 감추고」「이과수 폭포」「황홀한 별빛」「애기별꽃」에서 가져왔는데, 무수한 시어의 파편들을 하나씩 이어붙이는 과정에서 거칠게나마 자족적인 세계가 모습을 드러냈다. 이제 이 시의 세계를 주관하는 시인을 밝혀도 좋을 듯하다. 2001년 『한국시』로 등단한 후 20년 만에 첫 시집을 내놓는 도혜숙 시인이다. 그는 「시인의 말」을 통해 스스로 "누구에게도 방목되지 않을/ 야생의 문신을 지녔"다고 밝히고 있는데, 그럴 때 '야생의 문신'은 좀 더 정교하게 해독될 여지가 있다. '야생' 이미지에 사로잡혀 그의 시를 분방하고 거침없는 사유로 생각한다면, 그의 시를 읽어가는 동안 불편한 감정에 빠져들게 된다. 왜냐하면 그의 시는 거의 침묵에 가까운 소리, 즉 무성(無聲)의 영역에 속하기 때문이다.

따라서 그의 시는 '문신'의 이미지로부터 독해될 필요가 있다. 가령 그가 "폭풍을 빌어서라도 누군가를 가두기 위하여/ 꽃잎처럼 섬은 떠 있는 것이다"(「울릉도」)라고 썼을 때, 우리는 '꽃잎'처럼 떠 있는 '섬'이 상징적으로 한 편의 시라는 것을 알 수 있다. 문맥상 그 섬의 존재 의의를 만들어내는 것이 '폭풍'이라는 것도 안다. 이렇게 도혜숙 시인은 존재(섬)와 그 존재를 호명해내는 역동(폭풍)의 배치를 통해 독자적인 시의 세계를 꾸려간다. 그럴 때 '야생의 문신'이란 폭풍 속에 떠 있는 꽃잎(섬)의 구도와 다르지 않다는 것을 알게 된다. 즉 침묵의 세계라고 할 수 있는 꽃잎이나 섬을 통해 역설적이게도 그는 폭풍 같은 세계를 폭로하는 것이다. 여기에 대한 증명이 필요하다면 「이과수 폭포」

를 읽어보는 것도 나쁘지 않다.

새벽달이 해처럼 크고 환할 때

달에 가린 별들이 제빛을 잃을 때

죄 없이 죽은 십자가들이 파란 하늘을 찌를 때

그 파란 피가 소리 없이 지상을 적실 때

일몰을 길어 올리는 대지의 여신

천당과 지옥이 공명하는 울림

우렁우렁 거침없는 물의 포효

영원과 유한을 뒤섞은 합창

악마의 목구멍을 타고 전율하는 천둥과 우레

사라진 모든 존재를 흔들어 깨우는

거대한 침묵이, 지금 끓고 있다

　　　　　　　　　　　　—「이과수 폭포」 전문

이 시는 존재의 존재 방식을 다루고 있다. 이를 위해 하나의 행으로 구성된 연을 정교하게 배치했다. 큰 틀에서 이 시는 "일몰을 길어 올리는 대지의 여신"(5연)을 경계로 전반부와 후반부로 나뉜다. 1연~4연까지 전반부에서는 '~할 때'라는 조건이 제시되고, 6~9연까지의 후반부에서는 그에 대한 응답이 제시된다. 눈에 띄는 것은 "새벽달이 해처럼 크고 환할 때"(1연) "천당과 지옥이 공명하는 울림"(6연), "달에 가린 별들이 제빛을 잃을 때"(2연) "우렁우렁 거침없는 물의 포효"(7연), "죄 없이 죽은 십자가들이 파란 하늘을 찌를 때"(3연) "영원과 유한을 뒤섞은 합창"(8연), "그 파란 피가 소리 없이 지상을 적실 때"(4연) "악마의 목구멍을 타고 전율하는 천둥과 우레"(9연)처럼 전후반부가 대응하면서 단단한 의미 맥락을 형성한다는 사실이다. 게다가 그러한 조건이 충족된 결과 "울림" "포효" "합창" "천둥과 우레"처럼 역동적인 움직임과 변화가 만들어지는 것은 주목할 만하다. 그중에서도 섬세하게 눈여겨볼 지점은 마지막 두 연이다. 1연부터 9연까지 점진적으로 시상을 강화해 온 시적 정동이 힘을 응축시켰다가 폭발의 임계점을 향해 끓어오른다. 이 역동적이고 존재 전환의 순간을 "거대한 침묵"의 순간으로 발견해 낸 것은 도혜숙 시인이 자신의 시적 좌표를 "야생의 문신"이라고 표명한 것과 겹친다. '거대한=야생의', '침묵=문신'의 대응은 시적 내용=시적 방법론의 구도로 이해된다. 그는 방법적인 면에서 낮고 차분한 어조로 시적 정동의 순간을 침묵 속으로 밀어 넣지만, 그 침묵의 폭발력만큼은 그 스스로 감당할 수 없을 정도로 확산적이다. 그 이유는 침묵하고 있는 것 또는 시인의 기억에 새겨져 있는 문신의 원형이 "사라진 모든 존재"이기 때문이다.

2. 마이너

그렇다면 도혜숙 시인이 "흔들어 깨우는/ 거대한 침묵"의 정체가 무엇인지 궁금해진다. 결론부터 이야기하자면 침묵의 정체는 시집 곳곳에 2인칭으로 자리하고 있는 "오래전 내가 버린 당신"(「내가 버린 겨울」)이다. 중요한 것은 2인칭이 "내 안에 묻혀 있던 자유들"이자 "내 안의 모든 음역"(「자유를 듣는 시간」)처럼 1인칭의 변주라는 사실이다. 미리 밝힌 바 있듯, 도혜숙 시인의 시 쓰기는 "당신 안에 누적된 나를 뽑아내"(「황홀한 별빛」)는 일이고, 그럴 때마다 시는 "별들을 다 삼킨 당신이 내 안에 켜"(「훈춘 가는 길」)지듯 나타난다. 그럴 때 2인칭을 품은 1인칭의 시는 침묵하지만, 그 침묵 속에는 폭풍 같은 야생의 삶이 드리워져 있다. 이를테면 도혜숙 시인은 "야생의 피가 몸 안에 출렁거려"(「단애」) "야생의 평원 속에, 문명의 방치 속에/ 잠들어 있던 어린 거인들이/ 우렁우렁 깨어나는 소리를 들"(「지라니 천사들의 합창」)을 수 있으며, 그렇게 "온몸을 떨며 자지러지는 소리"(「나무, 바이올린을 켜다」)에 예민하게 반응하고 있는 것이다. 그 소리가 바로 1인칭에 갇혀 있는 2인칭의 소리라는 것을 짐작하기는 어렵지 않다. 따라서 시집 곳곳에서 감지되는 '소리' 이미지는 침묵의 소리, 무성의 음률이라고 보아도 마땅하다.

> 떡가루 같은 눈 내린다
> 그녀는 팥을 삶아 올려놓고
> 눈 마중 나간 제동이 왈왈 저녁을 짖는다
> 팥죽이 끓기까지 반 시간이 남았다
> 그녀는 시계를 보고 기타를 꺼낸다
> 루이제 발커의 작은 로망스를 켠다
> 눈송이들이 굵어진다
> 제동이 귀가 부엌 쪽으로 기울어진다
> 기타선율에 걸린 제동이
> 짖던 소리를 던지고 달려와
> 그대로 부엌 마루에 엎드린다
> 온 사위가 기타 소리에 젖어간다
> 제동이 눈망울 가물가물해진다
> 세상의 모든 잃어버린 시간들이
> 그녀의 품에서 올올히 풀려나온다
> 팥죽이 끓지 않고 더 고요해진다
> ―「고요를 끓이다」 전문

 이 시를 읽다 보면 도혜숙 시인이 소리에 얼마나 예민하게 반응하는지 알 수 있다. 팥죽을 끓이는 동안 눈이 내리는 풍경은 고요해 보이지만, 이 시는 그 고요를 향해 왈왈 짖어대기도 하고 기타를 꺼내 연주하기도 한다. 즉 소리를 전면에 내세우는 것이다. 특이한 것은 이 소리가 충돌하는 순간 소리는 소리의 기능을 상실해버린다는 사실이다. "기타선율에 걸린 제동이/ 짖던 소리를 던지고 달려와" 엎드리고, "온 사위가 기타 소리에 젖어"감으로써 (기타) 소리가 자신의 소리 속에 (짖던) 소리를 품어버리는 것이다. 소리를 품은 소리는 더는 소리가 아니다. 기타 소리를 듣는 "제동의 눈망울 가물가물해"지는 순간 세상은 소리를 잃어버리고, 2인칭 '그녀'는 소리 대신 자신이 품고 있던 '잃어버린 시간들'을 세상을 향해 풀어놓는다. 그럴 때 품긴 소리와 품은 소리의 구도는 2인칭을 품은 1인칭의 침묵처럼 '고요'하다. 하지만 잊지 말아야 할 것은 그 고요 속에는 품긴 것들이 끓어오르느라 '눈송이'처럼 '굵어진' 소리가 있다는 사실이다. 도혜숙 시인은 이렇게 고요한 소리를 들을 줄 안다. 그리하여 1인칭이 품고 있는 2인칭의 서사를 침묵(고요)으로 풀어내는 데 남다른 시적 세계를 구축해 낸다.

  쉰두 살이 된 여자
  간병인으로 일당 60,000원 받는다
  34년 동안 몸을 부린 값이 0 하나 더 붙어
  한 달이 아닌 일당으로 사는 여자
  오랜 습성으로 지금도 TV를 보지 않는 여자
  아직도 바랜 속옷을 입는 여자
  오늘은 이태 전 죽은 어미의 제삿날,
  하루치 놉을 산 여자는 차가운 부엌 바닥에서
  질질 끄는 몸으로 제사음식을 만들고 있다

머리도 다리도 없이 등만 보이는

쭈그러든 원 속으로

춘삼월 눈발이 소리 없이 내린다

— 「TV 안 보는 여자」 부분

이런 시를 읽다 보면 도혜숙 시인이 자신의 이야기보다 타자의 이야기에 더 능숙하다는 것을 알게 되고, 그가 시적 정념을 통해 삶의 윤리를 강하게 압박하는 중임을 깨닫게 된다. 또 그의 시에서 2인칭의 품긴 서사는 대체로 몸의 서사를 통해 자기를 입증한다는 것도 확인하게 된다. 이러한 사실들로 미루어 도혜숙 시인은 감각적 상황을 시의 모티프로 삼는데 남다른 장기를 발휘하고 있으며, 기타, 바이올린, 피아노, 첼로 등으로 전면화되어 있는 삶의 리듬과 선율을 다루는 데 능숙하다는 것을 알 수 있다. "별 몇 음절이 기타 소리처럼 흐리게 떠 있다/ 눈 속으로 D 마이너 음계가 흘러들었다"(「솎아내다」) 같은 시행을 읽다 보면 저절로 귀가 열리고, 그 열린 귓바퀴를 타고 누군가의 침묵하는 삶처럼 몇 음절의 별이 흘러들 것 같기도 하다. 그럴 때 그 음절들 속에서 "나보다 불행한 두통"과 "나보다 불온한 상상을 읽"(「타이레놀」)게 되는 것은 그의 시가 '마이너 음계'에 자주 노출되어온 탓으로 보인다.

일례로 「TV 안 보는 여자」에는 "쉰두 살이 된 여자"가 "34년 동안" 살아온 삶이 있다. 열일곱 살부터 그녀는 "일당으로" 살아온 셈이다. 이것은 중요한 발견이다. "하루치 놉"이라고 한 것처럼, 그녀에게 삶은 하루로 분절되어 있다. 그렇기 때문에 "몸을 부린 값"이란 그녀에게는 하루의 삶 자체가 된다. 처음에는 6,000원이었던 일당(삶)이 60,000원이 되는 동안 "바랜 속옷" 같은 "습성"을 얻었고, "0 하나 더 붙"이기 위해 그녀는 "머리도 다리도 없이 등만 보이는/ 쭈그러든 원"이 되어야 했다. 그렇게 "차가운 부엌 바닥에서/ 질질 끄는 몸"이 되었다고 해서 그녀의 삶이 처음부터 부당했다고 말해서는 안 된다. 오히려 그녀의 삶을 향해 "춘삼월 눈발이 소리 없이 내"리는 일이야말로 부당한 일이 된다. 그것은 "행여 당신 아플까 봐/ 나를 먼저 찔"(「지금은 그날」)러 버리는 일과 다르지 않다. '눈발'은 '어미'의 삶을 품고 '소리 없이' 존재하는, 다시 말해 '오랜 습성'처럼 침묵하는 그녀의 삶을 닮았다. 그럴 때 '나'는 '당신'의 삶을 위해 스스로 무기력해지는 존재에 가깝다. 이렇게 도혜숙 시인은 2인칭을 품기 위해 자기 삶을 반음으로 분절해버린다. 이것이 도혜숙 시인의 시에서 발견하게 되는 마이너 음계의 전모이다.

3. 잔상들

그렇다면 이제는 확실하게 말할 수 있다. 도혜숙 시인에게 2인칭은 1인칭의 변칭이라는 것. 나아가 2인칭은 1인칭이 침묵하고 있는 욕망이라는 것. 그렇기 때문에 2인칭을 품는다는 것은 1인칭 나의 욕망을 응시하고 2인칭의 욕망과 1인칭의 욕망을 동일시하는 일이 된다. 이 경우 동일시의 형태는 프로이트가 말한 '대상 상실의 동일시'에 가깝다. 참고로 덧붙이자면 나머지

동일시는 나르시시즘적 동일시, 목표 달성을 위한 동일시, 공격자에의 동일시이다. 도혜숙 시인은 대상 상실의 동일시를 충족시키는 과정에서 잃어버린 것을 회복하고자 하는 심적 충동이자 상실 그 자체를 자신의 인격 속으로 끌어들인다. 그리고는 끌려 들어온 외부의 존재들에게 자신과 같은 격을 부여한다. 이때 외부의 존재가 1인칭과 격을 조정해가는 기제가 마이너적이라는 것은 앞서 말한 바 있다. 1인칭이 자기 인격을 스스로 분절함으로써 2인칭과 격을 맞추고자 하기 때문이다.

이렇게 인격을 분절하는 일은 1인칭 주체가 자기 응시로부터 시선을 회수하고, 회수된 시선을 외부로 지향하여 자기 응시의 잔상을 외부로 투사할 때 발생한다. 전면적인 자기 응시가 아니라 그 '잔상'을 외부로 투사하는 과정은 1인칭으로서 응시하는 자기를 은폐시키고 응시된 자기를 승화하는 일이다. 이 경우 응시된 자기는 응시하는 자기(1인칭)의 2인칭화 된 자기라고 할 수 있다. 따라서 도혜숙 시인이 품고 있는 2인칭은 응시된 자기이며, 그것은 1인칭 주체인 '나'에 의해 포착된 자기, 즉 자아에 해당한다. 이렇게 잔상으로 회수된 응시된 자기는 외부 존재와 접촉하고, 외부 존재의 내부에 침묵하고 있는 잔상으로서의 외부 존재를 탐색한다. 그럼으로써 도혜숙 시인의 시는 (1인칭) 잔상과 (2인칭) 잔상의 동일시를 통해 다음과 같은 시적 실체를 형성한다.

저만큼 떨어져서 내가 오래도록,
세상을 향해 쉽게 용서했음을

크게 외쳤던 소리가

결국 내 안에 돌아올 메아리라는 것을

나무는 이미 알고 있었다

화살처럼 박혀오는 그 울림으로

내가 나의 의상들을 남김없이 벗어 던지고

석양을 향해 겸허한 알몸으로 함께 서 있기를

나무는 간절히 바랐던 것이다

보아라,

석양의 나무 앞에서는

바람도 가지를 흔들지 못한다

그저 숨을 죽이며

나무의 품속으로 숨어들 뿐이다

―「석양의 나무」 부분

    이 시에서 눈을 사로잡는 시어는 용서, 울림, 알몸이다. 이들 시어가 구축하는 논리는 용서하기 위해 내적 울림이 있어야 하고, 그 울림은 '겸허한' 알몸에서 발생한다는 것이다. 중요한 것은 이 과정이 1인칭 화자의 내부에서 발생하지 않는다는 점이다. "겸허한 알몸으로 함께 서 있기를" "간절히 바랐던 것"은 1인칭과 동일시된 '나무'이다. 그러므로 '나무'는 1인칭 화자가 응시하고 있는 응시된 자기의 대타에 해당한다. 자기 응시의 발생 지점이 '나무'라는 외부에서 초점화됨으로써, 나무는 1인칭의 잔상이 되는 것이다. 이러한 현상은 "석양을 향해" 발생하고 있는데, 경험적인 의미에서 '석양'은 서로의 잔상을 탐색하기 좋은 시간이다. 그 시간에 "그저 숨을 죽이며/ 나무의 품속으로 숨어"드는 "바람"이 "결국 내 안에 돌아올 메아리"라는 사실을 화자는 "석양의 나무 앞에서" 지켜본다. 이때 기억해야 할 사실은 바람을 품는 나무를 바라보기 위해 "내가 나의 의상들을 남김없이 벗어 던지고/ 석양을 향해 겸허한 알몸으로 함께 서 있"어야 하는 것이다. 나에게 '겸허한 알몸'을 요청하는 나무가 나에 의해 응시된 자기로서 '나'의 잔상이라는 점에서 나는 나의 '겸허한 알몸'을 응시함으로써 울림과 용서의 내부를 확보할 수 있다는 자기 확인에 도달한다.

이러한 잔상의 시학은 시집 『고요를 끓이다』 곳곳에서 발견되는데, 도혜숙 시인은 응시된 잔상을 통해 자기 욕망을 객관화하고, 나아가 객관화된 타자들(2인칭)의 욕망을 1인칭으로 발화해낼 줄 안다. 그리고 잔상은 원본 상실을 통해 발생하는 욕망으로 기능하면서 도혜숙 시인의 자기동일성과 자기 실체를 형성해간다. 가령 "별이 사라졌다고 마음이 사라진 건 아니었어요/ 서로 마음을 부빈 자리에 별이 돋아나요"(「클렌징 크림」)라고 썼을 때, 상실된 '별'은 '마음을 부빈 자리'에 잔상으로 다시 돋아나게 되고, 이렇게 돋아난 잔상의 형상이 시가 되는 것이다. 그렇다면 사라진 '별'로 기표된 상실된 욕망은 어디로 갔을까? 간단하게 말하면 "버려진 것들은 다 포구에 있다/ 배 밑바닥에서 소용돌이치다 끝내,/ 꿈마저 지쳐 빠져나간 자리/ 구멍 난 용트림들이 뻘이 되"(「장항포구에서」)어 욕망의 날것들은 잔상만 남기고 묵묵한 침묵의 세계에 가라앉아 있다.

도혜숙 시인은 이러한 침묵들을 배경으로 삼고 있다. 이 침묵의 뒷배를 거느림으로써 그의 시는 발화되지 않고도 많은 것들을 폭로할 수 있게 되었다. 이것이 도혜숙 시인의 시를 읽고 난 잔상의 위력 가운데 하나이다. 그의 시는 발화되지 않은 것이 얼마나 큰 위력을 발휘하는지를 증명하기 위한 치밀한 알리바이들이다. 「화양연화」에서 말하고 있는 것처럼 "가슴을 열지 않"아도 그것이 남기는 "스러진 그림자"는 강력한 시(삶)적 잔상이 되기에 충분하다. 그 잔상들 속에서 "비밀을 먹은 푸른 언어들"은 "길게 자라"나고, 독자들은 그 언어의 끝에서 비밀의 내부를 들여다보는 데 궁극적으로 실패한다. 이렇게 해독에 실패한 비밀의 내부, 푸른 언어들이 도혜숙 시인의 시다. 그의 시는 아무리 말해도 폭로될 수 없는 비밀들을 뒷배로 거느리고 있고, 이제 보게 될 구절들처럼 "영원을 끝내 배반하"는 "비밀"의 세계이자 무성하게 자라난 "푸른 언어들"의 침묵이 되고 있다.

> 나무는 스스로 가슴을 열지 않았다
> 이별이 세월을 떠나고 스러진 그림자만 남았을 때
> 비밀을 먹은 푸른 언어들이 구멍을 뚫고 길게 자라났다
> 비밀은 영원을 끝내 배반하였다
> ―「화양연화」 부분

존재들 '사이'를 조율하는 법

―김수예, 『피어나 블루블루』

1

거기, 당신이 있으므로 나는 당신에게 다가갈 수 있을 것입니다. 하지만 내가 당신이 되는 일은 불가능하고, 당신 또한 또 하나의 당신이 존재하는 것을 바라지 않을 것입니다. 모든 사람에게는 자기 존재의 궤도가 있는 법이고, 살아가는 동안에 존재의 궤도가 겹치거나 충돌하지 않아야 하는 것이 운명의 질서이기 때문이지요. 우리가 말하는 일상은 이렇게 자기 궤도를 견고하게 유지하는 과정입니다. 당신은 당신의 궤도에서, 나는 나의 궤도에서. 그러다가 가끔은 알 수 없는 이유로 가까이 다가가기도 하고, 때로는 등 돌리고 아주 멀어져 버리기도 합니다. 그러한 궤도의 리듬을 우리는 삶이라고 해왔습니다. 시는 그러한 삶의 리듬을 노려 침투하는 빛 같은 것입니다. 그리고 시인은 타인의 궤도에 자기만의 언어를 슬쩍 올려놓는 사람입니다.

이것이 김수예 시인의 『피어나 블루블루』를 읽고 난 첫인상입니다. 타인의 궤도를 걸어보고 싶은 시인의 이야기로 읽힌 거지요. 가령 "길 위에서 길을 잃거든 내 사랑 당신/ 물밑으로 내려가 보세요"(「스노클링」)라고 말할 때, 시인의 시선은 당신의 궤도를 탐색하고 있습니다. 게다가 시인은 당신이 잃어버린 존재의 궤도를 당신보다 더 잘 알고 있습니다. 그런 까닭에 시를 읽다 보면 시가 존재의 심연을 밝게 비추는 언어의 신비라는 것, 시인은 세계의 비밀을 눈썰미 있게 포착해내는 특별한 사람이라는 오랜 믿음을 거듭 확인하게 됩니다. 그렇다면 김수예 시인이 발견한 세계의 비밀은 무엇일까요?

첫사랑은 은총같이 와서 기준이 된다

중년의 커플이 식전 알약을 나눠 먹는다
일상과 일탈 사이 쪼개어 쓰고 온 것들

배식구에서 식판을 챙겨 내밀며
궂은날 국화 향을 따라 흐르며

베이지의 외투 깃과 민트 빛 스카프 사이

검은 선글라스가 반백의 광대에 걸려
굵은 눈웃음을 당겨 셔터를 눌러댄다

휴일의 늦잠과 감성의 극성 사이
노스탤지어와 강남스타일 사이

반짝임은 마모되고 손때에서 윤이 난다

— 「사이」 전문

모든 존재는 '사이'를 공유한다고 합니다. 당신과 나 사이에 '사이'가 없으면 당신은 당신이 될 수 없고 나 또한 존재하지 못합니다. 당신이 당신일 수 있게, 내가 나일 수 있게 만들어주는 것이 '사이'라는 사실은 참으로 매력적입니다. 사실 우리는 오랫동안 '사이'는 아무것도 없는 텅 빈 곳으로 여겼고, 그랬기 때문에 '사이'에 별다른 관심이 없었습니다. 심지어 그 '사이'를 뭔가로 가득 채워야 한다는 강박에 사로잡히기도 했지요. 그래서 당신에게 뭔가를 바쳐왔고, 당연하게도 당신이 뭔가를 해주기를 열망해왔습니다. 김수예 시인은 그러한 강박과 열망을 '사랑'이라고 말하는 것 같습니다. 인용하고 있는 시에서 "일상과 일탈 사이"를 비롯한 모든 '사이'를 사랑 말고는 설명할 도리가 없습니다. 이런 점에서 김수예 시인의 시는 '사이'의 시학이자 '사랑'의 미학으로 읽고 싶습니다.

2

'사이'는 존재와 존재의 관계를 형성합니다. 당연히 거리와 시차의 문제가 개입되지요. 존재의 궤도가 서로 충돌하지 않는 것은 그러한 거리와 시차 덕분입니다. 거리와 시차가 정확한 상태를 유지하는 모습은 아름다움을 넘어 황홀하기까지 합니다. 게다가 '사이'는, 잘 알려졌다시피, 자유를 향해 열려 있는 영역이기도 합니다. '사이'는 유동적이어서 무한을 지향하지만, 그럼에도 방탕하지 않게 절제할 줄 알지요. 따라서 '사이'에서 펼쳐지는 무질서의 세계는 새로운 질서를 향해 나아가는 역동이면서 새로운 존재를 창조해내는 심연에 가깝습니다. 『서양미술사』를 쓴 곰브리치가 일찌감치 이 점을 간파한 바 있습니다. 그는 그리스 미술이 수 세기에 걸쳐 찬양받는 이유를 "규칙의 준수와 규칙이라는 테두리 안에서의 자유가 완벽한 균형을 이루고 있기 때문"[107]이라고 말했습니다. 모든 존재가 자기 궤도를 준수할 때, 존재와 존재, 궤도와 궤도 사이에 자유가 나타납니다. 물론 김수예 시인의 시가 정확하게 이런 경우에 부합한다고 볼 수는 없습니다. 그렇지만 그는 정확하게 존재하고자 노력하고 있는 듯 보이며, 그런 노력이 그의 시에 '사이'의 균형을 찾아가려는 시도를 만들어내고 있다는 데 동의할 수 있습니다.

저음은 발등에서 붓고 고음은 정수리로 솟는다

피아노의 뚜껑을 들어 올리자
해머와 현의 조응 금빛 뼈로 드러난다
벨트를 조이고 생의 코드를 짚는다

---

[107] E. H. 곰브리치, 백승길·이종숭 옮김, 『서양미술사』(문고판), 예경, 2013, 72쪽.

쨍한 소리를 골라 귀에 걸어보는 동안
연미복 자락처럼 한 음 한 음 또렷해진다
응, 답하며 골목으로 저물어가는 음파를 쫓느라

오래도록 연주회를 갖지 못하고 있다
선율이 되지 못한 소리는
지구의 거죽에 붉은 녹으로 묻어난다

한 발짝만 움직여도 떨어지는 저녁의 수은주
온몸이 귀가 되어 엄습해오는
낙조의 구둣발 소리를 읽어 들인다

부은 발등을 내밀며 신작로를 돌아나가는 길
저녁이 나비 날개로 흩어져 난다

귀밑머리 희끗해지고
도구를 손질하는 초로의 등은 역광으로 굽는다
완주는 연주자의 몫으로 남겨두고

어둠이 색을 삼키고 빛을 뱉으면
목젖 같은 도시의 눈은
어린 짐승처럼 물빛을 머금고 울먹인다

언덕 위의 그림자는 발뒤꿈치를 물고 늘어진다

―「저녁 조율사」 전문

무너진 균형을 바로잡는 일이 조율입니다. 사는 일이 늘 그렇지요. 우리 일상은 자주 어긋나고 삐끗거리는 순간의 연속입니다. 그 순간과 순간은 언제나 '사이'로 연결되어 있습니다. 이 '사이'가 얼마나 유연하고 자유로운가에 따라 일상 회복의 탄력이 발생하지요. 김수예 시인이 말하는 '조율'은 '사이'의 유연성을 확보하고 이를 통해 무너진 일상을 회복하려는 시도입니다. 보다시피 "발등에서 붓"는 "저음"과 "정수리로 솟는" "고음" 그 '사이'에 인간 존재가 있습니다. 그러면서 김수예 시인은 인간 존재에게 "음파", "수은주", "역광"이라는 그림자를 드리워놓고 있습니다. 소리, 온도, 빛은 규정되지 않는 스펙트럼을 보유한 현상입니다. 그뿐만 아니라 인간의 존재를 신화적으로 상징하는 요소들이기도 하지요. 존재 탄생의 신화를 살펴보면, 태초에 하나의 소리(말씀)가 있었다는 것을 알 수 있지요. 마찬가지로 한 줄기 빛이 혼돈의 어둠을 몰아냈다는 이야기와 심장에 따뜻한 피가 돌면서 마침내 생명이 시작되었다는 것도 널리 알려져 있습니다. 이런 요소들이 삶에서 얼마나 자유로울 수 있느냐가 존재의 정체성을 형성한다고 봐도 무리는 없을 듯합니다.

  조율을 통한 존재의 균형 찾기는 김수예 시인에게 세상과 자기를 연결하는 중요한 테마처럼 보입니다. "통과한다는 것은/ 누군가의 터널이 되는 것// 나를 지나간 터널을 길 끝에 누인다"(「터널」) 같은 대목에서 '터널'이 환기하는 존재 교류와 소통의 방식은 시집 『피어나 블루블루』를 지탱하는 맥락이 됩니다.

이 경우 '터널'은 시간과 공간을 한꺼번에 전유하게 됩니다. "나를 지나간" 무수한 시공간의 끝에서 마주하게 되는 '나'는 세상과 전면전을 치러낸 존재입니다. 그럴 때 '나'는 세상의 '사이'에 놓여 있으며, 그 텅 빈 시간과 공간을 점유함으로써 비로소 세상을 의미 있게 만들어냅니다. 김수예 시인의 시에서 '나'는 세상 모든 존재의 '사이'에서 존재와 존재를 소통하게 하는 터널이자 창이 되고자 하는 것입니다.

버스가 멈춘 사이 빈자리를 찾는다

덜렁거리는 손잡이 사이
머리, 머리들 지나

깨진 액정같이 무표정한 얼굴들 지나

입김을 불어 안경을 닦아도
창밖으로 여전히 뿌연 생각

빗줄기는 창에 서린 김을 닦지 못한다

버스가 급브레이크에 걸리자
빈 손잡이는 앞쪽으로 몰려가고

뒤통수들 밖을 향하여

> 창에 검은 구멍이 된다
>
> 보는 사람과 보이는 사람 사이에 창이 있다
>
> 횡단보도를 건너던 여자는
> 다급히 비닐우산을 당기고
>
> 구석에 자리를 잡고 앉아
> 뿌옇게 김이 서린다
>
> ─「창」 전문

시인이 이 시를 통해 특별히 들려주고 싶은 바를 이렇게 받아들이고 싶습니다. 세상의 모든 존재는 "멈춘 사이"에 새로운 존재 발견의 기회를 맞이하게 된다고. "버스가 멈춘 사이"에 화자는 버스 안에서 "머리, 머리들"과 "깨진 액정같이 무표정한 얼굴들"을 발견합니다. 언뜻 보면 그들은 나와 무관하고, 그러므로 별 볼 일 없는 정물처럼 생각됩니다. 하지만 김수예 시인은 그들을 무표정하게 내버려 두고 싶지 않은 모양입니다. 다시 "버스가 급브레이크게 걸"려 멈추게 되는 순간, 그들의 "뒤통수들 밖을 향하여/ 창에 검은 구멍이 된다"는 새로운 사실을 깨닫습니다. 겉으로 보기에는 버스에 탄 사람들의 머리가 창에 비치는 것을 묘사한 것일 수 있지만, 시인이 마주하고 있을 시적 상황에 한 걸음 가까이 다가가게 된다면, 이 대목에서 발견해 낸 "창에 검은 구멍"이 '터널'의 형상과 다르지 않다는 걸 알게 됩니다. 이 터널을 통해 시인은 "횡단보도를 건너던 여자"를 보게 되는데, 이때 '여자'는 '머리들'이나 '얼굴들'과는 질적으로 다른 존재가 됩니다. 정물로서의 그들은 버스가 급정거하는 순간에 "뒤통수들"이 되고 맙니다. 뒤통수는 볼 수 없는 존재입니다. 그러나 시인은 "보는 사람과 보이는 사람 사이에 창"을 설정함으로써 무표정한 정물로부터 "다급히 비닐우산을 당기"는 역동적인 존재에 도달하게 했습니다. 김수예 시인이 노리고 있는 '사이'의 시학은 이렇게 새로운 존재 발견의 기회를 향해 질주하고 있습니다.

3

'사이'의 시학을 통해 김수예 시인이 궁극적으로 지향하는 지점은 '사랑'입니다. 사랑은 인간이 표현하고 느낄 수 있는 가장 아름다운 감정이라고 합니다. 하지만 사랑은 인간의 힘으로는 그 존재를 증명하기 어려운 감정이기도 합니다. 사랑의 정동이 사이의 시학에 연동되는 이유가 여기에 있습니다. 사랑은 정확하게 규정될 수 없지만, 그렇다고 해서 없다고 말할 수도 없습니다. 그런 까닭에 사랑은 존재와 존재 사이를 자유롭게 흘러다니면서, 균형이 무너진 존재와 존재의 관계를 맵시 있게 조율합니다. 그렇습니다. 사랑은 사이를 조율하는 감정입니다. 그러자면 존재와 존재의 불협화가 전제되어야 하는데, 우리가 살아가는 세계는 필연적으로 혹은 자연적으로 갈등과 대립 또는 배제와 고립을 숙주로 삼습니다. 세계의 모든 존재는 서로에 대한 상호 투쟁을 삶의 방식으로 삼고 있는 까닭이지요. 김수예 시인의 '사이'의 시학은 그러한 존재와 존재 사이의 불안한 국면을 돌파하는 힘이 됩니다.

공중에 멈춰 서서
불침번을 서는 아파트는 고장 난 시간을 산다

15층 베란다에서 고농축 과거가
깔때기 바람을 타면
1층 배수구에 뭉게구름은 미래처럼 부푼다

천장의 희미한 얼룩을 더듬으며
구름의 기억이 상승기류를 탄다

어젯밤 당신은 몇 층까지 사랑의 축포를 쏘아 올렸는지

알람이 저마다 다른 모양으로 울면
꽁무니는 벼락을 일으키며 방마다 들락거린다

구름을 잡아타고 엘리베이터는
위아래 층을 오르내리며 안부를 묻는다

적란운이 몰려와 소나기를 꿈꾸어도

옥상으로 가는 문은 굳게 잠겨 녹슬어 간다 흰곰팡이를 피
워 올리며
고장 신호 연립 센서등은 관제탑에 자동 연결된다

지붕의 덮개가 부식되어 간다
옥상에서 일어나는 일은 앞 동을 참조할 것이다

냉장고에 들여놓은 찬통처럼
2호와 3호는 좀처럼 초인종을 누르지 않는다

앞접시를 건넨 적 없는 옆집에 누군가 산다
　　　　　　　　　　　　　　—「옆집이 멀다」 전문

 이 시는 "고장 난 시간"으로 시작해 "옆집에 누군가 산다"로 끝납니다. 이것만으로도 현재 우리의 삶이 다른 존재와 얼마나 어긋난 '사이'인지 알 수 있습니다. "아파트"라는 고장 난 시간 속에서 다른 존재를 향해 나 있는 터널/창은 "굳게 잠겨 녹슬어" 있습니다. 녹슬고 부식된 관계를 경고하듯 "알람"이 울리고 "벼락을 일으"켜도 "좀처럼 초인종을 누르지 않는" 상황입니다. 이런 상황에서 시인은 "위아래 층을 오르내리며" 묻습니다. "어젯밤 당신은 몇 층까지 사랑의 축포를 쏘아 올렸"느냐고. 그러나 시는 어떤 대답도 내놓지 않습니다. 아니, 대답할 수 없는 상황입니다. 대신 "여보세요?"(「목소리가 얼굴에게」), "당신 거기 있나요?"(「이상하고 아름다운 나라의」), "당신, 괜찮아?"(「터

널」)라고 끊임없이 묻기만 합니다. 중요한 것은 당신'에게'가 아니라 당신에 '관해' 묻는 방식입니다. 사랑은 당신의 응답이 없더라도 언제나 당신에 '관해' 이야기하고 싶은 감정이니까요.

롤랑 바르트는 사랑이 불충분한 감정이라고 말한 적 있습니다. 그의 책 『사랑의 단상』(문학과지성사, 1991)에 "나는 그 사람이 아프다"라는 소제목이 있는데, 간추리자면 아무리 사랑하는 관계라도 상대의 고통이나 감정에 충분히 동일화될 수 없다는 것입니다. 그러면서 이렇게 단호하게 말합니다. "그러니 조금 떨어져 있자. 거리감을 쌓는 훈련을 하자."(84쪽) 사랑에도 '사이'가 필요하다는 뜻입니다. 자기 궤도를 살아가는 존재에게 사랑이란 서로의 궤도를 침범하지 않는 일입니다. 궤도와 궤도 '사이'를 확보할 수 있을 때 존재의 조율을 위한 사랑이 작동할 수 있습니다. 김수예 시인의 시는 '사랑'이 발생할 수 있는 존재의 '사이'를 만들어내고 있습니다.

> 새를 쫓는다
> 까치가 푸드덕 내려앉아 이쪽을 바라본다
> 언덕 위에서 굽어본다
>
> 비탈 아래 줄에 묶여
> 새의 눈을 쏘아본다 날아오르듯이
> 허리를 말아 끈을 당긴다
>
> 손에서 놓여난 적 있다

플라스틱 손잡이가 아스팔트에 끌리는 사나운 소리에
화들짝 놀라 그대로 몸이 얼어붙드라

거친 숨을 긁으면서
반경을 힘껏 뛰어오른다
푸르르 새는 날아가 버린다

새를 쫓았다
시를 쫓았다

—「새를 쫓는 개」 전문

 이 시에는 "굽어"보는 "새"와 "쏘아"보는 "개"가 있습니다. 각각 "언덕 위"와 "비탈 아래"에 있지요. 그곳이 새와 개가 존재하는 궤도입니다. 그리고 두 존재가 서로를 바라볼 수 있는 것은 '사이'가 있기 때문입니다. 그러나 '사이'가 허물어지고 개가 "반경을 힘껏 뛰어오"르는 순간, 즉 존재가 자기 궤도를 이탈하려는 순간 "푸르르 새는 날아가 버"립니다. 개가 자기 궤도를 이탈하고 '사이'를 무기력하게 함으로써 존재와 존재의 불균형이 발생한 거지요. 김수예 시인의 시는 이렇게 일상의 균형이 무너진 곳에서 탄생합니다. 그리하여 존재와 존재의 궤도를 조율하려고 합니다. 이것이 인용한 시에서 "새를 쫓"는 행위가 "시를 쫓"는 행위와 동일시되는 이유입니다.
 『피어나 블루블루』에 실린 시들은 '당신'으로 기표되는 다른 존재에 관한 이야기입니다. 그리고 대부분의 '당신'은 "방탄유리처럼 당신이 잠근 문에 당신이 갇혀 있"(「키를 꽂으면」)는 존재입니다. 이 소통 불가의 상황을 극복하기 위해 김수예 시인은 터널/창 같은 '사이'를 끌어들이는데, 그렇게 해서 '당신'은 "나의 입구에서/ 당신은 다시 시동을"(「입구」) 걸 수 있습니다. '당신'이 '나'를 통해 다시 존재할 수 있게 된 것이지요. 그러므로 김수예 시인의 '사이'는 새로운 존재 탄생의 장소가 됩니다. "산호 사이로 물거품을 산란"(「스노쿨링」)하는 일이나 "발가락 사이로 수초가 자라나"(「틱」)는 일, "조각난 구름이 나무 사이를 미끄러"(「수화」)지고, "부러짐과 구부러짐 사이에서/ 자라나는 머릿결"(「아라베스크」), "나무와 나무 사이에서 손바닥을 펼치는 가지"(「목발을 짚은 사나이」) 모두 새로운 존재를 탄생시키는 '사이'의 미학입니다. 김수예 시인이 만들고 있는 존재와 존재 '사이'에서 앞으로 어떤 인생과 시가 발견되고 쓰이게 될지 계속 지켜보고 싶습니다.

3부

후천성 기억의 윤리

적소(謫所)에서 보낸 스무 해
– 권오표, 『너무 멀지 않게』

1. 에피메테우스의 시선

　권오표 시인이 누구보다 정갈한 시를 쓴다는 사실은 잘 알려져 있다. 깨끗하고 말쑥한 의미로 사용되는 정갈함은 그의 시에서 투명한 감각 지각을 확보하는 것으로 드러난다. 그것은 그가 소멸 직전에서야 가장 명쾌하게 빛나는 삶의 국면들을 포섭해낼 줄 안다는 말이기도 하다. 이 투명한 세계에서 권오표 시인은 미묘하게 반짝거리는 삶의 무늬를 솜씨 좋게 벗겨내는 것으로 시작(詩作)을 삼는다. 그런 까닭에 그의 시어에 얹혀 반짝거리는 무늬는 그가 살아낸 내력이면서, 그것은 때로 과도하게 채색된 이념이었다가 더러는 한순간 격정적으로 폭발하는 침묵을 가두어 둔 절대 시간이기도 하다. 만약 그의 시에서 어떤 떨림이나 걸림 같은 것이 포착된다면, 그건 그가 시편마다 새겨놓고 싶어 했던 삶의 감각적 무늬일 확률이 높다. 그러한 무늬로 그는 고독하나 순도 높은 시의 지평을 열어간다. 권오표 시인의 감각적 투명성이 명징하게 표출되는 순간이 있다면,

삶의 무늬가 작동하는 그때, 즉 그의 시가 개시되는 순간일 것이다.

그러나 그의 시가 열릴 때 그의 삶은 파국에 이르고 만다. 감각의 개시와 파국이 서로를 회피하지 않으면서 충돌할 때, 그의 시는 침묵한다. 이를테면 그의 시는 삶과 마찰하지 않고 삶을 파열시키지 않으면서 오히려 삶을 머금어버리는 것이다. 이러한 침묵이 발화의 방식이라는 점에서 그의 시는 존재하면서 부재하는 세계에 가까워진다. 존재하면서 동시에 부재한다는 역설의 수사는 권오표 시인이 살아온 절대 시간의 흔적처럼 보이는데, 그것은 '(부)존재'와 '부(존)재'의 혼재된 시간 속에서 괄호 속에 담긴 잠재성이 그의 시적 포즈를 형성하는 기제로 작용하기 때문이다. 그런 까닭에 존재의 일상성이 전면에 부각될 경우 그 기저에는 언제나 부재를 향한 충동이 꿈틀거리는 것이다. 이 경우 현재적 삶의 존재적 순행과 긴장의 자장을 형성하는 부재의 역행이 발생하는데, 권오표 시인에게 역행의 이질적인 부재는 '기억'이라는 질료와 다르지 않다. 살아버린 시간으로서 기억은 지금 존재하지 않는 부재의 흔적이지만, 흔적이라는 말에서 알 수 있듯, 존재했던 부재라는 시간의 이중적 층위를 동시에 포섭해나간다. 권오표 시인에게 기억이란 '과거-현재'라는 이중의 시간을 비끄러매는 매듭과 다르지 않다.

현재에 부재하고 과거에 존재하는 기억은 권오표 시인에게 시의 순수한 형식으로 포섭된다. 그러한 의미에서 그의 시는 에피메테우스적이다. 뒤늦게 깨닫는 자로서 에피메테우스는 언제나 현재에는 부재하나 과거에 존재했던 기억의 연금술사이다. 우리는 '지금-여기'에서 살아가지만, 일상의 진면목은 '지금-여기'가 소멸되어 '그때-거기'로 전환될 때 발견되는 법. 이것은 데리다가 말한 바, 의미의 미끄러짐과 다르지 않다. 이를테면 시인이 세계(기억)를 재현하려고 할 때, 재현되는 시간과 세계(기억) 시간 사이에는 필연적으로 벌어짐이 발생하게 되는데, 그 벌어짐 때문에 세계(기억)는 본질적 의미에 대한 의미만이 반복적으로 부연될 뿐, 세계(기억)의 실재에는 결코 이를 수 없다. 따라서 실재는 결정될 수 없고, 모든 잠재적 의미를 시인의 언어나 의도를 통해 완전하게 포착해내는 것은 불가능하다. 그것은 시인 스스로 자신의 욕망이 기대고 있는 뿌리를 더듬어 가더라도 최종적으로 승인하는 일이 가능하지 않은 것과 같다. 이러한 현상은 존재함으로써 부재한다는 기억의 매듭을 더욱 강화한다.

> 오랫동안 헛간 벽에 걸린
> 낡은 망태처럼 혼자 갇혀 살아왔다
>
> ―「난장(亂場)」 부분

기억의 매듭을 존재-부재의 시적 역설로 삼는 권오표 시인에게 "헛간"의 상징적 의미는 각별하다. 헛간만큼 존재-부재의 구도를 구체적으로 보여주는 것은 없다. 헛간은 본채에서 덧댄 부분으로, 대개는 문을 달지 않는다. 전통사회에서 헛간은 생활을 위한 다양한 도구를 보관하는 곳이었다. 농경사회에서 삶은 헛간에 걸린 도구를 통해 영위될 수 있었다. 그런 의미에서 헛간은 일상의 전면으로 도약할 수는 없지만, 그 생명력을 지탱하고 유지하는 잠재적 공간으로서의 역할에 충실했다. 인간의 기억이 바로 그렇다. 미지의 영역이 기지의 토양 위에서 체험되고 해석된다는 점에서 기억은 곧 인간이 생명을 연장해가는 거의 유일한 원소에 가깝다.

  권오표 시인은 이와 같은 기억의 유일성을 시적 테마로 삼고 있다. 삶의 각성이 지나간 순간을 겨냥하는 것처럼, 에피메테우스의 시선이 후방을 주시하는 것처럼, 권오표 시인은 기억의 부재를 존재론적으로 증명하고자 한다. "오랫동안 헛간 벽에 걸린/ 낡은 망태처럼 혼자 갇혀 살아"온 이유란 그런 것이다. 에피메테우스처럼, 그는 후각자(後覺者)를 자처한다. 모든 예술이 의미의 미끄러짐을 통해 뒤늦게 깨닫는 구도를 채용한다는 점에서 에피메테우스는 시적 영감의 원천이 아닐까? 지나온 흔적을 더듬어보면서 그 흔적이 시간의 궤적에서 어떻게 존재론적 소멸을 맞이하는지 돌아보는 것. 존재의 흔적이 소멸해가는 시시각각의 무늬를 본떠내는 게 시라고 아리스토텔레스는 말한 바 있다. 권오표 시인은 소멸해가는 흔적이 원래의 무늬를 거의 망각해갈 즈음, 다시 말해 존재의 흔적이 투명해지면서 존재와 부재의 경계면에 맞닿는 순간을 포착해낸다. 그러므로 권오표 시인의 시는 존재했던 흔적의 최후이자, 소멸 직전의 최후에게 표하는 최대의 경의라고 할 수 있다.

2. 부재와 존재의 판타지

이십 년 전 이야기지만, 권오표 시인은 첫 시집 『여수일지』(문학동네, 1997)에 "대답 없이 서성이다 보낸 마흔 몇 해의 쓸쓸한 질문"(「自序」)이라는 문장을 묻어둔 적 있다. 앞뒤 맥락을 꼼꼼하게 살피면, 이 문장은 지나간 시간을 돌아보기 위한 나름의 알리바이처럼 보인다. 우리는 언제부턴가 돌아보는 일을 부끄럽게 생각해왔다. 산업사회가 정착하면서 삶은 날로 반짝반짝 새로워지는 것 같았다. 앞만 보고 달려가도 부족한 상황에서 지난 시간을 되새기는 일은 시대와 동떨어진 것으로 간주되었다. 그리하여 마침내 20세기 끝자락에 이르러서는 새로운 세기의 환영(幻影) 앞에 자못 감격해마지 않았다. 21세기가 되면 우리의 삶은 획기적으로 달라질 것으로 믿었다. 그러나 그 믿음이 판타지로 판명되는 데는 그리 오래 걸리지 않았다. 판타지는 현실과 욕망의 경계에서 신기루를 우리에게 보여주곤 한다. 그러나 알다시피 신기루는 거만을 떨며 기만해대다가 자취 하나 남기지 않고 소멸해버린다. 그러므로 신기루는 존재와 부재의 지리멸렬한 투쟁 가운데 발생한 외마디 비명이자 무의미한 소음 같은 것이다.

　　세상의 어머니는 살을 찢는 안간힘으로

　　눈보라치는 들판에 핏덩이를 밀어 넣는다

꽃나무는 통점(痛點)의 끄트머리에서

툭, 터트려 바람 속에 꽃을 피운다

모든 목숨은 아, 프, 다,

— 「목숨」 전문

「목숨」은 시집 『너무 멀지 않게』를 견인하는 시로 읽힌다. 이 시에서 우리가 새겨들어야 하는 것은 "툭" 하는 단발의 소음이다. 그것은 "통점(痛點)의 끄트머리에서" "꽃을 피"우는 힘인데, '꽃'이야말로 현실과 욕망의 판타지를 지칭하는 인류사의 합의 사항이라는 점에서, 모든 욕망은 부재와 존재의 힘겨루기인 소음에서 파생함을 알 수 있다. 아직 존재하지 않는 "살을 찢는 안간힘"은 그 자체로 존재 가능성을 지니고 있으며, 바로 그 힘의 파동이 결국에는 "눈보라치는 들판에 핏덩이를 밀어 넣"음으로써 "목숨"은 이 세계의 면전에 그 전모를 드러낸다. 권오표 시인은 그러한 '안간힘'의 순간에 어떤 절대의 음성 같은 소음을 듣는다. 그것은 부재의 껍질을 부수고 탄생하는 존재의 도래를 예고하는 것이다. 이렇게 인간의 삶은 시작되고, 삶이 '툭' 하는 원점으로부터 멀어지면 멀어질수록 인간은 에피메테우스가 된다.

그렇다면 원점에서 출발한 시간은 우리를 통과하여 어디로 흘러가는가? 그 궁금증을 버텨내지 못하고 고개를 돌리는 순간, 우리는 결국 금기를 위반하고 만다. 우리의 위반은 돌아보는 것, 즉 후각(後覺)의 감각을 획득하는 것이다. 에피메테우스가 그러했던 것처럼, 돌아보는 일은 분란과 소란의 함정 같은 것이다. 소멸해가는 통점의 흔적을 들춰내는 일은 "아, 프, 다,". 그냥 아픈 것이 아니고 숨이 컥 멎는 것처럼 지독한 아픔이다. '아프다'고 하지 못한 것은 '아'와 '프'와 '다' 사이에 쉼표(,)를 간절하게 새겨 넣음으로써 통증을 감각하는 존재의 부재를 전면화하기 위해서다. 다시 말해, 돌아보는 순간 이미 존재와 부재는 혼재하면서 판타지가 될 준비를 하는 것이다. 시집 『너무 멀지 않게』는 이 판타지의 신기루를 투명한 언어에 담아내고자 했다. 물론 판타지도 신기루도 투명한 언어도 이미 질료로서의 내구성을 상실하고 말았지만.

> 밤새 눈이 그친 뒤 골목 빈터에
> 두 개의 눈사람이 생겼다
> 햇살은 잠시 기웃거리다 가고
> 찬바람은 오래 휘돌다 가는 곳
> 함석대문집 아이가
> 점심도 잊고 만들었다
> 돈 벌러 나가 소식 없는 아버지와
> 작년에 곁을 떠난 동생이다
> 아버지 눈사람은 모자를 썼고
> 동생 눈사람은 춥지 말라고 목도리도 했다
> 즐겨 타던 세발자전거도 곁에 있다
> 배고픈 줄도 모르고 아이가

눈사람 주위를 돌며 흙먼지를 털어준다
아이의 손이 새파랗게 곱았다

—「눈사람」부분

"눈"처럼 내구성 약한 질료가 있을까? 권오표 시인이 시적 대상으로 삼는 것들은 '눈'처럼 내구성 약한 것들이다. 눈은 개별적으로 존재하기 어렵다. 허공에서 낱개로 자기 주체성을 정립했던 눈은 지상에 닿는 순간 녹아 사라지거나 다른 눈과 뭉쳐서 애초의 자기 정립을 상실하고 만다. 그렇기 때문에 내구성 약한 눈으로 만든 '사람' 또한 존재한다고 말하기 어렵다. '눈사람'의 질료인 눈 자체가 이미 존재론적으로 자기 정립을 상실함으로써 부재를 향해 전개되고 있기 때문이다. 그것이 "함석 대문집 아이가/ 점심도 잊고 만들었"던 "아버지"와 "동생"이 '지금-여기' 부재할 수밖에 없는 이유다. 이 시는 '그때-거기', 즉 과거에 존재했던 아버지와 동생을 '지금-여기'에 부재자로서 존재할 수 있도록 눈사람을 만들어낸 것이다. 그러나 우리는 알고 있다. 이 형상화된 아버지와 동생의 질료가 부재를 향해 녹아내리고 있다는 사실을.

여기에서 권오표 시인이 즐겨 사용하는 작법을 확인할 수 있다. 그는 시간의 이중노출에 능하다. 과거와 현재를 동시에 인화해냄으로써 그는 '지금의 시간' 속에 '지금 아닌 시간'과 '지금 아닌 시간이 발현하고자 한 욕망의 시간'을 무리 없이 형상화해 낸다. 그것은 존재의 시간이 부재의 축적을 통해 확보되는 순간이며, 부재 또한 존재 시간의 누적이라는 발견적 인식에서 비롯된 것 같다. 그렇기 때문에 권오표 시인은 지금이 바로 직전까지의 시간이 도달하고자 했던 의지의 성취라는 점을 분명하게 인식하고, '지금'은 '지금 아닌 시간'의 잠재 시간이라는 시간 미학의 이념을 자신의 시작 미학으로 쟁취해냈다. "풍화된 뼈들이 고비에 갇혀 함부로 뒹굽니다"(「고비4」), "이장집 영감님은 새 달력에서 이태 전에 먼저 간 할멈의 제삿날을 더듬고"(「겨울 초상」), "사연 없이 시들어 배배 죽은 나무를 잘라내고/ 달뜨는 창가에 홍매 한 그루 심었다"(「홍매」) 등 권오표 시인은 과거와 현재의 두 시간을 '지금'으로 소환해내는 것을 즐긴다. 이를 통해 그는 '지금'이야말로 '지금 아닌 시간'이 현현하기에 더없이 좋은 순간임을 확신한다. 이를테면 그에게 '지금'은 부재의 시간을 존재하게 할 수 있는 단 한 번의 기회인 것이다.

꿈에 당신이 내게 건너오는 날에는
손님 없는 점쟁이집처럼 종일 아무 일도 할 수가 없네
목매기송아지 울음이 길게 강을 건너 올 때처럼
그저 먹먹하기만 하네
11월 유랑극단의 나팔소리처럼 한귀퉁이 짠하기만 하네
찬 마루의 어룽진 거울 앞에서
여며도 여며도 흘러내리던 숱빠진 백동비녀
당신이 견뎌온 三冬의
문풍지처럼 신산한 날들이 보이네
늦도록 미나리꽝만 헤집는 집 나온 추운 오리새끼들
눈보라는 부르튼 손으로 北窓을 할퀴고 할퀴는데

당신의 바람 든 조선무처럼 흔적 없는 생채기는 그 얼마였는
지

오늘,
식은 고구마를 당신의 싱건지도 없이
가슴을 턱, 턱 치며
꾸역꾸역 눈물 없이 먹네
눈물 없이 먹네

─「식은 고구마를 먹네」 전문

부재 시간을 '지금' 존재하게 하는 방법 가운데 '꿈'은 부재와
존재의 특성을 교묘하게 결집해낸 상징이다. 이 시에서처럼 부
재하는 현재를 지금 드러나게 하는 가능한 전략은 꿈이다. 권
오표 시인은 "꿈은 또 다른 서러움의 고백"(「쓸쓸한 질문」)으로
활용한다. 「식은 고구마를 먹네」는 이러한 꿈의 속성을 전형적
으로 포착해냈다. 1연은 꿈의 내용이고 2연은 그 꿈에서 촉발
된 현재 상황이다. 1연은 지금 부재하는 시간으로, 과거에 존재
했던 그 시간이 부재의 순간으로 소멸함으로써 그 자리에 "오
늘"이라는 시간이 존재할 수 있게 된 것이다. '당신'이 존재했던
시간, 즉 지금 부재하는 시간 속에서 당신을 향한 화자의 태도
는 "그저 먹먹하기만 하"고 "짠하기만 하"다. 그것은 "당신이 견
뎌온 三冬의/ 문풍지처럼 신산한 날들" 때문이다. 이 서러움의
고백은 "당신의 바람 든 조선무처럼 흔적 없는 생채기"로 인해
절정으로 치닫게 되는데, 이 시간을 밀어가는 것은 "부르튼 손

으로 北窓을 할퀴고 할퀴는" "눈보라"다. 왜 하필 눈인가? 꿈을 고백하는 순간 등장하는 '눈보라'가 부재와 존재의 혼성이라는 사실은 이미 알고 있다. 그렇다면 꿈과 눈이 다르지 않다는 것일까? 권오표 시인에 따르면, "덧없이 흘러가고 흘러오는 것/ 누구는 잠 못 들고 누구는 꿈을 꾸"(「밤새」)게 된다. '덧없이 흘러가'는 존재 소멸(부재)과 '흘러오는' 부재 도래(존재)의 순간에 '잠 못 들고' 있는 사람이 역사를 기록하는 자라면, '꿈을 꾸'는 자는 분명 시인이다. 시인은 이 부재와 존재의 교체기에 "가슴을 턱, 턱 치며/ 꾸역꾸역 눈물 없이" 시를 쓴다. 여기서 눈물이란 꿈이나 눈의 또 다른 형상임은 당연하다. 부재와 존재가 공존하는 판타지, 그것이 바로 시인의 눈물인 시가 되는 것이다.

3. 적소(謫所)의 공간, 고비

권오표 시인이 다루는 부재와 존재의 이중시간의 근원은 '적소'다. 그에 따르면 적소는 "홀로 흔들리는 산비탈 불빛"(「폭설」)이 간신히 어둠을 흩어놓는 곳이기도 하고, "삼 년 만에 친정 오는 누이 맞으러 어머니가 하염없이 손차양 하는 곳"(「동구2」)이기도 하며, 무엇보다도 "가끔씩, 가끔씩 속울음을 울게 하던"(「초승달」) 그런 곳이다. 가슴이 모래사막처럼 서걱거릴 때, 두 눈의 실핏줄이 터져 익은 맹감 열매처럼 저녁나절이 붉어질 때, 발은 부르터 절뚝이면서도 턱은 완강하게 치켜들고 있을 때, 적소는 어깨 꺾고 들어가 끝내 오래 울부짖어도 좋은 곳이다.

그러나 적소는 무(無)의 시공간이다. 우리의 의식이 의식 밖의 어떤 지점을 겨냥했을 때, 그 조준된 지점이 애초에 기획했던 지점이 아님을 확인하고, 겨냥했던 의식을 회수하는 과정에서 발생하는 거리를 사르트르는 무라고 했다. 즉, 무란 존재가 자신의 존재 속에 지니는 자기와 의식 사이의 아무것도 아닌 거리, 즉 자기의식의 거리이다. 그렇기 때문에 무는 지향과 반향이 끝없이 반복되는 세계이면서 존재론적 성찰과 반성이 발생하는 지점이기도 하다. 권오표 시인에게 적소는 바로 그런 곳이다. 성찰과 반성이 존재의 의지적 의식의 소산이라면, 적소는 반대로 무의지의 의지, 즉 무의식의 영역에서 추동되는 힘이다. 따라서 적소는 안식을 구하는 곳이라기보다 스스로 불편을 견디는 곳이어야 한다.

오늘도 건달처럼 두 손을 주머니에 찌르고 포구에 갔습니다

하루에 두 번 뭍으로 가는 통통배가 투덜대며 막 방파제를 벗어나고 있었습니다
바닷가 가게들은 빛바랜 간판처럼 모두 무심한 얼굴입니다

방파제 끝에서 낚싯대가 무엇 하릴없이 끄덕끄덕 졸고 있습니다

구럭 안은 비어 있습니다

물에서 기어 나온 어린 게들만 방파제 위를 갈팡질팡합니다

오랫동안 주머니 속에서 귀퉁이가 닳은 편지를 비로소 우체통에 넣었습니다

돌아오는 길에 늘 불콰한 얼굴의 민박집 사내가 새삼스레 아는 체를 합니다

주말에 폭풍이 몰려 올 거라고

바닷가에 널어놓은 어망을 걷으러 가는 길이라고

아직은 견딜만합니다

—「적소에서」 전문

 현대시에서 "항구"는 줄곧 삶의 기항지로 기능해왔다. 물리적인 의미에서 항구는 정박과 출항의 이중 구조를 지녔으므로, 언제든 떠날 수 있고 또 머물 수 있는 항구야말로 기항에 충실한 공간이다. 이곳에서 상처 입은 사람들은 내상을 치유하고 외상을 치료한다. 정착과 떠남의 거리가 사실상 소멸했다는 점에서 항구는 무의 세계이다. 항구에서 만나는 풍경들이 "빛바랜 간판처럼 모두 무심한 얼굴"인 이유가 거기에 있다. "방파제 끝에서 낚싯대가 두엇 하릴없이 끄덕끄덕 졸고 있"고 "구럭 안

은 비어 있"는 것도 적소의 스케치다. '무심한 얼굴'들이 무슨 이유로 적소에 흘러들었는지 알 수 없지만, 적소에 든 사람들은 모두 죄의 흔적을 지우는 일에 몰두한다. 빈 낚싯대를 드리운 사람은 그 흔적이 희미하겠지만, "늘 불콰한 얼굴의 민박집 사내" 같은 이는 적소에서 좀 더 머물러야 할 것이다.

그러나 적소는 머물고 떠나는 일에 관심 없다. 하늘 아래 목숨 걸어놓고 사는 일 자체가 어쩌면 죄가 아닐까? 그런 의미에서 반성하고 성찰하는 일은 사는 일로부터 자기를 거두어들이는 것인지도 모른다. 적소는 그런 곳이다. 서서히 삶에서 벗어나는 곳. 그러니 적소에서는 '구럭'을 가득 채우고자 하는 욕망이 있을 수 없다. 사는 일을 모르는 "어린 게들만 방파제 위를 갈팡질팡"하면서 적소의 침묵을 불편해할 뿐, 적소에서는 "오랫동안 주머니 속에서 귀퉁이가 닳"도록 시간을 견뎌낸 것들로 가득하다. 그것들은 가끔 견딤의 절정에서 적소 외부의 세계를 향해 발신되곤 한다. "하루에 두 번 뭍으로 가는 통통배"를 타고 적소의 소식들은 "방파제를 벗어"날 수 있다. 그러나 외부로부터 수신되는 응답은 "폭풍"이다. 아직은 좀 더 견뎌야 한다는 뜻이리라. "폭풍이 몰려 올" 때, "바닷가에 널어놓은 어망을 걷"듯 적소에 와서도 끝내 비워내지 못한 삶의 욕망은 거두어들여야 한다. 웬만한 바람은 다 빠져나갈 만큼 비웠지만, 그래도 '어망'의 촘촘하게 짜인 그물코까지 비워내지는 못했다. 그러므로 적소는 "아직은 견딜만"한 곳이어야 한다. 견딜 수 없어서도 안 되고 견딤 자체가 부재해도 곤란하다.

권오표 시인은 4편의 「고비」 연작을 통해 적소에서의 견딤을 집중적으로 피력한다. "길 없는 길에 섰네// 한평생 비천한 시간만 탕진하다// 고비에 왔네"(「고비 1」)에서 보듯, 적소는 부재를 존재하게 하는 곳이다. 그러므로 '길 없는 길'의 모순이란 삶의 고비에서 만나게 되는 판타지의 형상화와 다르지 않다. 몽골 내륙의 사막을 일컫는 '고비'와 어떤 일이 되어가는 가장 중요한 국면으로서의 '고비'는 "백년을 걸어도 소실점에 닿지 못"(「고비 1」)하는 곳에서 하나로 모인다. 이곳에서 "바람은 밤마다 새로 모래제단을 쌓"(「고비 2」)고 "유목의 별들이 내려와// 어미 잃은 양들에게// 낮 동안 퉁퉁 불은 젖을 물"(「적소 3」)린다. '소실점'에서 하나로 모였던 '고비'는 '모래제단'(죽음, 소멸, 부재)과 '젖'(생명, 탄생, 존재)의 이중 공간이자 '밤'과 '낮'의 혼재 세계로 분기하는데, 이렇게 하나이면서 둘이 되는 '고비'는 부재와 존재의 존재론적 거리가 소멸하는 무의 지점으로 확정된다. 그럼으로써 권오표 시인은 '고비'야말로 그가 발견해 낸 적소의 본거지임을 분명하게 선언한다.

> 풍화된 뼈들이 고비에 갇혀 함부로 뒹굽니다
>
> 찬이슬에도 이빨을 부딪치며 웁니다
>
> 걸어도 걸어도 황사바람 이정표 없는 허방길
>
> 갈 데까지 가보자고 가보자고

나는 고비의 외로운 늑대

열 손가락 핏물 돋우며

그대 향한 그리움 쪽으로 꽃 피우렵니다

— 「고비 4」 전문

「고비 4」에서는 권오표 시인이 적소에 든 사연의 한 자락을 짐작해보아도 좋을 것이다. 우선 이 시에서 고비는 "풍화된 뼈들"이 갇혀 있는 곳이다. 이곳은 "걸어도 걸어도 황사바람"이 불어대는 곳이기 때문에 모든 길은 모래언덕에 푹푹 발이 빠지는 "이정표 없는 허방길"에 불과하다. 길이면서 길이 아닌 허방길 이미지는 고스란히 길 없는 길에 닿고, 그러므로 "갈 데까지 가보자고 가보자고" 해도 사실 갈 데라고는 아무 곳에서도 찾을 수 없다. 드디어 길이 사라지고 모든 것이 길이 되는 순간에 닿은 것이다. 이 지점에서 권오표 시인은 아무 곳도 아닌 곳에서 어느 곳도 아무 곳이 되는 존재론적 전이를 확보한다. 그것은 '나'를 버리고 '자아'를 획득하는 순간이기도 하다. 온갖 세속의 욕망과 부패의 감정들로 들끓었던 나는 마침내 고비(적소)에서 바람에 풍화되고 아무것도 거느리지 않은 순수한 몸으로서의 뼈, 즉 자아로 변모한 것이다. 그 순간의 극적인 장면은 이렇게 연출된다. "나는 고비의 외로운 늑대// 열 손가락 핏물 돋우며// 그대 향한 그리움 쪽으로 꽃 피우렵니다". 마침내 나는 '핏물'을 흘리는 상징적 행위를 통해 '꽃'으로 재생됨으로써 오래

웅크리고 앉았던 적소에서 비로소 끙, 하고 무릎을 펼 수 있게 된 것이다.

> 서리 내린 아침 마당 한켠에
> 날개 다친 새가 새빨간 눈을 뜨고 죽어 있다
> 아궁이의 재도 식었다
>
> 토방에 놓인 신발을 밖으로 돌려놓는다
> ―「독거」 부분

적소를 떠나오던 아침, "날개 다친 새가 새빨간 눈을 뜨고 죽어 있"고, 밤새 들끓어 신열을 올리던 "아궁이의 재도 식었다". 소멸한 자리에 생명이 뿌리내리고, 부재의 지점에 존재의 가능성이 생겨나듯, 죽어 사라지고 식어 가라앉은 지점에서 새로운 삶과 욕망이 꿈틀거릴 수 있다. 이 부재의 존재를 확인하는 순간 권오표 시인은 "토방에 놓인 신발을 밖으로 돌려놓는다". 적소에서의 이십 년. 첫 시집을 낸 후 시의 적소에 들었던 그가 마침내 '스무 해의 침묵'을 묶어 『너무 멀지 않게』를 세상에 내놓은 것이다. 그러니 반가우나 반갑지 않게 맞이할 일이다. 귀하지만 귀하지 않게 읽어볼 일이다. 그의 시를 읽는 일은 무언(無言)으로 자기 귀를 틀어막고, 무심(無心)으로 눈을 감아버린 '돌멩이'를 어루만지는 것과 다르지 않기 때문이다. 미리 고백하는 말이지만, 그의 시를 읽고 나면 "누구나 가슴 속에 서늘한 돌멩이 하나쯤은 품"(「한로」)게 된다. 그러니 부디 기억해두는 것이 좋을 것이다. 살다가 문득 가슴 속에서 서늘한 돌멩이 하나 만져진다면, 당신은 에피메테우스가 되어 당신만의 적소를 찾아 나서야 한다는 것을. 『너무 멀지 않게』는 당신들이 한 이십 년 들어앉아 있어도 소란하지 않을 좋은 적소가 되어 줄 것이다.

숭고를 향한 시적 에피파니
—신형식, 『쓸쓸하게 화창한 오후』

1. 삶의 정오

몇 해 전 봄날이었을 것이다. 나는 그가 근무하는 대학 교정에서 꽤 오랫동안 사적인 이야기를 나눈 적 있었다. 그때 그는 무슨 일인가로 제법 상심해 있었고, 목소리에는 어떤 결기 같은 것이 단단하게 박혀 있었다. 그는 유년 시절의 가난과 어머니에 대해, 그리고 공부를 하게 된 내력과 외국 유학 생활에 관해 이야기했다. 그의 이야기를 들으면서 나는 그의 내면에 꿈틀거리는 시인의 충동을 읽어냈다. 나는 그의 시집『추억의 노래』,『정직한 빵집 캐럴』 등을 통해 그의 시적 성취를 알고 있었지만, 그의 시적 진심을 육성으로 듣기는 처음이었다. 그 순간 나는 그의 첫 시집『추억의 노래』(황토, 1990)에 실려 있는 시 구절을 떠올렸던 것 같다. "진달래 바람처럼/ 개나리 안개처럼/ 신새벽 산길의 이슬처럼/ 언제나 나를 무심코 감동시키는/ 우리 어머니"("우리 어머니」)라고 노래하는 이가 시인이 아니라면 누구란 말인가?

그날 이후 나는 그의 시적 비밀을 공유하게 되었고, 어떤 간절함으로 그를 신형식 '시인'으로 부르고 싶어졌다. 물론 그는 탁월한 연구 성과를 인정받아 과학기술포장을 받은 공학자이면서 후학 양성에도 심혈을 기울여 한국화학공학회에서 수여하는 형당교육상을 수상한 교육자였다. 그러나 그는 나 같은 후배 시인들과도 스스럼없이 어울릴 줄 알았고 또 사랑을 베푸는 데 주저하지 않았다. 그럴 때 그는 학자도 아니고 교수도 아니었다. 그는 자기의 '격'을 해체하고 후배들의 '격' 안으로 스스럼없이 들어올 줄 아는 시인이었다. 동료 및 선후배 작가들이 '참고운상'의 첫 번째 수상자로 그를 선정한 것도 스스로 감동할 줄 알고 다른 사람들에게 그 감동을 전달할 줄 아는 그의 인간적 면모를 존경했기 때문이었다. 그런 까닭에 이번 시집 『쓸쓸하게 화창한 오후』에서 "패랭이꽃 위에 내려앉는 먼지의 미소"(「와라느씨 행 릭샤」)를 보아낼 줄 아는 그를 시인이라고 부르지 않을 도리가 없다. 마찬가지로 들판에서 풀을 뜯는 송아지를 보면서 "너도 나처럼 혼자이구나"(「와카티푸」)라고 공감할 줄 아는 그에게 신은 마땅히 시인이라는 이름으로 호명해주어야 한다. 시인이란 보잘것없는 '먼지'에서도 '미소'를 발견할 줄 아는 안목을 지녔고, 외로움의 기원과 온몸으로 닿아 있는 존재이기 때문이다.

시집 『쓸쓸하게 화창한 오후』에서 신형식 시인은 삶의 우여곡절에서 만나는 미묘한 감정의 틈새를 적확하게 파고든다. 그리고 우리 기억이 삶을 좀 더 외로운 쪽으로 이끌어온 지난한 발자국임을 일깨워준다. 그러한 깨달음은 우리 일상이 아주 사소한 순간으로 휘발해버리는 것처럼 돌아서면 잊어버리는 것들이지만, 우리가 지나간 자리에서 일상은 "이팝나무 서리서리 꽃송이/ 아스팔트 위로/ 집단 투신한 뒤/ 표창처럼 나를 노리고 있다"(「이팝나무」)라는 것을 우리는 또한 안다. 해 질 무렵, 등줄기가 서늘해지거나 목덜미가 시큰거리는 경우가 있다면 그건 지나온 삶이 "표창처럼" 우리의 기억을 겨누고 있다는 뜻이다. 인간 영혼은 바로 그 순간에 가장 고양되는데, 그 지점에서 시를 포함한 모든 예술이 탄생한다.

모든 게 불안하던 시절
청춘의 뒤안길에서 우연처럼 만나
슬금슬금 흉금을 주고받다
꿈결처럼 사라진 그대

알 수 없는 안개처럼 다가왔다
무중력 상태로 증발해버린 그 시절
기억할 수 없는 꿈같은 날들은
안개비였던가 는개였던가

아리잠직한 봄밤의 꿈처럼
방향을 가늠할 수 없었지만
차라리 생을 관통하는 세찬 빗줄기였다면
지금 행복하다 말할 수 있을까

> 는개, 그대여
>
> —「는개」 전문

　인간의 영혼이 가장 고양된 순간은 태양이 하루의 정점에 도달한 순간과 같다. 발터 벤야민은 이 순간을 '삶의 정오'라고 표현하는데, 이때 우리는 인식의 왜곡됨 없이 자기 존재의 윤곽을 정확하게 그려낼 수 있다. '삶의 정오'에는 삶의 범주를 벗어나 파생되는 그림자가 없기 때문이다. 우리 삶의 비밀은 세상을 향해 드리워졌다가도 정오가 되면 자기 존재의 영혼으로 회귀한다. 그렇다면 아침저녁으로 먼 지평선까지 내달았던 우리 삶의 그림자가 정오에 맞춰 복귀했을 때, 우리의 영혼에서는 무슨 일이 벌어지는 걸까? 신형식 시인에 따르면, '삶의 정오'가 되면 우리 삶은 "무중력 상태로 증발해버린"다. 그런데 더 중요한 것은 삶의 그림자들이 정오의 자기 존재로 귀환하는 것 자체가 이미 "알 수 없는 안개처럼" 모호하거나 불투명하다는 사실이다. 이러한 인식이 특별한 것은 아니지만, 이러한 상황을 마주하고 있는 신형식 시인의 태도는 조금 남다른 면이 있다. 그는 우리 삶이 본질적으로 "불안"할 수밖에 없다는 진리 앞에서 "생을 관통하는 세찬 빗줄기"를 상상해낼 줄 안다. 이러한 상상이 중요한 이유는 불안으로 음울했던 "청춘의 뒤안길"을 "는개"로 치환하면서, '는개'를 '삶의 정오'에서 맞닥뜨린 자기 자신의 고양된 영혼으로 받아들이기 때문이다. 누구보다 명징해야 할 시적 인식을 모호한 상태로 놓아둘 줄 아는 것은 신형식 시인이 삶을 총체적으로 파악할 줄 안다는 뜻이다. "내 사는 것도 이와 같으니／ 떠난 만큼 돌아오고／ 빠진 만큼 채워졌다／ 그 사이 통증처럼 시간이 흘렀다"(「손톱 달」) 같은 시적 인식이 그것을 입증한다. 여기서 말하는 '통증'처럼 흘러간 '시간'은 「는개」에서 '청춘의 뒤안길'에 해당할 것이고, 그러한 시간을 현재에 소환하는 것은 기억 인자를 구성 요소로 삼고 있는 서정시의 몫이 될 것이다.

2. '찰(察)'의 미학

기억의 미학을 다루는 서정시는 두 가지를 중요하게 살핀다. 하나는 통찰이고 다른 하나는 성찰이다. 통찰이 시대와 역사에 대한 시인의 총체적 전망이라고 한다면, 성찰은 그 안에서 발견해 낸 존재론적 인식 세계를 말한다. 물론 통찰과 성찰에 앞서 시인은 일상을 관찰하고 해찰하는 것을 즐긴다. 이렇게 본다면 서정시의 유전 형질 가운데 하나가 '찰(察)'임을 부정할 수 없다. '찰'이 어떤 사물이나 정황을 자세히 살피거나 따져 물어 드러내는 일이라는 점에서 서정시는 질문을 던지는 장르이자 독자를 인지적·정서적 곤경으로 몰아가는 예술이기도 하다. 신형식 시인은 공학자적 감각을 발휘함으로써 '찰'의 한 경지에 도달한다.

  소싯적 그믐날 초저녁
  작은누나랑 보건소 가는 길에

신작로를 지나가는 불 작대기 보았다
이튿날 그 불이 아랫동네 죽은 노인의
혼불임을 알았다

그렇다
빛(c)은 항상 무언가(m)의 소멸로 비롯되므로
빛 뒤엔 무(無)

빛이 비치는 온 공간에
에너지(E)는 보존돼야 하므로

무언가 소멸된 빛의 존재를 증명하기 위해
또 한 장의 빛이 필요함을
일석 공(公)은 이백 년 전 알아채서
세상을 밝혔고

나는 그저 혼비백산하고 말았다

— 「E=mc²」 전문

 이 시에서 "일석 공(公)"은 아인슈타인(Albert Einstein)을 말한다. 아인슈타인이 독일어로 '하나'를 뜻하는 Eins와 돌멩이를 뜻하는 Stein의 결합인 것을 한자어 '일석(一石)'으로 재치 있게 옮겨왔다. 그러나 문제는 '아인슈타인'과 '일석'을 동일 인물이라고 볼 수 있느냐이다. 이 시에 따르면, 아인슈타인과 일석은 동일 인물이 될 수 없다. "빛(c)은 항상 무언가(m)의 소멸에서 비롯하므로/ 빛 뒤엔 무(無)"일 뿐이다. 이 명제에 따르면 '일석 공'의 존재는 '아인슈타인'의 소멸을 전제해야 한다. 그럼에도 "빛이 비치는 온 공간에/ 에너지(E)는 보존돼야 하므로" 이 시에 아인슈타인의 존재(에너지/E)가 드러나려면 "무언가 소멸된 빛의 존재를 증명하기 위해/ 또 한 장의 빛이 필요"하다는 명제처럼, 또 한 명의 '일석 공'이 필요해진다. 정치한 물리법칙을 비유적인 시적 논리에 빗대는 일에 다소간의 억지가 개입할 수밖에 없지만, 아인슈타인의 명제는 이 시의 1연을 해명하기 위해 필연적으로 거쳐야 할 과정이다. 이 시는 1연과 2~4연, 그리고 마지막 5연이 각각 문제의 발견, 문제 해결에 필요한 방법론, 문제 풀이의 결과처럼 읽히기 때문이다.

1연의 내용은 "불 작대기"를 목격한 일이 "노인"의 죽음과 긴밀하게 연관되며, 누군가의 육체적 죽음이 "혼불"을 통해 존재론적으로 전환되는 것을 발견한다. 이렇게 비의로 가득한 삶-죽음의 세계를 어떻게 해명할 것인가에 대해 2~4연에 걸쳐 아인슈타인의 법칙을 방법론으로 제시한다. 이는 계몽주의 이후 이성의 권위를 통해 세계에 질서를 부여해 온 근대적 사유를 반영한 것이자, 산술적으로 계량화된 척도를 통해 계량되지 않는 생명 현상의 분석을 시도하는 일이다. 따라서 결과는 이 시에 나와 있는 것처럼 "혼비백산"으로 귀결될 수밖에 없다. 삶-죽음의 존재론적 위상 변화는 물리법칙으로 관찰되거나 측정될 성질이 아니기 때문이다. 신형식 시인이 이러한 위험을 무릅쓰면서도 이 시를 쓴 것은 다른 의도를 증명하기 위해서다. 그는 첨단에 이른 근대 과학으로도 해명할 수 없는 세계가 존재하는 것을 인정하면서 그러한 세계의 비밀을 폭로하는 일에 시적 언어의 힘이 동원되어야 한다고 믿는다. 알다시피 시적 언어는 관찰로부터 증명되는 것이 아니라 통찰과 성찰을 지향하기 때문이다. 이러한 점에서 신형식 시인은 하나의 존재가 증명되기 위해서는 그 존재의 총합을 초과하는 모종의 숨겨진 존재가 있음을 인정한다. "죽은 노인"이 증명되기 위해서는 그의 육체의 존재론과 또 하나의 존재론인 영혼의 "혼불"이 필요하다는 것이다.

이렇게 신형식 시인의 시가 관찰하기로부터 통찰에 줄곧 도달할 수 있는 것은 그가 다층의 시선과 소통하기를 즐기기 때문이다. 그는 포착할 수 있는 모든 종류의 시선과 눈 맞출 줄 안다.

> 세비야 대성당 나오는 길
> 아이 안고 구걸하는 집시 여인
> 우연히 눈이 마주쳐
> 동전 찾아 주머니 뒤적였네
>
> 빈손으로 지나치는 순간
> 낌새 눈치 챈 집시 여인
> 아이 내팽개치고
> 쏜살같이 쫓아오네

하릴없이 지폐 건네는 순간

아내는 가자미눈으로 쳐다보고

돌아서는 집시 여인 머릿결

햇살을 머금고 눈부시네

—「집시 여인」 전문

이 시에는 '눈'이 네 번 나온다. "우연히 눈이 마주쳐", "낌새 눈치 챈 집시 여인", "아내는 가자미눈으로 쳐다보고", "햇살을 머금고 눈부시네"가 그것들이다. 그러면서도 '눈'은 모두 다른 의도와 의미와 욕망을 감추고 있다. 1연에서 우연히 마주친 '눈'은 화자와 "집시 여인"의 존재론적 만남을 성취하는 눈이다. 이 만남을 통해 두 존재는 서로의 삶과 질서 속으로 침투해가고, 그럼으로써 그동안 존재하지 않았던 두 사람만의 세계를 최초로 형성하게 된다. 이렇게 서로의 눈은 서로를 관찰하는 주체가 되어 모종의 '낌새'를 탐색해 들어간다. 그것은 '눈'이 외적 형상을 인지하는 것이 아니라 서로의 내면까지 투사해 들어가는 힘이 있다는 뜻이다. 눈의 그러한 속성 때문에 모든 관찰은 관찰로 끝나지 않고 통찰과 성찰에 도달할 수 있다. 이렇게 '눈'이 서로를 향해 투사해갈 때 '아내'의 '가자미눈'이 새롭게 얽혀들면서 이 시는 '눈의 서사'를 구축한다. 화자의 눈에서 촉발된 시적 사건이 집시 여인의 눈을 거쳐 아내의 눈과 얽히면서 이 시는 변증법적으로 눈과 눈이 서로를 부정하는 형식으로 전개된다. 따라서 이 시는 시선의 일방적 폭력이 전개되는 양상을 드라마틱하게 보여주는 데 성공한 것처럼 보인다.

그러나 이 시의 본질은 시선의 폭력성에 있지 않다. 신형식 시인이 관찰에 능하고 관찰로부터 통찰과 성찰에 줄곧 도달해 왔다는 점을 잊어서는 안 된다. 이 시에서도 세 번째까지의 '눈'이 서로를 탐색하는 관찰의 형식을 띠는 반면, 마지막 '눈'은 통찰에 가깝다. 지금까지 서로 얽혀 있던 시선은 "돌아서는 집시 여인"을 통해 관계가 해소되고, '눈'의 주체가 돌아섬으로써 서로를 향한 관찰이 일방적인 파국을 맞이하게 된다. "눈이 마주" 쳤던 집시 여인이 "지폐"를 얻음으로써 관찰하고 탐색하는 눈의 역할이 종료되었기 때문이다. 따라서 "돌아서는 집시 여인 머릿결/ 햇살을 머금고 눈부시네"라고 할 때의 '눈'은 관찰의 영역이 아니라 통찰 영역의 일이 된다. 그리하여 통찰의 '눈'이 발견해낸 것은 밝은 햇살 아래 빛나는 존재의 아름다움이다. 이러한 통찰의 아름다움은 신형식 시인의 시론과 맥이 닿아 있다. 신형식 시인은 "거창한 철학은 없지만 세상을 아름답게 하는 시// 실의에 빠진 이들에게 구명정 같은 시// 칠흑 같은 밤 한 줄기 등불 같은 시// 핍박 받는 이들에게 따뜻한 위로가 되는 시"(「내가 쓰는 시」)를 써오고 있기 때문이다.

3. 숭고한 존재들

신형식 시인이 낯선 존재들의 응시에 관심을 두는 것은 인간의 삶이 "일생 동안 딱 한번/ 기회를 잡기 위해/ 가없는 기다림 끝에/ 목 놓아 울다가/ 떠나가는 생명"(「매미」)과 다르지 않다는 사실을 알고 있기 때문이다. 그에 따르면 모든 존재는 존재를 부르는 운명으로 태어난다. 우리의 눈이 외부를 향해 열려 있고, 우리의 목소리가 내부로부터 외부로 파열될 수밖에 없는 것은 다른 존재를 찾아서 목청껏 이름을 불러온 진화론적 증거들의 신체화이다. 신형식 시인은 시 「매미」에서 서로를 호명하는 일을 두고 "자지러지는 숭고함"이라고 규정하면서 숭고함의 한 양상이 "나무와 바람이 서로 껴안고/ 밤새 흐느끼는"(「지리산 칼바람」) 것과 같다는 점을 강조한다. 서로 껴안음으로써 존재는 서로의 체온과 감정을 나눌 수 있고, 그렇게 서로의 존재를 긍정하고 인정하고 수용함으로써 보다 높은 차원의 인격과 영혼에 도달할 수 있다는 것이다. 이렇게 낯선 존재와 하나가 되기 위해 자기를 배경으로 두고 상대를 전경화하고 고양해 주는 일은 숭고가 놓여 있는 하나의 영역이다.

  이번 시집에 실린 여행 경험 시들은 낯선 존재와의 만남 속에서 발생하는 '자지러지는 숭고함'의 몇몇 양상들을 탁월하게 보여준다. "청천강이 제 속살을 숨김없이 보여주고 있었다. (…중략…) 그렇다! 여기는 우리 땅이다.// 나는 세월을 거슬러 30년 전 내 고향 언저리에 와 있다."(「청천강」)라고 할 때, 북한 땅 "청천강"과 조우한 화자는 "30년 전 내 고향"을 환기해낸다. 이때 청천강의 물리적 질량이 화자의 심리적 질량과 반응하여 얻어낸 고향의 질량은 크게 다르지 않다. 그러나 "여기는 우리 땅"이라는 통찰의 순간에 이르면 청천강의 물리적 질량과 화자의 심리적 질량을 뛰어넘어 정서적·역사적·민족적 질량을 확보하게 된다. 신형식 시인의 여행시에는 이와 같은 숭고의 경지에서 포착할 수 있는 에피파니가 드물지 않게 발견된다.

새벽 여섯 시
좁고 긴 비취 호수
와카티푸를 달린다

이윽고 일곱 시
먼동 튼 남반구 하늘
후두둑 비가 뿌린다

아랑곳없이 풀을 뜯던
송아지 한 마리
호수 같은 눈빛으로 쳐다본다

너도 나처럼 혼자이구나
너도 어미를 떠나왔구나
물속처럼 고요하게 주고받는다

와카티푸는 바닥까지 맑았다

— 「와카티푸」 전문

시 제목으로 삼은 '와카티푸'는 뉴질랜드 남섬 퀸스타운에 있는 빙하 호수이다. 이곳에서 신형식 시인은 "송아지 한 마리"를 만났다. "후두둑 비가 뿌"리는 풀밭에서 송아지는 그런 것쯤은

"아랑곳없이 풀을 뜯"고 있다. 여기까지는 이국적 분위기를 자아내는 자연의 아름다움을 이야기하는 것 같다. 그러나 "너도 나처럼 혼자이구나/ 너도 어미를 떠나왔구나"에 이르면 이 시의 화법은 돌변한다. 송아지가 신형식 시인의 삶과 의식이 투영된 존재로 읽힌다는 점이 첫째 이유이고, 빙하 호수인 '와카티푸'가 자신의 모습을 왜곡 없이 들여다볼 수 있는 최적의 장소라는 점이 두 번째 근거가 된다. 이곳에서 "혼자"가 된 신형식 시인은 어쩌면 생애 최초의 경험처럼 "호수 같은 눈빛으로" 온전하게 자신의 모습을 응시하게 된다. 그리하여 호수에 비친 자신의 모습이 "물속처럼 고요하"고 "바닥까지 맑"다는 사실을 발견한다. 신형식 시인은 낯선 "남반구 하늘" 아래에 와서야 마침내 자신의 내면과 정면으로 마주하게 된 것이다.

따라서 신형식 시인이 여행을 다녀온 북한, 인도, 파라과이 곳곳은 '와카티푸'의 변형된 장소와 다르지 않다. 그의 여행은 자아 찾기와 존재 발견의 과정이며, 일상에서 숭고한 순간을 탐지하고 그 순간을 시적인 경지로 끌어올리는 도정이다. 그가 "삶처럼 굽어진 골목/ 애간장 타는 터널을 지나/ 종잇장처럼 구겨진 채/ 어머니 강, 갠지스를 더듬으며/ 붉게 물든 세상 속으로 간다"(「머니꺼르니까 가트」)라고 할 때라든가, "골든혼 붉은 석양에도/ 동 트는 새벽의/ 맑은 이슬에도/ 피에르의 슬픔과 열정은/ 아직도 남아 떠돌고 있다네"(「피에르 롯티 차이에비」)라고 할 때, 그의 여행은 일상의 '먼지'들을 쌓아 올린 존재의 역사를 탐색하는 구도적 과정의 한 전형에 해당한다. 그리하여 마침내 "안데스 험산을 유영하는 잉카의 삶/ 지상에서 출렁이는 우리네 삶/ 한 하늘 아래 어우러지고 있었다"(「마추픽추」)라는 깨달음에 닿는다. 이러한 깨달음의 심층에는 존재와 존재 사이에는 "아직 풀지 못한 업보가 있다고/ 다시 만나야 할 운명이 있다"(「카르마」)라는 믿음이 자리하고 있다. 이렇게 존재와 존재의 어울림을 통해 운명을 실현하는 것은, 칸트가 숭고한 것이란 생각만으로도 모든 법칙을 초과해버리는 마음의 능력이라고 말한 숭고한 일이 된다.

　신형식 시인의 시집 『쓸쓸하게 화창한 오후』에서 숭고를 향한 시적 에피파니를 발견할 수 있는 것은 그가 인간의 삶을 기본적으로 '쓸쓸하게' 바라보고 있기 때문이다. 이 쓸쓸함의 기원은 인간이 자기 의지와 무관하게 세상에 툭 내던져졌다는 데 있다. 키르케고르는 이러한 인간을 두고 '단독자'라고 했다. 그가 말하는 단독자는 절망 속에서 자신의 실존적 상황을 인식할 줄 알고, 절대적인 세계의 질서에 도전할 수 있는 존재다. 이렇게 단독자는 "초저녁 쓸쓸함을 새기는 소쩍새 울음소리"(「소리」)처럼 주체적이고 개별적 존재인 까닭에 외롭고 쓸쓸할 수밖에 없다. 외롭고 쓸쓸한 존재들은 "어루만져야 할 상처"(「장대높이뛰기」)가 많다. 시인은 그러한 상처를 발견할 줄 알아야 하고, 나아가 서로의 상처에 따뜻한 위로를 줄 수 있어야 한다. 신형식 시인은 일상에 발을 딛고 사는 인간 존재의 이러한 쓸쓸함을 응시할 줄 안다. 그리고 그의 시는 인간 존재의 쓸쓸함에서 마침내 숭고한 영혼처럼 피어나는 '화창한' 시간을 미리 읽어낼 줄 안다. 그런 의미에서 시집 『쓸쓸하게 화창한 오후』는 시인 신형식의 존재론적 집이라고 할 수 있을 것이다.

후천성 기억의 윤리
—김유석, 『붉음이 제 몸을 휜다』

1

　소설가 로맹 가리가 어느 대담에서 "난 내가 삶을 산 거라는 확신이 그다지 서지 않는군요. 오히려 삶이 우리를 갖고 소유하는 게 아닌가 싶습니다."라고 말했을 때, 그의 머릿속에는 우리가 진정한 의미에서의 삶의 방식과 의미를 선택할 수 있는가에 대한 회의적인 생각이 들어 있었을 것이다. 그의 말대로 우리는 뜻을 세우기보다 뜻에 이끌려 살아가는 데 익숙하고, 한 번 그렇게 이끌려 들어가고 나면 끌림의 방향을 전환하기 어려운 사태에 직면하곤 한다. 그것이 역사와 시간의 불가역성에서 비롯한 것인지, 인간의 나약한 본성에서 연유한 것인지 판단하는 일은 쉽지 않다. 그런 까닭에 오래전부터 삶에의 끌림을 우리는 운명이라는 무책임한 말로 얼버무리곤 했다.
　마찬가지로 지난 30년간 김유석의 삶이 차근차근하게 시를 향해 끌려 들어갔다는 사실은 그리 놀라운 일이 아니다. 그는 자기 삶을 이끌어가는 온갖 열혈적인 형상들과 격의 없이 지내면서 삶의 소유권을 그것에게 위탁하기로 작정한 것 같고, 그런 이유로 그의 삶은 자기 운명을 시에 내맡긴 위탁계약서처럼 읽힌다. 이를테면 김유석은 시에 자기 삶을 밀어 넣고는 시가 삶을 마구 휘둘러대는 순간을 기다리는 것이다. 그가 세 번째로 묶어낸 시집 『붉음이 제 몸을 휜다』에서 그것은 "제 몸인 줄 모르고 소용돌이처럼 휘감았을 더듬이들"로 형상화되고 있는데, 그렇게 "제 몸통 말아 쥔 포도나무 넝쿨손들"(「악력」)은 "후천적으로 생성된 내성의 결과물"(「뱀의 문장을 쓰는 가계」)로 나타난다.

이것이 김유석의 시를 읽으면서 로맹 가리를 떠올린 이유이고, 그의 시를 삶에 덜미 잡혀 끌려가는 후천성의 기억으로 읽어내고자 하는 전제가 될 것이다. 그는 30년 혹은 그 이상의 시간 동안 삶보다는 시에 더 이끌렸으며, 시를 사는 일에서 삶의 보람을 만끽해온 것 같다. 가령 그가 "그늘 얇은 제 한 몸의 목마름에 소리만 적시고 사그라지는 물꽃"(「칠월 한낮」)을 보았을 때, '물꽃'의 뿌리는 김유석의 삶이 아니라 그의 시에 깊이 박혀 있을 것이고, "밖으로 드러내놓고 살아가는 소의 기억은 후천성"(「개뿔」)이라고 규정할 때도 김유석은 삶의 기억보다는 시의 기억을 염두에 두었을 것으로 생각한다. 다음 시에서 그의 시적 기억론의 일단을 살펴볼 수 있다.

싸락눈 몇 됫박 들판에 안치는 저녁이다.

작년에 끌고 간 줄 토막토막 끊어 오는 기러기 울음 굴푯한 어스름.

부메랑 날갯죽지들 붐비는 공중을 바라보며 한 철 들러 갈 것들에게 또다시 가슴을 앗긴다.

어느 추운 고장의 습속일까, 바닥을 짚기 전 몇 번이나 파닥거리는
뜨내기들.

제 기척에도 놀라는 것들은 저런 식의 설은 기억법을 가지고 있어서 한 곳 정들지 못하고 떠도는 것일 게다.

공중을 건널 때와 바닥에 내리는 울음이 설핏 다름을,

가뭇없는 작은 애비 기별인 양 초저녁잠 설치는 서당집 노모가는 귀 섧도록

주인 바뀐 논배미에 주둥이를 박는 것들의 발목이 붉다.

— 「이력」 전문

삶은 "기척"을 통해 자기를 증명하고, 시는 그 기척을 "기억"하는 일로 소임을 다하는 법이다. 이것이 삶이 아니라 시를 기억하는 김유석의 방법론이다. 이를테면 "부메랑 날갯죽지들 붐비는" 기척에 "또다시 가슴을 앗"기고 마는 일이 그렇다. 시인

은 이토록 사소한 일에도 쉽게 마음을 앗기고, 그 앗긴 마음으로 온 생애를 살아야 한다. 그러나 때로 그 앗긴 마음이 "토막토막 끊어 오는 기러기 울음"처럼 어느 저녁 들판을 자욱하게 덮는 순간이 오면, 시인은 못내 그 캄캄해져 오는 삶의 운명과 그 운명의 한복판에 "주둥이를 박는 것들의 발목"을 기록하지 않으면 안 된다. 이렇게 "제 기척에도 놀라는 것들"을 기록하는 일을 두고 김유석은 "설은 기억법"이라고 명명한다. 기억이 설은 이유는 존재의 근거를 상실해버린 까닭이다. 이 시에서 "파닥거리는 뜨내기들"이 "한 곳 정들지 못하고 떠도는 것" 자체가 이미 설은 일이고, 설은 일은 언제나 "울음"을 부르는 일이다. 이런 식이다. 여름 지난 어느 날 "방구석에서 쓸려 나온 청개구리 한 마리"를 두고 김유석은 "울음으로 다가와 울음으로 멀어지는 것들"(「울음 화석」)의 기척을 기억해내거나, 처서 무렵 "느릅나무 무거운 그늘"에서 발견한 매미 허물을 두고 "울음보다 긴 적요"(「처서」)에 말려들고 만다.

이런 면에서 보면, 김유석이 포착하는 삶의 기척은 시의 울음을 위한 전조에 가깝다. 「이력」에서 "공중을 건널 때와 바닥에 내리는 울음이 설핏 다름을" 이야기하는 것도 우리 삶의 순간들이 다른 전조로 다가온다는 진실을 말하기 위함이다. 이러한 시의 논리가 김유석에게는 후천성 기억의 한 형식이 된다. 울음이 삶의 기척으로 살아가는 존재에게만 주어진 후천적 자질이라는 점에서 그렇고, 그 울음이 삶의 기척을 고스란히 담아내고 있다는 점에서 그렇다. 후천성 기억을 다른 말로 하면 시적 기억이 될 것이다.

2

김유석의 시는 삶이 무엇인가라는 물음에 따라오는 통념을 빗겨 가게 한다. 그에게 삶은 살아가는 일보다는 기억하는 일에 가깝다. 기억이 사후의 일이고 돌이킬 수 없는 일이라는 점에서 삶의 기억은 선천적 운명의 지배로부터 자유롭다. "각목을 들었던 사람만 보면 기를 꺾는 소의 기억"(「개뿔」)이 소를 살아가게 하는 것처럼, 후천적 기억의 힘으로 살아가는 존재들은 "완생에서 미생으로 시간을"(「민달팽이 한 마리가」) 이동해 간다. 완생이 삶의 경험 세계라고 한다면, 미생은 경험되지 않은 세계가 될 것이다. 이런 논리에 따르면, 우리는 태어나는 순간 살아 있다는 유일한 완생으로부터 시시각각 부딪쳐오는 미생의 낯선 세계 속으로 옮겨가는 존재다. 그것은 경험된 기억을 하나씩 누적하는 일이다. 우리의 기억이 불안의 한 증상이라는 점을 인정한다면, 살아가면서 하나씩 기억을 만들어가는 일 자체가 미생을 사는 일이 된다. 각목의 폭력을 몰랐던 완생은 자신의 '기를 꺾는 소의 기억'을 통해 존재론적 불안을 얻는다. 존재의 이러한 불안 상태가 미생이고, 미생은 경험 세계에서 기록되는 후천성 기억이다. 다음과 같은 시에서 김유석은 후천성 기억을 통해 완생에서 미생으로 나아가는 생명 현상을 목격한다.

> 발자국 하나를 어디 두었을까.
>
> 간밤 텃밭을 다녀간

좀도둑의 흔적을 더듬는 노인의 몸이
자꾸 한쪽으로 기우뚱거린다.

그놈 같은데.

서너 해 전
밤눈이 올무처럼 둘러치던 외딴집
철사줄에 발목 하나를 두고 간 그놈.

제 발모가지 물어 끊고
눈밭에 생혈 적시며 사라진 그 녀석이
발자국 하나 공중에 들고서

다시 사람의 집을 찾은 것은,

봄동 앞을 망설이다
뜯지도 않고 돌아선 것은
배고픔보다 곡진한
천식 앓는 노인의 기침소리였을까.

사람과 짐승 사이
텃밭과 야생 사이
사라진 발자국 하나

지팡이 절룩이며 찍어 넣는 노인.

―「세 발 고라니」 전문

　이 시를 읽기 위해서는 얼마쯤 눈의 통증을 감내할 필요가 있을 것 같다. 누군가의 삶을 응시하는 시선이 눈 맞출 지점을 놓쳐버렸을 때, 우리의 시선은 까마득한 공중의 낙하를 경험할 수밖에 없고, 그와 같은 시선의 낙차에서 우리는 사는 일이 얼마나 통렬하게 아픈지를 깨닫는다. 이때 통점을 읽어내는 시선은 올무에 걸린 제 발모가지를 물어뜯어 "철사줄에 발목 하나를 두고"와야 했던 처절했던 기억과 만나고, 그 기억을 통해 고라니는 완생의 순간을 현재로 소환해낸다. 그럴 때 미생의 불안은 부정성의 삶이 아니라 완생을 넘어 도약하고자 하는 초월성에 가까워진다. 고라니는 후천성 기억으로 살아가는 주체가 되고, 모든 기억의 힘으로 고라니는 선천적 본능을 초월해갈 수 있는 것이다.
　이렇게 "눈밭에 생혈 적시며 사라진" "발자국"에 대한 기억이 존재의 통점이 될 수 있는 것은 그 통점을 꾹꾹 눌러가며 끊임없이 고통의 순간을 환기하는 존재가 있기 때문이다. 이 시에서는 "천식 앓는 노인의 기침소리"가 그런 역할을 한다. 기침 소리는 "봄동 앞을 망설이"는 고라니에게 통점의 기억을 환기한다. 노인의 기침 소리는 "아이들을 불러들이며 저무는 어미의 목소리처럼"(「십일월」) 고라니에게 위험을 경고하는데, 경고를 무시하고 "함부로 들여다보려다간 눈이 다"(「빈 병으로 쌓은 담장」) 치고 만다. 그렇게 눈을 다쳐 맹목이 된 존재에게 남은 유일한 몸부림은 울음이다. 볼 수 없고 보지 못하는 사람에게 울음은 존재를 증명하는 유일한 기억이다.

매미 한 마리 마당가에 떨어져 등을 비비적거린다.

펴지도 못한 우화.
날개를 단 몸의 공명통.

아직 울음이 묻어 있는 나무그늘이 가늘게 떤다.

땅속보다 캄캄한 열대의 그 밤
소나기 줄금줄금 들러 가는 마당에

어느 백치가 울음을 적고 있다.

다 버리지 못한 울음은 꾹 꾹 눌러서
다음 생으로 유폐시켜야 한다.

이명처럼, 뜨거운 것이 빗소리 뒤에서 식는다.
— 「미필적 감정 2」 전문

이 시에서 확인할 수 있듯, 울음보다 위대한 경고는 없다. 울음은 존재의 경고이자 삶의 위기이다. 그러나 볼 수 있는 자는 우는 법이 없고, 우는 자는 언제나 맹목이다. 보는 자는 삶과 세계를 경험할 수 있지만, 맹목에게 주어진 것은 경험 세계를 기억하는 일밖에 없다. 그러므로 후천성 기억으로 살아가는 존재란 맹목이고, 맹목은 언제나 울음으로 자기를 증명하고자 한다. 이 시에서 매미가 우는 것은 "땅속보다 캄캄한 열대의 그 밤"에 아무것도 볼 수 없기 때문이다. 그것은 매미의 생태와 무관하지 않다. 아무것도 볼 수 없는 땅속에서 수년을 견디는 동안 매미가 할 수 있었던 것은 제 몸에 울음을 누적하는 일이었다. 그렇게 매미는 "날개를 단 몸의 공명통"으로 태어나 온몸으로 울게 된다. 울음이 존재의 자기 증명이 되는 것이다.

"소는 세 번 운다. 배고프다고 울고 새끼 생젖 뗄 때 낼 때 울고// 한 번의 울음은 들리지 않는다."(「팔아먹는 슬픔」)라고 할 때, 그 들리지 않는 울음이 온몸의 울음이자 온 생의 울음이라는 것을 우리는 모르지 않는다. 이렇게 온몸으로 온 생으로 우는 맹목의 존재를 두고 김유석은 "활성 난시"라고 규정한다. 활성 난시란 정지한 것은 인지하지 못하고 움직이는 것만 자기 생의 영역으로 끌어들이는 시의 감각이자 삶의 감각이다. 활성 난시의 주체는 "살아오는 동안 무감각해진 것들 중 하나가 뱀 눈초리처럼 되살아나다 다시 무감각해져 갈 때// 실컷 울다가, 무엇 때문에 울고 있는지 잊어버렸을 때// (…중략…)// 눈 꽉 감고 띈다."(「개구리가 뛰는 방향을 바꿀 때」) 올무에 발모가지를 끊어냈던 고라니가 봄동 앞에서 잠시 발의 감각이 무디어졌을 때 문득 노인의 기침 소리가 아픈 기억을 환기해 준 것처럼, 울음은 맹목의 존재를 삶의 한복판으로 뛰어오르게 한다.

3

지금까지 확인한 것처럼, 김유석은 울음의 수사학으로 이번 시집을 구상한 듯싶다. 그는 우리 삶이 맹목에서 비롯하며, 삶은 울음과 같다는 점을 경고하고 싶었는지 모른다. 발모가지 잘린 고라니의 비극이 선천성 본능에서 비롯하듯, 우리는 때때로 알 수 없는 충동으로 삶을 올무 한가운데로 몰아가는 경향이 있다. 이렇게 자기 영역을 이탈하여 올무를 향해 발을 내딛는 순간 우리는 어떤 경고의 울음과 함께 타자의 영역에 들어서고 만다. 이때부터 존재의 문제가 발생한다. 알다시피 상처는 선천적 운명(자기 영역)으로부터 후천적 기억(타자 영역)으로 건너가는 경계에서 발생한다. 타자를 겪어내는 일은 어떤 식으로든 우리에게 상처를 준다. 그러므로 사는 일은 본능적으로 온몸의 상처를 핥는 일이 되며, 기억하는 일 또한 내상의 후유증을 앓는 일이 된다. 그렇게 우리의 상처는 이유 없는 생의 충동에서 발생하고 느닷없는 삶의 욕망에서 깊어진다.

1
한 채의 거미집에 두 마리 거미가 붙어 있다. 거미는 독거의 족속.

한가운데 꿈쩍하지 않는 놈은 주인이고 주변을 어기적거리는 녀석은,

거꾸로 매달려 중력을 견디는 놈은 통속한 주인이고

무엇이 들었는지, 무거운 염낭을 맨 채 허공을 휘청거리는 저 파계승 같으니

2
타고나는 것이라 했다.

집 한 채 뜨지 못하고
엎혀산다는 것이 얼마나 쓸쓸한 허공인 줄 모르고
거꾸로 매달려 세상을 볼 줄도 모른 채 이번 생을 드난 온 거미.

역마 낀 아비가 들러 간 유월, 그 어미는 외로움을 낳았다.
　　　　　　　　　　　　　　—「천고-아우」 전문

이 시에는 "한 채의 거미집에 두 마리 거미"가 동거하고 있다. 김유석은 이 기묘한 동거에서 "한가운데 꿈쩍하지 않는 놈은 주인이고" "거꾸로 매달려 중력을 견디는 놈은 통속한 주인"이라고 명명한다. 그럴 때 주인의 상대가 되는 '통속한 주인'은 정상성을 벗어난 병리적 상태, 이를테면 발모가지를 제 이빨로 끊어내야 했던 고라니와 존재론적 위상이 같다. 그랬기 때문에 통속한 주인은 "파계승"이 될 수 있고, "거꾸로 매달려 세상을 볼 줄도 모"르는 맹목이 될 수 있다. 그는 "집 한 채 뜨지 못하

고" "드난"을 살면서 타자의 삶에 충동적으로 개입하고, 그러한 충동과 욕망을 "무거운 염낭"에 꽁꽁 싸두기도 한다. 물론 염낭을 틀어쥔 끈이 느슨해지는 순간이 되면, 그는 염낭을 쥐어짜 울음을 흘려보내기도 한다. 그럴 때 울음은 '독거'가 아닌 '동거'의 후천적 기억에서 발생한 것이다. "거미는 독거의 족속"이라는 선천성을 파계함으로써 그는 마침내 후천성의 기억을 삶의 방법으로 삼게 된 것이다.

후천성 기억으로 살아가는 통속한 주인은, 시의 부제에서 확인할 수 있듯, "이번 생에 드난 온 거미"이자 "파계승"인 동생이다. 독거의 주체가 동거를 선택하는 순간, 그는 "제 몸을 쥐어트는 가학적인 문양"(「뱀의 문장을 쓰는 가계」)이 되는데, 형과 아우가 서로를 틀어쥠으로써 "붉음이 제 몸을 휜"(「유월」) 동거의 기억을 확보하게 된다. 김유석은 그렇게 하나가 된 몸을 "유월"이 낳은 "외로움"이라고 명명한다. 그에 따르면 외로움은 "혼자 살다 가는 이의 유품 같은" 것이고, "울음보다 긴 적요를 끌고 다음 생을 건너는" 것이고, "쓰다만 유서"와 같은 것이고, "한 번뿐인 생이 여러 번 다녀가듯 혼곤한"(「처서」) 것이다. 다시 말해 외로움은 유일한 삶이 아니라 반복되는 삶의 형식에 속하며, 발 하나를 잃어버린 고라니가 그랬던 것처럼, 후천성의 기억으로 매 순간을 다른 생으로 사는 일이 된다. 따라서 존재의 울음주머니가 터지는 순간이 있다면 우리의 생이 기억을 통해 반복되고 있다는 뜻이리라. '한 번뿐인 생이 여러 번' 반복될 때 '쓰다만 유서' 같은 외로움에 직면하게 되는 것처럼.

김유석은 「序」에서 "살을 섞는 감정이거나/ 한 발을 빼면/ 바닥이 쑤욱 들려나오는/ 그런 느낌을" 적었노라고 했다. 살을 섞는 감정이 어떤지, 쑤욱 들려나오는 느낌이 어떤지는 알 도리가 없다. 그러나 그의 시가 그의 감정과 느낌을 충실하게 받아 적었다는 것만은 틀림없다. 그가 받아 적은 목록 속에는 외로움과 울음 같은 것들이 들어 있을 것이라고 짐작해본다. 외로움과 울음에 이끌려 시를 쓰는 김유석에게 감정과 느낌은 삶의 기억보다는 시의 기억이 될 것이다. 그중에서도 '살을 섞'고 그 살로부터 '쑤욱 들려나오는' 느낌은 김유석만이 받아 적을 수 있는 "감정만 남은 기억"(「까마중」)일 것이다. "섬세하지도 난감하지도 않은 삶의 한가운데"(「미필적 감정」)에서 "꼭 껴안고 앓는 한 몸"(「독」)이 된 "먹먹한 기억들"(「반갑다, 꽃뱀」)을 읽는 일은, 그의 표현을 그대로 옮기자면, "만지작거리다 생긴 물집처럼"(「백혈」) 아프다. 시집 『붉음이 제 몸을 휜다』를 떠받치는 울음과 외로움 저편에 언뜻언뜻 비치는 죽음의 그림자가 보여서일 것이고, 울음과 외로움은 죽음이 흩뿌려놓은 삶의 농간처럼 읽혀서일 것이다.

  외로움과 울음은 오랫동안 서정시의 중요한 모티프가 되어왔다. 외로움과 울음이 가장 인간적인 삶의 형식에 속하기 때문이다. 외로우므로 우리는 자기를 버리고 타자의 삶으로 잠입하게 되고, 그렇게 우리를 향해 엄습해오는 낯선 존재의 표정 앞에서 우리는 삶의 위기를 울음으로 발산한다. 김유석의 시가 자주 울음을 터뜨리는 것은 그만큼 그가 파국의 상황으로 자주 내몰렸다는 뜻이 될 것이고, 그런 만큼 깊은 외로움이 그의 주위를 배회하고 있었다는 의미가 될 것이다. 이번 시집에서 전면적이지는 않지만, 종종 죽음의 징후를 읽어낼 수 있는 것도 어쩌면 같은 맥락에서일 것이다. 나는 그 징후를 "울음으로 지울 수 없는 적막"(「청연」)이라고 생각한다. 그리하여 김유석은 "떠난 몸에 묻어 있는 볕뉘 긁어모아 남은 이의 적막을 염하는 석양"(「종점」) 같은 시를 계속해서 써나갈 것이다. 그리고 한 편의 시로 기억되기 위해 그는 오늘도 석양이 걸리는 지평선을 향하여 외롭게 서 있을 것이다.

빈속에다 쓴 한 모금의 시
— 김형미, 『오동꽃 피기 전』

> 크고 둥근 마음을 가진 꽃에게
>
> 나는 이미 혼을 다 내어주고 없는 사람이 되었네
>
> ―「일일화」 중에서

1

 턱을 치켜들고 허공을 바라보는 시인은 예언 같은 시를 쓰고, 고개를 돌려 지나온 자취를 더듬는 시인은 삶을 기억하기 위해 시에 굴복하는 것처럼 보인다. 그리고 이마를 숙이는 시인도 있다. 그들은 그런 자세로 자기의 내부를 들여다보는 시인이다. 이런 시인들은 바라보지 않고 돌아보지 않고 다만 들여다볼 뿐이다. 심연(深淵)이라는 욕망의 물낯에 드리워진 자기 표정을 확인하듯, 자기의 눈으로 오롯하게 들여다볼 때 심연의 무늬는 읽힌다.

김형미의 시를 읽는 일도 마찬가지다. 그의 시에서 멀리 내다보는 낯선 기척을 발견하기는 좀처럼 쉽지 않다. 그는 뒤에 남겨두고 온 어떤 것을 들추어내지도 않는다. 바라보거나 돌아보지 않는다는 말이다. 그렇다면 남는 것은 들여다보는 것. 그러나 들여다보는 것은 단순히 드러나는 것을 보아내는 것과는 다른 행위다. 드러나지 않은 어떤 것을 드러날 수 있도록 열어놓는 일이 보아내는 행위에 선행되어야 한다. 들여다보는 일은 시선(視線)의 문제가 아니라 심선(心線)이 닿아야 한다는 말이다.(심선에 닿는 일을 마음씀이라고 말하기도 한다.) 시인이 들여다보는 내부에는 외부와 격절되는 벽이 있기 마련인데, 벽의 임무는 외부의 시선을 가차 없이 튕겨내는 일. 그렇기 때문에 벽에 (창)문을 만들고 그 문을 열어젖히는 사전 작업이 필요해진다. 심선, 즉 마음씀은 그러한 수고를 마다하지 않는다.

하이데거는 마음씀(sorge)을 세계-내-존재의 본질, 즉 존재의 근본구조라고 설명한 바 있다. 이 마음씀으로 해서 우리는 우리가 살아가는 세계의 구조를 이해하고, 그 세계를 살아가는 우리 스스로를 알게 된다는 것이다. 그렇기 때문에 자기 내부를 들여다보는 일은 마음씀으로부터 시작할 수밖에 없다. 물론 이 마음씀이 불안으로부터 개시된다는 점을 우리는 안다. 불안은 내면의 문을 여는 원인이면서 때로는 내부로 들어가는 문 자체가 된다. 단단한 내부의 벽에 균열이 발생하는 것도 이 같은 불안의 속성 때문이다. 그런 의미에서 김형미가 "저 눈은 영혼이 들고나는 통로"(「등대」)라고 선언한 것은 탁월한 발견으로 보인다. 눈은 이미 세계를 향해 열린 주체의 틈이자 균열이기 때문이다.

2

'내부'이거나 '내면'이거나 '속'이거나, 특별히 강조하지 않는다면 일상 어법에서 굳이 가려 쓸 이유는 없다. 그러나 말의 기척을 남달리 따지는 시에서라면 사정이 달라진다. 내부가 공간적 폐쇄성을 내세우고 있다면, 내면은 그 공간이 압축된 접면이라는 인상을 준다. 반면 속은 모호해진다. 속은 '안'과도 다르다. 속이라는 말에서 우리는 안 혹은 내부의 '중심'을 감지한다. 더 이상 내/외부의 경계를 분할할 수 없는 원초적인 지점을 우리는 속이라고 한다. 속이 확산하면서 외부와의 접면을 형성하고, 바로 그 속으로부터 안과 내부가 만들어진다.

　　검은 먹을 치는 묵화를 볼 때마다

　　사는 일이 흰 것과 검은 것 너머에 있는 듯하여

　　나는 자주 닥나무꽃 피는 쌍계사 팔상전을 서성이다 오곤 한다

　　한 나무 위에 올라앉은 몇 새들처럼

승속이 하나로 머물러 있는 묵화 속에는

내 생의 어느 때 만난 당신과의 인연이 있고

이 생과 저 생이 다를 것 없이

지금 붓끝 안에서 이어지고 있는

늦어진 호흡이 있음을 안다

지극히 제 죽음 속을 들여다본 자들은

먼 곳을 다녀와본 자들은

저 검은 먹색으로 피었다 지는 억겁의 생을

아무렇지도 않은 듯 신발 속에 두고

홀연히 몸을 일으켜 떠나버릴 수도 있음을

—「묵화」 전문

이 시에는 "속을 들여다본 자들"이 있다. 그들이 들여다보는 것은 "죽음"이 아니라 그 "속"이다. 이 시의 전반부는 그들이 들여다본 '제 죽음 속' 풍경으로 읽히는데, 거기에는 "흰 것과 검은 것 너머에 있는 듯"한 삶이 있고, "승속이 하나"여서 "이 생과 저 생이 다를 것 없는" "눅어진 호흡이 있"다. 흰 것/검은 것, 승/속, 이 생/저 생 등 죽음 바깥의 풍경으로 익숙하게 보아 온 대립 쌍들이 죽음 속에서 초월하고(너머) 통합하며(하나) 결국에는 동화되고(다를 것 없는) 있는 것이다. 그 속에 "억겁의 생"이 "검은 먹색으로 피었다 지는" 무한순환의 생명력이 있다. 그리하여 그것들이 하나의 생명임을 자각하는 순간 각자의 운명을 찾아 떠나야 하는 시의 섭리가 실현된다. 즉, 시는 "홀연히 몸을 일으켜 떠나버"리는 것. 그리하여 "저만의 고독 속으로 뙤똥하게, 숨어"(「산도라지」) 들어 "고요하게 제 안을 소요"(「산」) 할 때마다 "달의 손금은 조금씩 제 명을 바꾸어/ 쇄골 가득 시를 쟁여 가을로 떠날 채비를 하"(「묵꽃」)게 만든다.

중요한 것은 떠나는 행위가 아니라 떠나는 순간의 마음씀이다. 떠남의 순간이 되면 모든 시간은 정지하고 모든 중력은 마비되며 모든 시선은 방향을 놓친다. 떠나는 자가 서 있는 곳은 세계의 원점(原點)이 되고, 그 순간에 떠나는 자는 가야 할 곳이 아니라 자기가 딛고 선 원점을 응시하게 된다. 이 원점은 "비어 있으면서 비어 있지 않은 공명음"(「능으로 가는 길」)의 세계이다. 이 세계는 없음과 있음이 분화되지 않았고, 무질서를 내적 질서로 구축하고 있는 세계이다. 그렇기 때문에 주(主)와 객(客)의 분별이 나타나지 않은 상태에서 모든 것은 서로를 향해 충격하고 충돌한다. 이 충돌과 충격을 김형미는 함께 욺, 즉 '공명'의 순간으로 포착한다. 이 무분별한 소리의 충돌과 얽힘을 원점에서 응시함으로써 김형미는 소리의 연원을 추적해간다.

"비 오지 않고 바람 불지 않는 조용한 밤에는// 기장 아홉 대궁이 다 한 마디로 된 소리를 한다"(「기장」), "조간대 위에 앉아// 조기떼 우는 소리를 듣습니다"(「수성당」)에서 보듯, 소리야말로 존재의 가장 내밀한 곳에서 가장 날 것의 숨으로 밀려 나오는 것이기 때문이다.

1
해가 들어오는 꼭 그만큼
집안 깊은 곳으로 봄눈이 들이친다
떠난 계절처럼 무심히,
한 계절로 옮아가는 슬픔인 것이다
해가 들이치는 꼭 그만큼만

2
내가 네 몸을 통과해갈 때도 그런 소리가 났을까
바람이 모아져서 원통형으로 휘돌다
문득 발걸음이 멈추어지는,
사람마다 자기에게 맞는 취구혈이 있어
입에서 나온 바람이라 하여
모두 소리를 내는 바람은 아닐 것인데
그 중 너는 참 소리 내기 어려운 악기였던 게지
바람이 자꾸 엉뚱한 곳으로 새어나갔던 때문인데
내가 네 몸을 통과해갈 때는
소리 내기에 적당한 바람이었으면 했어

칠 년 전 당신이 손에 쥐어준 청피리처럼
그리 길지 않은 세월이었으면 했던 게야
봄 하늘 어디쯤 가만 앉았다 가는 노인별이었으면,
저 먼 나라에서 지고 온 네 뼈를 짚는 소리였으면,
오래도록 네 생을 더듬는 여음이고 싶었던 게지
내가 네 몸을 관통할 때도 그랬을 게야
너에게서 나는 소리를 들으려고 온 깊이로 파고든,

—「소리를 찾아서」 전문

  모든 소리는 "몸을 통과해갈 때" 공명하기 시작한다. 통과하는 일은 무질서로부터 질서를 만드는 일. 질서가 유기적인 결합을 통해 스스로 작동하는 원리라는 점에서 통과하는 일은 새로운 삶의 법칙을 획득하는 일이다. 이렇게 통과하는 행위의 원초적 상징성에 관해 우리는 견고한 세계를 형성해왔다. 모든 탄생에는 통과해야 하는 관문이 있고, 이 관문은 마치 시련처럼 주어져 있으며, 이 관문을 통과한 자에게만 새로운 소리를 부여해왔다. 그러므로 탄생은 곧 소리의 시작이다. 너와 나의 만남도 예외는 아니다. "내가 네 몸을 통과"하기 전에 두 존재자는 무질서한 공명 상태였다. 그러다가 "바람이 모아져서 원통형으로 휘돌다/ 문득 발걸음이 멈추어지는," 지점에서 두 존재자는 서로의 소리를 확인하고자 한다. 이 확인 절차는 "사람마다 자기에게 맞는 취구혈이 있"는 것처럼, 모든 존재자는 스스로의 고유성을 지녔기 때문이다. 그러므로 소리를 발견하고 소리를 확인하는 일은 "내 안을 떠도는 열두 맥 기혈을 열"(「만파

식적의 전설」)어 "사람 속을 고조곤히 건너다닐 줄 알게"(「소쇄원에서」) 되는 일이다.

김형미는 이번 시집에서 유독 소리 이미지를 반복적으로 만들어내고 있다. "고대 히말라야 산에서 날아온 저 새는/ 울음소리가 저리 아름다워도 되나"(「가릉빈가」), "투덕투덕 귀얄문 새겨지는 소리가 이승의 밤길을 묻는다"(「가을이 오기 전부터」), "지공(指空)의 안과 밖이 밝았다가 어두워지는/ 회청색으로 발색된 서쪽의 지저귐을"(「피리새」), "천 년을 산 비자나무로 만든 순장바둑판처럼/ 청한 소리를 지니고 있어야 하지"(「황녹청자」) 등 다채로운 소리의 비경(秘境)을 답파하다보면, 이 모든 소리의 원점에 바람이 있다는 걸 알게 된다. 김형미는 이 바람을 응시한다. 그리고는 이렇게 결론 맺는다. "우리가 산다는 건 결국/ 내 안에서 나를 찾다 가는 바람이런가"(「부처꽃」). 이 바람의 이미지는 곧장 숨결의 한 전형으로 읽히는데, 최초의 바람이 절대자의 숨결이었던 것처럼 이 날것의 호흡 속에서 만물은 첫눈을 뜬다. 김형미는 그렇게 눈 뜬 사물의 무늬를 시의 언어로 탁본해냄과 동시에 "삶 속 깊이 목울대를 내린 토속적 영물이 내는 그 소리 흰 닭이 울면 우주의 시간에 때가 이르렀음을"(「맨드라미」) 선언한다. 이 선언이 "서툰 호흡으로 빈속에다 쓴 한 모금의 시"(「여름」)라고 우리는 말할 수 있다.

3

 그렇다면 서툴게 써내려간 '한 모금의 시'는 무엇을 말하고자 하는가? 시가 감각과 사유의 충격으로부터 어느 정도 스스로를 진정시키고자 하는 주문(呪文) 같은 것이라면, 우리는 동의할 수 있을까? 어떤 충격은 그 자체로 감각을 마비시키기도 하지만, 많은 경우에 시적 감각과 사유로부터 발생한 불꽃은 머지않아 한 줄기 연기로 희미해지고 만다. 흔히 말하는 시적 충격은 불꽃처럼 허무하게 소진되고, 남는 건 연기로 가득 찬 우리 내부의 아우성뿐이다. 시가 겨냥하는 것은, 그러므로, 불꽃이 아니라 부유하는 연기들이며, 그렇기 때문에 '한 모금의 시'는 시인들의 내부에 갇혀 유동하는 감각과 사유의 잔상이 된다. 그런 까닭에 한 편의 시는 한 컷의 잔상에서 현상해 낸 시대의 표정이 되기도 한다.

    샛길로 드는 궁항 어디쯤이었을까
    그의 사진 속 집은 한 칸이었다 한 칸이어서
    우리 둘이 부둥켜안고 사랑하기 딱 좋은
    그런 칸이라 생각이 들었는데
    이별도 없고 부끄러움도 없는 그런 칸이라고
    어쩐지 비어드는 빛도 한 칸 목숨도 한 칸
    사는 길도 한 칸뿐이어서
    그래 배고픔도 한 칸 눈물도 한 칸
    우리 둘이 영원히 사랑하자는 맹세도 한 칸

갑오징어 배 속에 쟁여온 항구도 한 칸

칸칸이 둘러싸인 칸들도 한 칸뿐이어서

그의 사진 속 집은 그런대로 견딜 만하다

초겨울 비어드는 빗방울도 한 칸

그걸 바라보는 하늘도 한 칸 바다도 한 칸

그래 사는 동안 한 번은 늘려보고 싶은 칸도 있었다

목숨빛처럼 흔들리는 술병들이 치워진 자리에

아이도 낳고 손님도 들이고

무엇보다 이번 생을 다음 칸으로 옮겨 놓고

쿵쿵거리는 심장도 한 칸뿐이어서

살 만한 집이었다 말하고 싶은 칸들을

가슴에 놓아 난로처럼 따스해지고 싶었다

먼 날 집이 헐려도 출렁이는 그곳에서

갑오징어 큰 갖처럼 월척으로 뛰었노라고

― 「어부의 한 칸」 전문

이 시에서 "한 칸"이 불러일으키는 상상력은 그것의 지시적 의미가 상기하는 고립성과 폐쇄성을 압도하면서 삶의 역설을 쏘아 올린다. 한 칸을 인식하는 순간 시인의 (자)의식은 오히려 칸을 구획하는 경계를 도발하고 싶은 욕구에 사로잡히는 것이다. 모든 것들이 한 칸으로 스스로의 존재 의의를 마름질하는 순간에도 시인의 시야는 경계를 추월하는 도약과 경계 위에 서고자 하는 비약을 허공에 그려낸다. 그것은 스스로 한 칸에 유폐당하지 않겠다는 의지의 피력이다. 생은, 적어도 우리가 아는 한에 있어서, 그러한 의지로 연명해간다. 모든 의지들은 시간에 휩쓸리지 않고, 느리지만 방향을 잃지 않으면서, 맞부딪치는 힘을 거스르는 파동을 만들어내는 것이다. 따라서 이 시에서 '한 칸'은 '한 생'으로 바꾸어 읽어도 무리가 아니다. 상징적인 의미에서 우리의 일생은 처음과 중간과 끝이 있는 한 칸의 완벽한 구성처럼 보이기 때문이다. 그러나 '생'이 연속성과 지속성의 끄트머리에 도래할 시간의 깃발을 운명처럼 나부끼게 한다면, '칸'은 순환성과 고립성을 전면에 내세워 돌아보고 기억하기 위한 성찰의 거울을 포석으로 놓는다.

  김형미는 이와 같은 '칸'의 상상력을 통해 세계에 누적된 시간의 지층을 시적 주체의 운명으로 귀속시킨다. "그의 사진 속 집은 한 칸"이라는 발견에서 시는 출발하고, 한 칸에 갇혀 순환하고 있는 기억을 주체의 삶으로 소환하면서 시는 끝난다. 중요한 것은 한 칸이 주체의 속에서 발견된다는 사실이다. 속이 단순히 내부나 내면을 지칭하는 것이 아니라는 점은 이미 밝혀두었지만, 거듭 말하자면 속은 들여다보는 지점이고 응시되는 지점이라는 점에서 시선 주체에 포착된 성찰의 좌표와 같다. 그렇기 때문에 사랑과 이별과 목숨과 심장과 가슴 같은 삶의 총체적 파국을 "살만한 집"이었다고 말할 수 있다. 삶으로 충만한 한 칸을 위해 모든 존재는 자신의 온 생애를 걸고 소용돌이쳐 온 것이다. 소용돌이치는 속에서 한 칸은 "난로처럼 따스해지고 싶"은 생명을 입증하고자 한다. 그럴 때 "먼 날 집이 헐"리는 순간, 다시 말해 한 칸의 격벽이 무너지고 칸의 경계가 소멸되는 최후의 순간이 오더라도 우리의 삶은 '한 칸 속에서 역사적인 순환을 거듭할 것이라는 전망에 닿는다. 이 전망 속에서 우리가 아는 모든 생명 현상은 욕망과 절망을 자신에게 귀속시키며 무한 증식하는 한 칸이 된다.

> 한 잎 따내면
> 또 한 잎 벙글어진다
>
> 벙글어진 꽃잎이
> 남의 집 마당에 떨어진다
>
> 저 여인의 뱃속에 든 아이는
> 본디 내 아이였다
>
> ―「연화문바둑판」 전문

이 시에서 "한 잎"은 '한 칸'의 변주이고, 그 칸이 "저 여인의 뱃속에 든 아이"로 모습을 바꾸고 있다. 한 칸의 변주 형태는 시집 곳곳에서 발견된다. "그래, 이억만 년 후의 물고기 우는 소리까지도/ 그의 등에서 부화를 기다리고 있으므로"(「견우성의 둥근 등」)에서 '물고기 우는 소리'도 한 칸으로 존재하고, "나는 돌 속으로 들어가 섬이 되기 위해/ 나를 더 잘게 부수어댔지만"(「여름 이야기」)에서 '섬'도 칸의 다른 모습이 된다. 그것들은 "땅을 돋워주지 않았는데도 알이 여물어서는/ 붓을 쥔 손마디마다 꽃으로 피어나"(「마늘꽃」)는 '알'처럼 삶의 생동감으로 잔뜩 곤두서 있다. 왜 하필이면 한 칸의 삶에 그토록 열망하고 열중하고 열심이어야 할까? 그것은 그 칸이야말로 "본디 내 아이였"기 때문이 아닐까? 주체가 들여다보고 있는 속에서 발견한 한 칸의 존재론적 가능성이 '아이'로 상징화된 새로운 생명이라는 것. 그럼으로써 김형미는 한 칸의 폐쇄성을 초월해버린다. 개인의 삶은 한 칸으로 완성되지만, 삶 자체는 새로운 생명을 반복적으로 점지함으로써 무한하게 연장되는 것이다. 한 칸에 유폐됨으로써 소멸해버리는 존재의 부재 속에서 부재하는 존재 즉, 아직 태어나지 않은 뱃속에 든 아이를 들여다봄으로써 김형미는 "내 속에 살아 있는 것들이 환절기를 앓는"(「봄」) "미처 기록해두지 못한 행간"(「떠도는 일기」)을 돌파해간다.

4

이제 김형미가 들여다보는 속의 정체가 조금 선명해지기 시작했다. 눈치챘겠지만, 김형미는 삶과 죽음 사이, 운명과 우연 사이, 어제와 오늘 사이, 나와 너 사이, 주어와 서술어 사이, 하늘과 땅 사이 그리고 시와 시 아닌 것 사이를 시적 응시의 대상으로 삼고 있다. 그것은 철(凸)과 철(凸) 사이에 존재하는 요(凹)의 세계를 발견하는 들여다보기다. 오목한 요에서 모든 생명이 배태되고 삶의 가능성이 잉태된다는 김형미의 상상력은 니체의 '디오니소스적인 것'을 떠올리게 한다. 끊임없이 유동하고 변화하는 생명력이자, 만물의 차별을 극복하고 하나가 되는 도취와 황홀경, 그리고 사지가 찢기는 죽음을 극복하고 부활하는 불멸의 생명력을 상징하는 디오니소스적인 것을 통해 김형미는 "바닥에 닿는 짧은 번뇌 꽃이 되어/ 꽃도 온몸으로 비 오는 소리를 내주"(「바닥에 피는 꽃」)는 최저의 세계에 안착한다. 그런 의미에서 김형미의 시는 요의 세계로부터 "흰 살점을 털고 투둑,/ 무언가 살아 돌아올 것만 같"(「두메별꽃」)은 찬가에 가깝다. 물론 이때의 찬가는 주연(酒宴)의 복판에서 벌어지는 디오니소스적인 것을 말한다. 마비된 이성과 열린 시야의 환각으로 빚어낸 요(凹)의 언어들이 마음껏 휘발하는 그것을 김형미는 바람의 주술처럼 풀어내는 것이다. 그것들은 "애초부터 내 안에 있었던 것/ 하여 뼈를 뚫고라도 솟구쳐 나오려는 것"(「잠」)으로, 김형미에게 그것은 시라는 구체적으로 조작된 삶의 방식이 된다.

>그의 그림 속엔 바다가 있단다 섬이 있고
>작은 풀들이 꽃대를 밀어 바다만큼 깊어지는
>빨갛고 흰 예쁜 이름들이 있단다
>그의 그림 속 섬들은 언제나 제 그림자만한 시를 지어서
>바다는 밤새 시를 읊느라 잠도 들지 않는단다
>물새들도 그 소리 듣느라 날개를 재우고
>작고 볼품없이 바다 가운데 뜬
>눈만 까만 시인의 마음을 헤아린단다
>그의 그림 속엔 바다가 살고
>멀고 가까운 사람이 사는 마을까지
>밤새 읊다 만 시어들이 찰싹찰싹 반짝인단다

행간의 숨은 고뇌를 아는 바람도
밀어올린 꽃대만큼 커서는
빨갛고 흰 예쁜 이름들을 되뇌인단다
시인을 사랑하는 그림이 된단다
　　　　　　― 「시가 태어나는 바다」 전문

　시인들이 저마다 독자적인 시론을 감추고 있는 것처럼, 김형미에게도 남들과 분별되는 시적 지평이 있다. 이 시에 그 내밀한 비밀이 숨겨져 있는데, "행간의 숨은 고뇌"에서 결정적인 단서를 확보할 수 있다. 여기서 말하는 '행'을 우리는 앞서 철(凸)로 바꾸어 말한 바 있다. 주목의 대상이 되는 돌올한 것들이 행 혹은 철의 세계를 형성하는데, 주로 언어의 명사적 용법에 편승하여 그 세계는 현상된다. 그에 비하면 '간'은 요(凹)에 해당하는 은폐된 세계이다. 이 세계는 명사와 명사 사이에서 두 세계를 잇거나 절연하는 데 치중한다.
　이 시의 도입부는 김형미 시의 발생론적 맥락을 증거하는 사례처럼 읽힌다. 우선 '작은 그림 속에 '바다'가 있고 그 바다에 '섬'이 존재한다. 그 섬에는 또한 '이름들'이 있는데, 그 '이름들'은 "작은 풀들이 꽃대를 밀어 바다만큼 깊어지는/ 빨갛고 흰 예쁜" 이름들이다. '그림 속 〉 바다 〉 섬 〉 이름들'로 응시의 초점이 심도를 얻어가는 과정에서 갑자기 이름들을 수식하는 색채 이미지가 등장하는데, 우리는 이 '빨갛고 흰 예쁜'이라는 주관적 시선에 사로잡힌 이름들에 주목한다. 시는 이 이름들을 호명하고 존재를 증명하는 방식으로 전개될 것 같은 예감을 준다. 물론 그 예감은 충분히 충족된다. 4행에서 그 이름들은 시의 다양한 페르소나(persona)라는 점이 암시되는데, 이 지점에서 「시가 태어나는 바다」는 김형미의 시론으로 읽히기에 손색이 없다. 이를테면 김형미에게 시는 "작은 풀들이 꽃대를 밀어 바다만큼 깊어지는" 순간에 대한 인간적 고뇌를 반영하는 다양한 표정들(persona)이다. '바다'라는 삶의 지평에서 개체인 '섬'이 피워낸 꽃대가 오히려 자기 존재의 근원인 '바다'와 동일한 지평을 구성할 때, 역설적으로 새로운 세계 지평으로서 시가 태어난다는 것이다.

따라서 우리는 '그림 속 > 바다 > 섬 > 이름들=바다'라는 새로운 구도를 그려낼 수 있다. 여기서 아직 해명되지 않은 '그림 속'을 보다 구체적으로 검토해볼 필요가 있다. 다행인 것은 1행에서 제시되었던 '그림 속' 구도가 9행에서 다시 한 번 제시되고 있다는 점이다. "그의 그림 속엔 바다가 살고/ 멀고 가까운 사람이 사는 마을까지/ 밤새 읊다 만 시어들이 찰싹찰싹 반짝인"다는 진술 속에서 우리가 주목해야 하는 것은 '그의' 그림 속이 암시하고 있는 응시 주체의 존재이다. 바다와 섬과 꽃대와 시가 모두 '그의 그림 속'에 존재한다. 이때 '그림 속'은 주체가 응시하고 있는 자기 삶의 한 칸에 해당한다. 시가 개인의 사회적·역사적 경험을 토대로 구성된 상상적 언어 지평이라는 점에서, 정황상 '그림'은 '경험 맥락'과 등가 관계를 형성한다. 우리가 들여다보는 '그림 속'은 도래할 미지의 영역이 아니라 우리 삶의 흔적이 남겨진 낯익은 세계일 수밖에 없기 때문이다.

그러나 낯익은 지점에서 '빨갛고 흰 예쁜 이름들'이 발견될 가능성은 높아 보이지 않는다. 익숙한 것들은 닳아진 것들이다. 우리는 닳은 것들에서 새로운 감각을 자극받을 수 없다. 김형미는 누구보다 그 사실을 잘 안다. 그래서 그가 눈여겨본 지점은 행간이라는 낯익음과 낯익음 사이이다. 그 사이는 콜럼버스의 신대륙처럼, 존재하지만 아직 발견되지 않은 새로운 삶의 영역이다. 김형미는 바로 그 "행간의 숨은 고뇌를 아는 바람"을 포착해낸다. "곁이 조금씩 비어 생이 더욱 허전해진다고/ 바람이 분다 아아, 바람이 분다"(「부처꽃」)에서 보듯, '바람'은 절망의 순간에 더더욱 삶을 충동한다. 그렇기 때문에 김형미는 "미처 기록해두지 못한 행간에는/ 한결 수월하게 다시 저질러질 수도 있는,/ 바람 서늘한 일들이 숨어 있"(「떠도는 일기」)다고 고백한다. 행간에서 시가 태어날 수밖에 없는 이유가 여기에 있다.

5

  김형미 시의 원점으로 행간을 읽어내는 눈 맑음을 이야기했지만, 행간에 무엇이 있는지는 아직 말하지 않았다. 행간은 주목의 대상이 되지 못하는 까닭에 우리들에게는 그다지 익숙하지 않은 영역이다. 그동안 우리가 행간에서 읽어낼 수 있었던 것도 모호하기만 했다. 예컨대 우리가 나무와 나무 사이에서 발견할 수 있었던 것은 공동(空洞) 뿐이었다. 아무 것도 없다는 것, 어쩌면 이 말이 '사이'를 마주하는 우리의 솔직한 반응일 것이다.

그러나 행간은 분명 스스로의 존재를 증명할 수 있다. 있음과 있음 사이에서 없음이라는 자기 존재를 증명하기 위해 행간은, 비유적인 의미에서, 바람에 의탁하고 있다. 바람은 시선에는 포착되지 않으면서 반드시 어떤 흔적을 남김으로써 주체의 시선을 교란한다. 눈썰미 있는 시인이라면, 바람의 교란을 능란하게 다스림으로써 보이지 않는 것을 보아낸다. 바로 그때 시선이 아닌 심선이 작동한다.

    흰 새가 날아오는 쪽에서 가을이 오고 있다
    살던 곳의 바람을 죄다 안고서

    딱 한 가지씩만 용서하며 살고 싶다
                             —「가을」 전문

이 시는 추상의 언어로 차곡차곡 쌓여 있다. 그럼으로써 시는 아슬아슬한 상태를 유지한다. 가을, 바람, 용서 같은 시어들은 시선에 포착되지 않는다는 의미에서 없음의 언어이다. 이 보이지 않는 것들을 볼 수 있게 해주는 것은 '흰 새'가 유일하다. 이를테면 흰 새는 가을이자 바람이자 용서가 되는 것이다. 그러나 흰 새도 색채 이미지를 강조하기 위한 것일 뿐, 구체적인 종(種)과 이름을 은폐하고 있다는 점에서 이 시는 그 자체로 행간이 된다. 중요한 것은 그 행간에도 흰 새와 그것의 순백성에서 추출된 용서라는 철의 세계가 형성된다는 점이다. 이는 김형미의 행간이 있음과 있음 사이에서뿐만 아니라 없음과 없음 사이에서도 작동한다는 점을 드러낸다.

없음과 없음의 사이에서 뭔가 포착해내는 일은 디오니소스적이다. 디오니소스의 예술이 시나 음악처럼 비조형적인 예술을 기원에 둔다는 점에서 그렇다. 김형미는 비조형적인 창조성의 원천을 '바람'에 두고 있다. 바람은 모든 창조의 순간을 선포하는 '소리'를 지녔다. 이 소리가 어떤 것의 '사이'를 통과할 때 발생한다는 점을 우리는 밝힌 바 있다. 다시 말해, 김형미가 행간의 있음을 포착하는 계기는 소리에 있으며, 이 소리는 바람의 한 모습이라는 것이다.

이제 이 글의 도입부에 인용했던 시 「일일화」를 이야기해야 할 순간이다. 그 시에서 김형미는 "나는 이미 혼을 다 내어주고 없는 사람이 되었네"라고 밝혔다. 그렇다면 '없는 사람'은 누구인가. 지금까지 김형미의 시를 읽어 온 사람이라면 머릿속에 선명하게 떠오르는 낱말 하나를 발견하게 될 것이다. 그렇다. 우리의 머릿속에는 '행간'이 떠올라 있다. 우리의 짐작처럼, 김형미는 '행간'이 되고자 한다. 모든 창조의 순간이 철과 철 사이 요의 세계에서 촉발된다는 점에서, 시인의 존재 위치가 '행'이 아니라 '간'이 되어야 하는 것은 틀림없다. 김형미의 '없는 사람'은, 따라서, 행간으로 존재하는 시인의 운명을 말하는 것처럼 보인다. 그렇다면 행간에는 무엇이 있어야 하는가? 오래 고민할 필요는 없을 듯하다. 김형미식으로, 우리는 이렇게 말할 수 있도록 준비해왔다. "그래 사랑할 만한 것이 딱 하나만 있어라"(「시월」).

근황의 미학
−박선애,『꽃살문에 소식 전하다』

1. 얼핏 : 먹먹한 봄입니다

 이런 문장을 만들어보는 것으로 박선애 시인의 시를 이야기하고자 한다. 손끝에서 타자는 탄생하고, 시선 끝에서 세계는 개시된다. 거창한 선언처럼 보이겠지만, 핵심을 추려 말하자면 이런 의미다. 나의 경험은 다른 것들로부터 온다. 이 말에는 또 이런 의미도 포함되어 있다. 우리 인간은 나 아닌 것들로 가득 차 있다. 그런 까닭에 우리는 다른 것들과 접촉하면서 우리를 만들어 간다. 이런 접촉의 현장을 삶이라고 말하고, 삶의 감각들을 가장 생생하게 포착하는 순간을 근황이라고 부른다. 대수롭지 않게 보이는 근황이 다른 무엇보다 중요한 이유가 이것이다. 근황이란 가장 첨예한 삶의 순간인 것이다. 그럼에도 우리의 시는 근황에 대해 호의적이지 않았다. 손끝 감각이 아닌 허공의 무감각을 찬양해왔으며, 시선에 포착될 수 없는 사유에 매혹되었다. 그러는 동안 우리의 근황은 모호해졌고, 우리의 삶은 분란해졌다.

박선애 시인이 근황의 시를 쓰는 이유는 모호해진 삶과 분란해진 일상으로부터 벗어나기 위해서이다. 이러한 시도를 통해 얻어낼 수 있는 시적 효과는 두 가지 정도라고 생각한다. 하나는 최근 우리의 삶이 얼마나 비감각/무감각적으로 바뀌었는지를 폭로하는 일이다. 이것이 중요한 이유는 우리의 삶이 유기적인 활동으로부터 기계적인 작동으로 변화하고 있다는 진단과 그것을 회복하는 일이 우리의 감각을 활성화하는 일이라는 것을 한꺼번에 보여주기 때문이다. 근황의 시 쓰기를 통해 노릴 수 있는 또 하나의 효과는 삶에서 이격되었던 시를 삶에 밀착시킬 수 있게 되었다는 것이다. 삶으로서의 시 혹은 시로서의 삶이 주는 효과는 우리의 삶이 감각적일 뿐만 아니라 정서/감성적이라는 사실을 확인하는 일이다. 그리하여 박선애 시인의 시는 삶의 감각을 자극하고 정서를 충만하게 해준다. 다음의 시가 적절한 예가 될 것이다.

내밀한 사랑이 얼핏 자리 빌린 곳
변산 바람꽃 아래에는
듣는 귀들이 참 많습니다
휘휘친친 동여맨 부동의 자세로
어김없이 귀 하나 열어두고
검불 뒤척이다 제소리에 숨죽이는 사이
세상이 열렸다지요
나른한 날갯짓으로 팔랑거리며
일주문 지나 벼락 맞은 몸 내어주는

등걸에도 앉아보고
늘상 푸르기에도 지친 전나무가
뾰죽 입 내밀고 들썩이며 분주한 곳을 지나
눈여겨보지 않은 그늘을 만납니다
쉬어가는 그곳
빛바랜 꽃살문에 내려앉아

-꽃이 피었답니다

드는 바람에 속살거려도
바람에 얹혀오는 독경 소리

아, 먹먹한 봄입니다

　　　　　　　　　―「꽃살문에 소식 전하다」 전문

　근황을 전하는 어법은 간-직접의 방식을 띠는 경우가 많다. 소식을 전하는 일이 타자의 수신을 전제로 하는 까닭에 듣는 이의 입장을 더 헤아리게 되고, 자연스럽게 말하는 이의 상황을 객관화하는 버릇이 생기게 된다. 조금 가볍게 말해보자면, '나'의 일을 '타자' 쪽으로 슬그머니 밀어놓는 일이 근황을 전하는 방식인 것이다. 따라서 "세상이 열렸다지요" "꽃이 피었답니다" 같은 간접화(객관화)된 어법은 '나'와 '타자' 사이에 근황의 내용을 자리하게 하는 방식으로 적절하다.
　그렇다면 박선애 시인이 전하고자 하는 근황은 어떤 것들일까? 결론부터 말하자면 그는 일상이라는 무감각한 세계에서 벌어지는 미묘한 변화를 감각적으로 발견하고, 그러한 변화가 불러올 파장을 미리 들여다보게 만들어준다. 가령 "내밀한 사랑이 얼핏 자리 빌린 곳"이라고 할 때, 무심하게 지나갈 수 있는 '얼핏'과 '빌린 곳'이라는 시어에 주목할 필요가 있다. 이들 시어는 무감각한 세계와 대면하는 순간에 시인의 감각이 어떻게 작용하는지를 보여준다. 그러니까 감각과 감각이 접촉하는 최초의 순간에 관하여 박선애 시인은 '얼핏'이라는 스침의 관계를 형성한다. 이 말은 주목이나 집중 같은 부류와는 다른 무늬를 가졌다는 뜻이다. 초점화된 주목의 순간이 필연의 계기로 작동한다면, '얼핏'에는 나와 타자 사이에 형성된 우연의 공동체가 실현된다. 이러한 우연성에서 '빌린 곳'이 발생한다. '빌린 곳'은 나와 타자의 감각이 고정되거나 어느 한 쪽에 귀속되는 것을 방지하기 위해 마련된 감각의 간접화된 저장소이다. 이렇게 박선애 시인은 시적 감각을 격하게 주관화하지 않음으로써 오히려 그 감각의 파장 속으로 말려들어간다. "아, 먹먹한 봄입니다"라고 시를 마무리하는 방식이 그렇다. 이제껏 나와 타자 사이에 발생하는 '얼핏'의 순간들이 누적됨으로써 단단해진 감각의 중심을 만들어내는 것이다.

2. 내심 : 모난 마음 설운 얘기들

이렇게 일상에서 벌어지는 '얼핏'의 순간들을 포착함으로써 박선애 시인의 시는 삶이 품고 있는 비밀들에 근접해 간다. "그리움이란 애당초 묻고 사는 것"(「선운사 꽃무릇」), "밤새 물을 길어 올렸는데/ 새벽이 되어서야 나는/ 밑바닥이 깨진 것을 알았습니다"(「자가격리」), "다 식은 캔 커피도/ 가을이니까 괜찮다"(「가을 어느 날」), "손바닥이 촉촉해지면/ 잠시 쉬었다 가는 것도 괜찮지"(「적색 점멸등이 켜졌다」) 같은 발견의 순간들이 시적 비밀의 일종이다. 이렇게 우리의 일상이 다양한 비밀로 가득하다는 사실을 박선애 시인은 근황의 시를 통해 보여준다. 그렇다고 해서 그의 근황이 사적인 영역에만 갇혀 있는 것은 아니다. 그의 일상은 동시대 사람들의 일상이 모여 있는 공유지를 향해서도 따뜻하게 열려 있다.

    빨간 표시 가물거리며
    철거왕 해리스매가 떴다

  북극성을 쥐고자 했던 소년은 포크레인 아래 부서지는 아비의 꿈을 모아 사다다리를 엮었다 쇠파이프에 동강 나는 33개의 뼈로 지지대를 만들고 생명이 숨 쉬던 여자의 옷자락이 갈기갈기 찢겨 그의 동아줄이 되었다 육지로 향한 다리를 놓기보다 남일당 망루로 향한 두 개의 문을 뜯으며 치솟아 오르는 불길 속에 어미의 오열을 쏟아부어 돌진하는 철거왕의 전설이 되었다

  활강하는 정수리에 겁 없이 앉아 둥지를 지키겠다고 날아든 노란배딱새 한 마리 팽개쳐버리고 두툼한 장갑 낀 손에 내려앉

은 해리스매, 시치미를 떼어내는 손이 야속하다

북극성은 아직도 먼데
노란배딱새 한 마리가 또 날아든다

— 「용산 망루에」 전문

이 시는 2009년 1월에 발생했던 용산참사를 다루고 있지만, 보다 깊은 곳에서는 21세기에도 잔존하고 있는 20세기의 폭력에 관한 성찰을 촉구하고 있다. 하나의 현상이 만들어지기까지 그 이면에서 무수하게 중첩되고 누적되었을 본질에 다가가는 것이다. 그렇다고 해서 "철거왕의 전설"이 쉽게 허물어지는 일은 없겠지만, 그것을 언어로 형상화하는 일은 시인에게 주어진 최선의 몫이다. 시인은 현상에 현혹되지 않고 그 안에 감추어진 내심을 발가벗기는 것에 최선을 다해야 할 책임이 있는 것이다. 박선애 시인은 "해리스매"와 "노란배딱새"의 대비를 통해 권력의 속성을 낱낱이 해부해낸다. "둥지"를 둘러싸고 지키고자 하는 쪽과 철거하고자 하는 쪽의 충돌을 "치솟아 오르는 불길"을 통해 형상화해낸다. 이 불길에 타오르는 것은 '둥지'만이 아니다. "아비의 꿈"도 "생명이 숨 쉬던 여자의 옷자락"도 불기둥 속으로 사라져버렸다. 그리하여 이 시는 힘의 비대칭성을 강조하는 것처럼 보이지만, 사실 박선애 시인은 우리의 삶에서 진정한 힘이 무엇인지를 보여주고자 한다. "북극성은 아직도 먼데/ 노란배딱새 한 마리가 또 날아든다"에서 확인할 수 있듯, 희망의 빛을 향해 계속해서 날아오르는 일이야말로 우리를 살아가게 하는 진정한 힘이라는 사실을 강조한다.

  이렇게 감각되는 것의 배후에서 인간의 삶에 간섭해오는 것은 외력만이 아니다. 어쩌면 우리들이 품고 있는 내력들이 우리의 일상에 보다 강력한 영향을 주는지도 모른다. 외력은 타발적인 힘인 까닭에 더러 고개를 치켜들고 저항을 기도해볼 수 있지만, 내력은 우리들의 항거를 미리 차단하는 까닭에 우리들 스스로 무기력해질 수밖에 없다. 그러나 한편으로 내력의 미덕은 자기 발견 내지 각성의 순간을 필연적으로 포함한다는 데 있고, 이를 통해 내력의 세계는 우리를 성숙한 세계로 이끌어준다.

> 정이월 바람 할미
> 눈 붙인 오후 녘에
> 그리운 마음으로 독을 씻는다
>
> 가슴까지 시려오던
> 싱건지 국물 맛이
> 아직도 배어나는
> 모양새 듬직한 오지항아리는
> 여전히 고우신 어머니 모습
>
> 어느새,
> 모난 마음 설운 얘기들이
> 소금처럼 풀리우면

겨우내 그러안아 데워주는

넉넉한 차림새의 두 아이 어미가 되어

이제는 베풀 꽃향 가득 채우려

독을 씻는다

—「정이월」 전문

「정이월」은 박선애 시인의 시적 특성을 가장 선명하게 보여주는 작품이다. 군더더기 없는 서사도 일품이지만, 군더더기가 차지하고 있던 시의 자리들이 희미하게 남아 있는 것이 인상적이다. 독을 씻는 일을 정갈하게 형상화하는 일을 전면에 세워두었지만, 정갈해지기 위해 독의 묵은 때를 품고 뚝뚝 떨어져 내린 흔적이 시의 행간에서 뚜렷하게 보인다. 이 시에서는 그것이 "그리운 마음"으로 언표되었다. 독에 스며있던 그리움의 자취들을 닦아내는 일은 오랜 세월이 지났어도 "아직도 배어나는" 이야기들이다. 그것은 단순히 눈에 보이는 감각적 자질을 넘어 마음 깊은 곳에 새겨져 있는 삶의 본성이다. 이 본성이 우리를 "빛이 되는 사랑으로 밀어주고/ 살아있는 사랑으로 끌어주며/ 서로에게 든든한 일상"(「그대 오신다기에」)을 만들어준다. 이렇게 '아직도 배어나는' 인간 본성의 '그리운 마음'을 우리는 다른 말로 인격이라고 하지 않던가! 따라서 박선애 시인이 "이제는 베풀 꽃향 가득 채우려/ 독을 씻는다"라고 할 때, 그 독이 다름 아닌 그의 인격임을 알게 된다. 이렇게 인간됨의 격을 다듬어가기 위해 우리는 "모난 마음 설운 얘기들" 같은 스스로의 내력을 확인하기도 한다.

돌이 되고 싶었어라

한눈에 그를 알아보고 얼기설기 인연을 엮어
놓아주지 않는 사랑이고 싶었어라

수액이 흐르는 길목을 애꿎게 돌려놓고
왕사마귀 앞다리에 숨길을 내맡긴
그대를 모른 척하며
불같은 사랑이라 우기고 싶었어라

엉긴 실뿌리 하나도 풀지 않고
막 눈뜬 애벌레까지도
절절 끓는 용광로 열기에 담고 싶었어라

억겁을 지난 견고한 성벽이 펼쳐져
굽은 나이테를 에돌아 마주해도
그대는 모른 척하며
허물만 남기고 비상을 꿈꾸었어라

쥐어지지 않는
손끝에서 부서지는 흙이 되고 싶었어라
　　　　　　　　　　　—「규화목의 노래」 전문

박선애 시인은 자기 내력의 이야기를 다른 사물에 전이하여 객관적으로 발화하기도 한다. 알다시피 규화목은 그리스에서 유래한 것으로 '나무가 돌이 되었다'라는 뜻이다. 규화목은 식물에서 광물로 존재 전이가 발생한 상태이며, 식물과 광물의 동시성을 실현하는 존재이기도 하다. 이렇게 전이된 존재는 변이된 존재이기도 하다. 그렇다면 애초의 존재가 다른 존재로 변이함으로써 얻고자 하는 것은 무엇일까? 「규화목의 노래」에서는 연마다 "싫었어라"를 반복함으로써 존재 욕망의 절정을 보여주는데, 5연에서만큼은 "꿈꾸었어라"라고 변화를 주었다. 그런 까닭에 모든 "싫었어라"의 내용들은 손쉽게 "허물만 남기고 비상"하는 것들에 근접한다. 그렇게 비상할 수 있는 것들이 "사랑"과 "열기"라는 것은 인상적이다. 그것들은 4부에서 천착하고 있는 종교적 세계에 긴밀하게 가 닿는다. 그래서 이 시의 근저에는 인간이 '허물'을 벗어던지고 '비상'하게 되면 신성한 세계에 이를 수 있다는 믿음이 견고하게 깔려 있다.

3. 근황 : 맞울림의 소리

시집 4부에서 집중적으로 다루고 있는 종교적 믿음 계열의 시에는 인간이 규화목처럼 존재론적 전이/변이를 통해 신성함에 도달하고자 하는 열망이 담겨 있다. 물론 박선애 시인의 시는 기본적으로 존재 사태의 본질을 추구한다는 점에서 이미 종교적이다. 그럼에도 「고백」에서 "보이는 그대로 믿고/ 보이지 않는 그대로 따를 수 있는/ 무모함이 사랑"이라고 강조하는 것은 절대자를 향한 인간 경외의 지극함이 아닐까? 그 앞에서 인간은 "아름다운 속죄양 되어"(「호성동 산 7번지에서는」) "가지런히 두 손 모은 기도로/ 당신을 부"(「유월의 푸름 사이 길을 내시어」)를 수밖에 없다. 그리하여 "당신께 봉헌"(「마리아 막달레나의 기도」)하는 삶을 살아간다. 여기서 '봉헌'하는 삶이 규화목의 존재 전이와 다르지 않다는 사실이 중요하다. 식물성에서 광물성으로 나아가는 일이나 인간성에서 신성성으로 나아가는 일이 다르지 않기 때문이다.

이렇게 존재 전이를 위해 필요한 것은 '허물'을 벗어던지는 일이고, 그에 앞서 확정해야 할 일은 '허물'이란 도대체 무엇인가 하는 것이다. 그래야만 규화목에 근접하고자 하는 박선애 시인의 내심에 닿을 수 있다. 몇몇 단서들이 눈에 띄는데, 추려보자면 이런 것들이다. "오래 묶어둔 어제의 기억들"(「지심도1」), "생각만 하다가 놓친 마음"(「선물」), "제 설움으로 서걱대는 시간"(「신성리 갈대밭에서」), "운명에 묶여 고립된 사랑"(「바람을 만나다」), "품에 남아있는 팔랑거리는 숨결들"(「후박나무에 기대어」), "삶의 상흔 견디고 살았을 시간"(「국지성 호우 다녀가다」), "불쑥 가슴에 얹혀있던 딱지"(「적색 점멸등이 켜졌다」). 이것들을 하나로 묶어내는 일이 간단하지는 않지만, 박선애 시인의 생각을 빌려오자면 인간이 신성함으로 나아가기 위해 필요한 것은 "오래된 기도"가 아닐까?

보행 보조기를 밀며
미사 시간에 늦지 않으려는

그녀는

마음을 먼저 바퀴에 얹고
송골송골 맺힌 땀방울로
윤활유를 보충하여
오늘도 수목한계선에 다다른다

굽은 허리 대신 거친 마디
흔들리며 두 손 모으고
짐작되는 오래된 기도로
몸을 더 낮추면
혹한과 눈보라에 뒤틀리며
무릎 꿇은 나무로 굳어져

가깝고도 먼 하늘로 보내지는
가쁜 숨소리
소리 반 공기 반이라지

바람을 만나거든
아주 오래된 바람을 만나거든
그제야 4줄 현으로 완성되는
맞울림으로 소리 난다

—「무릎 꿇은 나무」 전문

기도의 형식은 "두 손 모으"는 일로 기호화되고, 그에 앞서 "마음을 먼저" 앞세우고 "몸을 더 낮추"는 행위가 준비되어 있다. "무릎 꿇은" 자세로 세상 가장 낮은 곳에 존재할 때 역설적으로 세상 가장 높은 곳에서 빛나는 신성함에 닿을 수 있다. 인간이 "무릎 꿇은 나무로 굳어져// 가깝고도 먼 하늘로 보내지는/ 가쁜 숨소리"가 '먼 하늘'에 닿아 "맞울림으로 소리"를 발생시키는 것, 그것이 기도의 본질이 되는 것이다. 이때 '맞울림'이 발생하는 곳은 땅 위 하늘 아래이고, 그곳이 인간 삶의 현장이라는 점에서 박선애 시인의 시는 '맞울림의 소리'로 상징되는 삶의 근황을 담아낸다. 따라서 박선애 시인에게 근황은 모든 기도의 형식으로 주어진 삶을 말하며, 그러한 삶이야말로 인간의 모든 욕망이 분출되는 일상의 배후가 된다. 즉 그는 인간 삶의 본질을 '맞울림의 소리'인 기도에서 찾고 있는 것이다.

  이쯤에서 우리의 기억을 더듬어 확인해야 할 것이 있다. 박선애 시인의 시를 이야기하면서 손끝에서 타자는 탄생하고, 시선 끝에서 세계는 개시된다고 말한 바 있다. 나의 경험은 다른 것들로부터 온다는 이야기도 했다. 그러면서 박선애 시인의 시를 근황의 미학으로 줄곧 읽어 왔다. 그 결과 근황이란 '맞울림의 소리'라는 것, 이 순간을 위해 무릎을 꿇고 마음을 앞세워 두 손을 모으는 기도의 형식이 필요하다는 것을 확인하게 되었다. 이제 '손끝'과 '시선 끝'의 세계에 관해 해명해야 할 차례이다. 이 '끝'에서 존재가 탄생하고 세계가 개시된다는 것은 '끝'이 존재론적 전이가 이루어지는 지점이라는 뜻이 아닐까? 두 손을 모아낸 그 끝에서 '나'는 '타자'를 만나고, 응시하는 시선의 끝에서 인간은 신성을 목격할 수 있다는 의미가 아닐까? 그러므로 박선애 시인에게 인간으로서의 삶은 손끝에 있고 신앙으로서의 삶은 시선 끝에 있을 것이다. 이것이 박선애 시인의 근황이자 시가 될 것이다.

한 사람만을 위한 미세한 전류
— 김다연, 『우연히 잡힌 주파수처럼』

1

"자정에만 문이 열리"(「새드 카페」)는 세계가 있다. 그곳은 "잃어버린 독 대신 독을 가진 것들을 잡아먹는 습성"(「고」)이 흐르는 "두려움과 불안이 일렁이는 내면의 바다"(「적당한 가치」)이다. 그러니 자정의 문을 함부로 열었다가는 "영혼을 갉는 불안이/ 달과 별을 알약처럼 부풀"(「태양이 빛나는 밤에」)리는 "치명적 내상"(「세우」)을 입을 수도 있다. 물론 예외적인 존재가 없는 것은 아니다. "삶을 앓는 삼류 복서와/ 정신을 앓는 일류작가 사이"(「튜닝」)에서 방황하는 존재에게는 자정의 문이 허락된다. 우리는 그런 존재를 오랫동안 시인이라고 불렀다.

김다연의 시는 삶과 정신을 앓는 존재의 비망록처럼 읽힌다. 시집의 절반은 삶의, 나머지는 정신의 "속울음 번지는 저물녘"(「소리 없이 그리다」)을 견고한 언어의 숲에 가두어놓았다. 그렇다. 김다연은 앓는 존재를 시라는 언어에 가두어두었다. 아니 어쩌면 시인 스스로가 존재의 앓는 순간에 사로잡혀 있는지도 모른다. 그의 시를 읽고 나면 저물녘의 어스름에 감염된 것처럼 삶의 갈피들이 아려온다. 그러나 왜 아린지는 알 수 없다.

한나 아렌트가 "칼로 베인 고통이나 깃털의 간지럼은 칼이나 깃털의 성질에 관해 아무런 진술도 하지 못하며, 심지어 그것들이 세계에 존재한다는 사실도 증명하지 못한다"(『인간의 조건』, 한길사)라고 강조했을 때처럼, 김다연의 시는 삶을 앓게 하는 '칼'은 물론 정신을 앓게 하는 '깃털'에 관해 아무것도 말해주지 않는다. 드러난 것은 소리 없이 '앓는' 존재뿐이다.

> 모른다, 얼마나 울어야 할지
> 어떻게 울어야 할지, 어렵기만 한 울음의 방식
>
> 액자 자국만 남은 사진을 보며 울고
> 망치 소리만 들리는 못 자국에 우는 울음
>
> 물감을 짜 마구 덧칠하는 허방 같다
>
> 유리창을 두드리는 빗방울,
> 맺혔다 흘러내리는 물의 변주처럼
>
> 속울음 번지는 저물녘
>
> 맨발만 남은 신발들을 늘어놓고
> 먼지 낀 소파 밑 바둑알을 늘어놓고

즐기던 프로를 틀어도

닦이지 않는 얼룩 하나

까르르, 아랫집 웃음소리가
뜸 들이는 밥 냄새로 올라올 때

라면이라도 끓여야지,

거울 속에 들어앉아 웃는 연습을 해야지
—「소리 없이 그리다」 전문

  존재는 "자국"을 남기는 것으로 자기가 존재한다는 사실을 증명한다. 이때 자국은 상처의 다른 말이 아니며, 상처를 폭로하기 위해 "울음"이 선택된다. 주목할 사실은 자국이 발생하는 이유가 예외 없이 다른 존재와의 충돌 때문이라는 점이다. 그것은 삶이 언제나 복수의 존재로부터 발생하며, 존재와 존재의 충돌 없이 삶은 발생하지 않는다는 깨달음을 준다. 삶을 생산하는 과정에서 다른 존재는 때로 칼로, 때로 깃털로 존재에게 자국을 남기게 되며, 다른 존재의 자국을 수용하는 과정에서 존재는 "울음의 방식"으로 앓게 된다. 이러한 과정을 삶이라고 부를 수 있다면, 자국은 삶을 증명하는 상처가 될 것이다. 하지만 무엇이 그러한 자국을 남겼는지, 왜 삶에 상처가 생겼는지는 알 수 없다. 삶의 자국은 "물감을 짜 마구 덧칠하는 허방"

에 불과하며, 닦으려고 해도 "닦이지 않는 얼룩"으로 남는다. 이렇게 「소리 없이 그리다」는 증명할 수 없는 존재의 삶에 관해 이야기한다. "액자 자국", "못 자국", "맨발만 남은 신발", "먼지 낀 소파 밑 바둑알" 같은 것은 누군가 살았다는 자국이다. 화자는 이러한 자국을 "보며 울"지만 "얼마나 울어야 할지/ 어떻게 울어야 할지"는 알지 못한다.

 그렇다면 김다연이 "울음에 울음을 벼리면 칼이 됩니까?"(「검우」)라고 묻는 이유는 무엇일까? 칼 때문에 울어야 했다면, 역으로 울음의 중첩은 또 다른 울음을 끌어내는 칼이 될 수 있다. 따라서 칼과 울음의 관계는 원인과 결과의 순환 속에 놓이면서 서로를 자신의 내부로 인식하게 된다. 칼은 울음의 "거울 속에 들어가 웃는 연습"을 하고, 주체를 바꾸어 울음 역시 칼의 거울 속에서 웃음을 연습한다. 이렇게 주체 전환의 순환을 살아가는 존재들은 서로에게서 자신의 자국과 울음의 흔적을 발견하게 되고, 그러한 흔적의 기원이 자기라는 근원적 물음에 도달하게 된다. 살아가는 동안 존재의 울음은 다른 존재에게 칼이 되어 자기 기원의 자국을 남길 수 있다는 의미다. 이러한 사실을 알고 나면, 삶이 존재의 충돌 속에서 서로 자국을 남기고 울음으로 반응한다는 사실이 더욱 자명해진다. 그럴 때 우리는 자국을 발생시킨 칼의 존재이자 울음의 존재가 된다.

2

  이 시집에서 김다연은 존재 충돌의 자국을 파편화된 이미지로 그리는 데 집중한다. 이때 파편이 된 것들은 존재가 자기 기원을 발견하는 거울이다. 알다시피 거울은 존재의 자기 인식의 장이자 자기 각성의 계기가 되는 상관물로 기능해왔다. "여자는 거울 속의 자신을 「실비아」에서 봤을 뿐"(「튜닝」)이나 "달빛이 비스듬히 기울인 저수지 수면에/ 어느 부족 여인의 모습이 비친다"(「인디언 라인처럼」)에서처럼 거울 상징은 자기 반영의 계기로 작용한다. 김다연의 경우에는 거울이나 수면 같은 반사면을 통해 "실비아"나 "어느 부족 여인" 같은 이질적인 자기 모습을 발견한다. 그렇지만 거울이 파편으로 그려지는 것은 인식 주체로서의 자기와 대상화된 자기 사이에 모종의 분열이 발생하고 있다는 것을 뜻한다.

  알람이 죽자 안개가 낀다

  귀를 맞추면 입이 틀어지는 조각 퍼즐처럼
  몸 따로 생각 따로 하품을 한다

  무중력의 침대에 누워 설정하는 무의미들

  취한 구름에 몰리는 시간 속으로
  무의미가 만드는 의미들이

토막 뉴스처럼 둥둥 떠다닌다

지우개가 달린 연필, 지우개만 남은

생각은 토르소와 같다
발목에 머리를 달고
떠도는 안개의 인형들

알람이 꺼진 오후는 완전하다 설정된 채
멈춘 것들의 무중력한 장
구름 속에 머리를 던지고 유빙하는

늙은 여자의 부풀린 고해 같은 하품

각기 다른 공백들을 끼워 맞추며
오후에서 오후로 건너는 시간의 퍼즐 조각들

액정 밖으로
죽은 시계를 찬 당신의 손목이 불쑥 떠오르기 조금 전,

내 얼굴을 한 인형이 벨을 누른다

─「액정이 깨진 오후」전문

이 시에서 "액정"은 거울이나 수면 같은 자기 반영의 인식 도

구이다. 그런데 이미 액정은 깨져 있고, 그런 까닭에 "귀를 맞추면 입이 틀어지는 조각 퍼즐처럼/ 몸 따로 생각 따로" 분열된다. 이러한 분열 상태를 심화해가는 과정에서 "무중력" "무의미들" "멈춘 것들" "공백들" "죽은 시계" 같은 존재의 불능 이미지가 반복된다. 모든 이미지는 "토막 뉴스처럼 둥둥 떠다"니고 "발목에 머리를 달고/ 떠도는 안개의 인형들"은 "늙은 여자의 부풀린 고해 같은 하품" 이미지로 전이된다. "영혼을 갉는 불안이" "내 안의 환청에 귀 기울"(「태양이 빛나는 밤에」)이는 것이나 "한눈엔 안보이고 실눈 뜨면 보이는// 생략된 형체"(「11월의 비망」)처럼 김다연의 시에서 존재는 "허공과 바닥 사이/ 나를 잃어버리기 위해 돌고"(「자이로스코프 효과」) 돌면서 "나선형 미끄럼틀을 타고/ 하염없이 내려가는 클라인병"(「병 속의 시간」)을 앓고 있다.

클라인병은 뫼비우스 띠처럼 안과 밖의 경계가 녹아내리면서 내외가 일체화된 도형을 말한다. 이 경우 내부와 외부는 파편이 되어 해체되는 것이 아니라 전체를 구성하는 부분들 속으로 무기력하게 통합된다. 존재와 존재가 자기 정체성을 상실하면서 자연스럽게 통합되는 현상은 김다연의 시에 다양하게 변주되어 등장하는 이미지이다. "맨정신으로 꿈을 꾸면 꼭 정신 나간 사람 같아"(「태양이 빛나는 밤에」), "필 때 붉고/ 떨어질 때 붉고"(「절정」), "한쪽은 맨정신/ 또 한쪽은 망상"(「레디메이드 인생」)처럼 한 존재의 맞은편에 존재의 다른 양상을 위치시키는가 하면, 때로는 "도로 제 그림자에 내려앉는 오리들"(「물방울 우주」)처럼 분열과 분열의 회복을 증상으로 드러내는 모습도 보인다.

　이렇게 분열과 통합의 계기가 수시로 작동한다는 것은 그의 시가 어떤 상실의 순간에 깊이 감염되어 있다는 것을 의미한다. "울지 않는 소 한 마리/ 내 몸에 묶"여 있다가 "코뚜레만 남기고/ 사라진"(「38도 9부」) 사태는 단순히 '소'의 부재를 말하기 위한 서사가 아니다. 소의 상실은 소와 연결되어 있던 화자의 삶이 무기력해졌다는 것을 뜻한다. 그럴 때 소는 몸 밖의 타자가 아니라 이미 내 몸의 일부가 된 타자가 된다. 내 몸의 일부로 자아화된 타자는 거의 언제나 기억의 방식으로 존재한다. 타자에 대한 경험은 자아에 귀속되지만, 타자가 없이는 기억이 성립하지 않는다는 점에서 기억은 자아의 것만도 아니다. 그것은 존재의 삶이 고립적이고 독자적일 수 없다는 뜻이다. 한 존재의 소멸은 그 존재를 기억하는 누군가에게도 삶의 소멸을 가져온다. 그럴 때 소멸하는 삶은 두 존재가 클라인병처럼 서로의 경계를 해체하고 하나로 존재했던 것들이다. 존재가 소멸하는 순간 그것이 드리웠던 그늘도 소멸해버리는 것처럼, 김다연의 시는 존재했지만 존재하지 않는 세계, 한때 내 몸과 더불어 있었던 존재를 향해 열리고자 한다. 그리하여 김다연의 시는 "밤마다 가려운 쪽으로 기우는 나무"(「은행잎지전나비」)처럼 자정의 문을 향해 나아간다.

3

　김다연의 시에서 존재 통합의 순간 또는 자아화된 타자의 모습은 자정의 문이 있는 '밤' 이미지를 통해 강조된다. 밤은 어떤 것이 존재한다는 사실을 증명할 수 없는 시간이다. 오히려 밤은 어둠 속에 모든 것을 통합한다. 그뿐만 아니라 "운명이란 우연이 아니"라 "어스름 허공에 걸리는 초승달 같은 거야"(「달을 깎다」)라고 말할 수 있는 것처럼, 밤은 존재의 운명을 자기 내부에 걸어놓은 시간이기도 하다. 밤은 초승달을 운명처럼 품지만, 운명은 조금씩 빛나기 시작하다가 결국은 다시 캄캄한 어둠으로 소멸한다. 자아의 기억에서 타자는 그렇게 잠깐 빛나는 순간을 보여주고는 어둠 저편으로 사라져간다. 그렇게 본다면 초승달이라는 타자를 품고 있는 밤의 형상은 존재의 내면을 채우고 있는 기억이라고 할 수 있다. 모든 존재는 내면 깊숙한 암흑의 세계에 타자를 향해 한때 빛났던 기억을 감춰놓고 있는 법이니까.

　　편백나무 붙들고 한철 내내 울던 매미는
　　울음으로 무언가를 봉했을 거야

　　캄캄한 유폐의 기억 말고
　　한낮의 뜨거움, 모두 다 아는 사실 말고

　　그보다

아뜩하고 뜨거운 생의 또 다른 허구

이를테면, 휘청휘청
공중을 밀어 올리는 편백이나
옹두리에 집을 짓는 청설모의 비밀을

고행의 껍데기로 고스란히 남겨두고

후생에도 매미일 매미는
울음으로 울음을 봉하며 생을 버리는 거지

—「허물」 전문

이 시에서 말하는 "캄캄한 유폐의 기억"은 시집을 관통하는 유일한 빛과 같다. 김다연은 캄캄하게 유폐된 존재를 찾아 자정의 문을 열고 들어간다. 그 문은 알다시피 "울음으로" 봉해져 있다. 울음이 봉해놓은 기억의 문을 여는 일은 "아뜩하고 뜨거운 생의 또 다른 허구"를 발견하는 일. 이렇게 본다면 존재의 기억은 모두 뜨거웠던 삶의 흔적이 아닐까? 김다연은 여기에서 그치지 않고 그 치열했던 흔적을 허구 세계로 편입시켜버린다. 자아의 세계에 들어와 있는 타자는 자아에 유폐된 기억에 불과하기 때문이다. 그렇게 볼 때 자아화된 타자는 "사실을 허구 속에 담은 암수동체의 물고기"(「플롯들」)처럼 "사실과 허구 사이/불규칙한 떨림"(「와우」)으로 존재할 수밖에 없다. 그럼으로써 김다연은 "텅 빈 공간에 스스로를 가둔"(「네모난 동그라미」) 채 타자인 "그의 부재를, 다만/ 없는 번호 탓으로 착각"(「숫자의 행방」)한다.

이렇게 기억에 유폐된 타자의 흔적이 부재의 징후로 드러나고 있음에도 김다연은 그것을 "공갈빵처럼 부풀어 중력을 잃는/ 시간의 몽유, 아무것도 달라지지 않는/ 이런 식의 망각이 좋"(「숫자의 행방」)다고 인식한다. 존재의 소멸을 인정하지 않고, 존재의 부재를 자기 기억의 망각으로 착각하는 것이다. 이는 "고행의 껍데기로 고스란히 남겨두고" 소멸해버린 타자 존재가 김다연의 삶에 끼친 영향력이 결정적이었다는 사실을 말해준다. 부재를 인정하고 싶지 않은 김다연은 "이 별의 인연으로/ 허공을 쥔 채 몸 비트는 등나무"가 되어 "뿌리에 힘을 주고 이파리 만장 팔랑거"(「바람을 위한 만사」)릴 수밖에 없다. 이때 팔랑거리는 이파리 만장은 유폐되고 자아화된 타자의 기억이 될 것이다. 그렇게 될 때 김다연은 부재 대상을 향해 "함께 울어주지 못한 순간들"(「울음 노자」)의 기억을 "울음으로 울음을 봉하며 생을 버리는" "후생"을 기약할 수 있다.

> 우연히 잡힌 주파수처럼 멈춘 가등 밑 차창에
> 빗방울이 빗방울을 받아
> 적조한 서간을 적는다
>
> 방울방울
> 타자기를 두드리는
> 빗줄기의 문장, 읽는 순간 흐릿하게 번지는 문법은

오직 한 사람만을 위한 미세한 전류

빗방울에 미끌리는 빗방울의 행간에
공중을 맴돌며 울먹여도 봤을
구름의 얼룩들이

나와 나 사이
투명한 원형의 막에 갇혀
필라멘트처럼 떤다

차 안으로 스며 차안(此岸)으로 날아오르는 불사조들,

한 마리씩
속눈썹에 적시는 나는
비이면서 빗방울인 빗줄기

—「생생」 전문

 우리가 운명이라고 믿는 순간은, 김다연이 그런 것처럼, 우연이 거듭 반복되어 나타나면서 만들어내는 존재의 착각일지도 모른다. 지나고 나면 모든 순간은 운명적이었던 것처럼 생각된다. 그러나 "방울방울/ 타자기를 두드리는/ 빗줄기의 문장"은 운명이 아니라 전적으로 우연의 산물이다. 운명은 언제나 "빗방울에 미끌리는 빗방울의 행간에" 도사리고 있다. 그러나 우연과 맞닥뜨린 순간에 운명의 행간을 감지할 수 있는 사람은 드물다. 그래서 운명은 뒤늦은 발견이 되고, 늦은 만큼 운명은 결정적인 장면이자 복원 불가능한 일이 된다.

김다연은 그러한 운명의 본질을 "오직 한 사람만을 위한 미세한 전류"라고 규정하면서 "너와 나 사이"에서 운명이 "필라멘트처럼 떤다"라고 믿는다. 그럴 때 운명은 "투명한 원형의 막" 형상으로 자신의 모습을 드러낸다. 투명하고 동그란 형상은 안팎이 한 몸을 이루고 있는 클라인병과 다르지 않다. "빗방울이 빗방울을 받"는 것처럼, 운명은 "우연히 맞추는 퍼즐 같기도 한 본능"(「어느 날의 섬들」)이어서 존재와 존재의 내적 결합을 완성해낸다. 이렇게 발생한 운명은 존재가 소멸하더라도 해체되지 않는다. 운명은 "차안(此岸)으로 날아오르는 불사조"가 되어 삶과 죽음이 공존하는 인간 세계를 떠돈다. 그래서일까? 김다연의 시는 그러한 세계에 엎드려 "무릎 꿇고 닦아내는/ 내 한 몸의 얼룩"(「더 이상 쥐어짜지 마라」)처럼 뜨겁게 읽힌다. 그 얼룩을 상실한 존재의 기억 어디에도 "뿌리내리지 못한 사랑"(「바람을 위한 만사」)이라고 해도 좋을 것이다.

4

김다연의 시에는 부재하는 타자의 삶이 있고 그 타자를 자아화한 기억이 있다. 이때 타자는 삶을 앓는 삼류 복서가 될 것이고 기억은 정신을 앓는 일류작가의 일이 될 것이다. 김다연은 삼류 복서의 부재하는 삶을 기억 안에서 재생하고자 정신을 앓는 중이다. 그럴 때 그의 기억은 "아픔을 아픔으로 견디기 위해// 스스로를 찌르던 그 가시"(「아카시아」)가 된다. 삼류 복서의 삶을 기억에서 재생하는 일이 자기를 찔러대는 가시가 됨으로써 그의 정신은 아픔을 견디는 고행의 껍데기가 되는 것이다. 그런 아픔이 지극한 경지에 이르는 순간, 김다연은 "삶의 등 뒤에, 공연히/ 허공을 당기는 일"(「방아쇠 증후군」)에 매달려 있는 자신을 발견한다.

> 창공을 내려와 지상에 귀화한 새
> 무한의 자유를 버리고 조브장한 안에 갇힌 새
>
> 바람으로 땋던 깃을
> 뒤뚱거리는 무게로 바꾼 새
>
> 어딘가 남아있는 고도의 외로움에
> 꽁지만큼 닳은 날개로
> 공연히 허공을 치는
>
> 어리석은 새,
>
> ─「화이트 아웃」부분

이 시에서 "새"는 "고도의 외로움"을 상징한다. 그 새는 "공연히 허공을 치는// 어리석은" 존재이다. 이 "조브장한" 기억에 유폐된 새의 모습에서 우리는 시인 김다연을 발견할 수 있다. 그리고 또 하나, 자정에만 문이 열리는 세계가 그의 기억 세계라는 것도 알게 된다. 김다연은 상실해버린 존재를 향한 스스로 기억 "안에 갇"히고자 한다. 그곳에서 그는 유폐된 어떤 존재를 향해 이렇게 말한다. "사랑해,/ 그냥"(「한도를 초과한 말」). 사랑의 대상도 사랑의 맥락도 사랑의 목적도 사랑의 충동도 드러내지 않고 '그냥'이라고 심심하게 말함으로써 역설적으로 사랑을 초과해버리는 이 짧은 고백이 이번 시집에 담겨 있는 김다연의 시일 것이다.

4부

외로움이 기회

이후에 남겨진 것들에서는
얼마쯤 비애가 수습된다

―문정론

1

이후(以後)를 생각한다. 이후 이전에는 삶이 있었고, 삶이 끝난 지점에서 이후는 시작한다. 우리가 잘 알고 있는 이후는 시집 『별 헤는 밤』이다. 그 이전에 윤동주의 삶이 있었고, 그 삶이 끝난 지점에서 이후가 탄생했다. 그러니까 이후는 삶이 남겨놓은 채무 같은 것이다. 남아 있는 자들을 곤혹하게 만드는 채무. 그러나 어떤 채무는 연대하여 보증해서라도 청산해주고 싶을 때가 있다. 어떤 삶이 이후를 남겨두었을 때, 그 삶은 이후를 알지 못하고 또 알 수도 없다. 반대로 이후는 삶의 영향을 벗어나지 않지만, 그렇다고 삶이 될 수는 없다. 탯줄을 끊어내야만 태아는 신생아가 되는 것처럼, 삶이 끊어짐으로써 비로소 이후가 시작된다. 그러므로 이후에 대해 삶의 책임으로 돌리기 어렵다. 그렇다고 삶의 무책임이라고 할 수도 없다. 어쨌든 삶은 이후에게 여지를 남겨두는 것으로 소임을 다했다. 나머지는, 다시 말하지만, 남아 있는 사람들의 몫이다. 그것이 이후의 운명이다.

비교적 잘 수습된 이후의 사례로 시집『하모니카 부는 오빠』(애지, 2014)를 들고 싶다. 그 얘기는 이후 이전에 삶이 있었으며, 그 삶은 이후를 알지 못한다는 말이기도 하다. 그러므로 이후에 앞서 그 삶을 조금 들여다보는 것이 도리이자 순리가 될 것이다. 시인 문정(본명 문정희). 1961년 전북 진안에서 태어나 2013년 9월, 모든 잔여를 이후로 남겨두고 세상을 떠났다. 그 사이에 그는 2008년 〈문화일보〉 신춘문예로 시인이 되었고, 적지 않은 시를 발표하였으나 5년 남짓한 기간은 그의 시적 재능을 확인하기에는 충분하지 않았다. 이를테면 그는 시적 재능과 열망을 이후로 남겨둘 수밖에 없었고, 남아 있는 사람들—20대부터 그의 시적 재능을 익히 알고 있었고 그가 시인으로 등단하기 이전에도 이미 시인의 삶을 살고 있었다는 사실을 증언할 수 있는 벗들—이 그의 이후를 세상에 내놓게 된 것이다. 그런 까닭에 그는 세상 어디에도 '시인의 말' 같은 것을 한 줄 남겨보지 못했다. 다만 그가 신춘문예에 당선되었을 때 발표한 소감을 다시 써봄으로써 그의 목소리를 상상적으로 듣는 도리밖에 없다. 그는 그때 "나는 홀로 두리번두리번, 꼼짝없이 벌판에 붙박여 있습니다. 알알이 드러난 내 몸뚱이를 내려다봅니다. 부끄럽습니다. 다시 어딘가로 숨고 싶습니다."라고 적었다. 부끄러움은 시인의 숙명이라는 생각을 가욋일로 밀어두면서, 그를 세상으로 불러내 부끄러움을 일깨워준 시를 읽는다.

오빠의 자취방 앞에는 내 앞가슴처럼

부풀어 오른 사철나무가 한 그루 있고

그 아래에는 평상이 있고 평상 위에서는 오빠가

가끔 혼자 하모니카를 불죠

나는 비행기의 창문들을 생각하죠, 하모니카의 구멍들마다에는

설레는 숨결들이 담겨 있기 때문이죠

이륙하듯 검붉은 입술로 오빠가 하모니카를 불면

내 심장은 빠개질 듯 붉어지죠

그때마다 나는 캄보디아를 생각하죠

양은 밥그릇처럼 쪼그라들었다 죽 펴지는 듯한

캄보디아 지도를 생각하죠, 멀어서 작고

붉은 사람들이 사는 나라, 오빠는 하모니카를 불다가

난기류에 발목 잡힌 비행기처럼 덜컹거리는 발음으로

말해주었지요, 태어난 고향에 대해,

그곳 야자수 잎사귀에 쌓이는 기다란 달빛에 대해,

스퉁트랭, 캄퐁참, 콩퐁솜 등 울퉁불퉁 돋아나는 지명에 대해,

오빠의 등에 삐뚤빼뚤 눈초리와 입술들을

붙여놓은 담장 안쪽 사람들은 모르죠

오빠의 하모니카 소리가 바람처럼

나를 훅 뚫고 지나간다는 것도 모르죠

검은 줄무늬 교복치마가 펄렁, 하고 젖혀지는 것도

영원히 나 혼자만 알죠

하모니카 소리가 새어나오는
그 구멍들 속으로 시집가고 싶은 별들이
밤이면 우리 집 평상 위에 뜨죠
오빠가 공장에서 철야작업 하는 동안
별들도 나처럼 자지 않고 그냥 철야를 하죠
　　　　　—「하모니카 부는 오빠」 전문

　2008년 〈문화일보〉 신춘문예 당선작인 이 시는 제목만 보고는 진부한 소재라고 생각할 수 있지만, 세 번쯤 읽고 나면 이 시의 감각적 표현들이 만만치 않다는 사실을 깨닫게 된다. "검붉은 입술로 오빠가 하모니카를 불면/ 내 심장은 빠개질 듯 붉어지죠" 같은 표현은 흉내를 내기에도 벅차다. 그러면서도 이 시에는 동시대의 삶이 살뜰하게 담겨 있기도 하다. 다소 긴 인용이 되겠지만, "오빠는 하모니카를 불다가/ 난기류에 발목 잡힌 비행기처럼 덜컹거리는 발음으로/ 말해주었지요, 태어난 고향에 대해,/ 그곳 야자수 잎사귀에 쌓이는 기다란 달빛에 대해,/ 스퉁트랭, 캄퐁참, 콩퐁솜 등 울퉁불퉁 돋아나는 지명에 대해,"라는 시행은 굵은 연필로 밑줄을 그어두고 싶을 정도다. 그러면 어느 땐가는 이 시구들을 참조하여 꽤 근사한 표현을 만들어보고 싶어질 것 같다.
　그럼에도 여전히 이 시에는 몇 가지 빈티지(vintage)한 요소들이 있다. 자취방, 하모니카, 교복치마, 철야작업, 공장 같은 시어들이 그렇다. 이들은 한때 우리 사회의 중심 언어로 활보하던 시절도 있었지만, 지금은 일상에서는 물론 문학적인 글쓰기에서도 그 활용 용례를 찾아보는 일이 쉽지 않다. 게다가 캄보디아에 이르면 "양은 밥그릇처럼 쪼그라들었다 죽 펴지는 듯한" 현기증을 느낄 정도로 이 시의 현장은 흔들리기 시작한다. 그것이 "스퉁트랭, 캄퐁참, 콩퐁솜 등 울퉁불퉁 돋아나는 지명"처럼 논리적으로 이해되지 않고 감각적인 뉘앙스로만 이 시가 읽히는 이유다. 시가 감각적으로 읽히는 것은 분명한 문정 시의 매력이다. 문정은 "오빠의 하모니카 소리가 바람처럼/ 나를 훅 뚫고 지나간다는 것도 모르죠" 같은 감각 표현을 즐기면서 그것을 자신만의 특기로 갈고 닦았다. 시집에서 눈에 띄는 것만 대충 살펴봐도 "그림자의 손을 잡고 일어선 날 있었다"(「그림자 치료」), "주방 너머로 눈부신 도회를 건너다보며/ 셋방 귀퉁이 춘란처럼 자라고 있을 아이들을 생각하고"(「모락모락 국수집에 와서」), "오는 겨울에/ 같이 살아갈 집 한 채 없어/ 잡은 맨손이 심장처럼 부끄러워졌다"(「꽃단풍」) 같은 시구들이 불쑥불쑥 지면을 박차고 튀어 오른다.

2

문정의 언어 감각은 잠시 미뤄두기로 하자. 「하모니카 부는 오빠」의 매력을 다른 곳에서 먼저 찾아보는 것도 문정 시를 정직하게 감상하는 방법일 수 있다. 1961년생인 그가 1980년대 초반에 대학을 다녔다는 사실이 특별한 일은 아니지만, 그의 문학적 감수성으로 시선을 돌리면 상황은 달라진다. 1980년 전북

대학교 국문학과에 입학한 그는 장진규, 송준호, 이동백, 이영종 등(바로 이들이 문정의 이후를 책임지고 있다)과 어울리면서 '마귀'라는 소설 창작 동아리를 만들고 활동했다. 격동이라는 말이 진부해진 탓에 그 의미가 퇴색하고 말았지만, 그가 대학 생활을 하던 시기는 격동이라는 표현 말고는 적확하게 진단할 수 없다. 신군부가 등장하고 광주민주화운동이라는 세기적 사태가 있었다는 사실만으로도 그 무렵은 충분히 격동이었다. 문정의 문학은 그와 같은 격동과 만나게 되면서 이후의 운명을 점지해놓았다. 격동의 한가운데에서 문정의 습작이 어떤 빛깔을 띠었는지 확인된 바는 없으므로 격동과 연관된 그의 문학적 궤도는 유보될 수밖에 없다. 그렇지만 격동이 알게 모르게 새겨놓았을 문학적 파장에 관해서라면 적어도 한 번쯤은 짚고 넘어갈 수 있다. 그 무렵, 어딘가에서 묻혀 온 검붉은 핏물이 옷소매에 말라붙어 희미하게 바래갔던 것처럼, 적어도 그의 시에는 1980년대라는 시간의 혈흔이 무심한 얼룩처럼 남아 있기 때문이다. 그의 시가 그 당시의 표현방식대로 '현장'을 배회하는 것은 그런 까닭이다.

> 나는 다라이공장에서 입 속에 혓바늘이
> 뾰족뾰족 솟아나도 폐비닐을 씻어내죠 폐비닐이
> 늙은 사막처럼 서쪽을 향해 머리를 두고 눕죠
> 서쪽은 나와 핫산의 고향,
> 우리는 언젠가 고향으로 쫓겨나 햇빛에
> 소금이 되어가는 낙타를 다시 끌어야 할지도 모르죠

울퉁불퉁한 바그다드 사막에는
낙타가 뜯어먹어야만 사는 낙타풀이 자라죠
내 입 속 혓바늘 같은 낙타풀은
뾰쪽한 가시로 사막의 배를 찔러대죠
살갗이 아파서 고향을 떠나온 우리는
낙타처럼 살갗에 재갈을 물리고
이곳 누군가의 입에 햇빛을 가득 물려주죠
우리는 사막에 포탄처럼 터지는 햇빛을 잘 알죠
햇빛을 피하기 위해 차도르를 쓴
사막의 세헤라자데는 천 날도 넘게 숨 깔딱이는
별들을 살려내려 차도르를 벗어 던졌죠
나는 혓바늘을 붉게 터뜨려 폐비닐에 섞고
핫산은 폐비닐을 원유처럼 걸쭉하게 녹여내죠
핫산과 나는 오늘도 붉고 둥근 다라이를 찍어내
이글거리는 태양 대신, 서쪽 하늘로 빙빙 밀어 넣죠
— 「붉은 다라이 공장에서」 전문

이 시도 「하모니카 부는 오빠」와 같은 계열이라고 볼 수 있다. 표면적으로만 보면 "다라이공장"이라는 현장에서 "나와 핫산"의 이야기가 펼쳐지고 있는데, 이 시에서 현장이라는 장소는 이중적인 의미에서 기표화되고 있다. '다라이공장' 저변에 "사막"이 심층 현장으로 제시되는 것이다. 이 구도를 좀 더 친절하게 설명하자면 이렇다. '나와 핫산'은 이국(한국)에서 '다라이공장'의 외국인 노동자로 일하고 있다. 그런데 지금은 "입 속에 혓바늘이/ 뾰족뾰족 솟아나" 있는 상태다. 이쯤에서 이 시가 열악한 노동조건에 관한 고발처럼 읽히지만, 이 시는 고발에 관해서는 어떤 의도도 속마음도 가지고 있지 않다. '입속의 혓바늘' 역할은 고발에 있지 않고 심층의 장소인 '사막'을 호출하는 데 있다. "언젠가 고향으로 쫓겨나 햇빛에/ 소금이 되어가는 낙타를 다시 끌어야 할" 때 만나야 하는 것이 "내 입 속 혓바늘 같은 낙타풀"이라는 것은 혓바늘이 단순히 다라이공장의 문제만이 아니라 사막의 문제가 포함되어 있다는 사실을 폭로한다. 이렇게 다라이공장과 사막에 동시에 걸쳐 있는 '혓바늘'은 "폭탄"이랄지 "햇빛"의 이미지까지 끌어들임으로써 이 시에서 현장을 단순히 노동 현장에 국한하지 않고 삶이 처해 있는 격동의 현장으로 사건화해 버린다.

한 가지 더 짚고 넘어가자면, '다라이공장'과 '사막'이라는 현장의 동시성을 구현하는 매개가 "폐비닐"이라는 점은 우리에게 특별한 상상을 요구한다. "폐비닐을 원유처럼 걸쭉하게 녹여내"는 행위 속에는 '폐비닐'의 존재론적 위상이 잘 드러나 있다. 애초 원유에서 추출한 화학물질인 비닐을 다시 원유'처럼' 변형시키는 일은 '나와 핫산'에 대한 비유로 읽힌다. 사막지대의 원유에서 추출한 비닐이 다시 원유'처럼' 회복된 후 다라이로 전개해가는 물질성은 사막에서 낙타몰이꾼으로서의 노동자가 한국으로 이주하여 결국 외국인 노동자가 되는 일과 다르지 않다. 그런 점에서 보면 이 시는 인간 삶의 조건이 물질의 전개 과정과 하등 다를 바 없다는, 어떤 의미에서 보자면 인간적 비애를 순정한 수준에서 그려낸다고도 할 수 있다. 그럴 때 우리는 폐비닐의 존재론적 위상이 다라이공장에 근무하는 외국인 노동자의 위상과 한 치의 어긋남도 없이 대응한다는 사실을 견딜 수 있다.

문정의 시가 이러한 수준의 현장성을 담보하고 있는 예는 드물지 않다. 시집 「하모니카 부는 오빠」 1부에 실린 대부분의 시가 그렇다. "높다란 북방에서 당신은 말하지만/ 아파트 건설현장까지 진출해온/ 키는 작아도 고층 아파트를 잘 지어 올리는/ (…중략…)/ 저 베트남 캄보디아 사내들은 모두 남방계"(「나는 남방계」)랄지 "10톤도 넘는 트레일러를 운전하는/ 아파트 18층 박 씨"(「10돈 트레일러」), "철야작업 하다가 야식이라도 먹는지/ 내리던 눈발도 그친 한밤중,/ (…중략…)/ 갓 대학을 공부할 약관이 국수를 탁자에 올려놓고 간다"(「모락모락 국수집에 와서」)처럼 문정은 1980년대식 '현장'에 줄곧 시적 연대의 끈을 팽팽하게 당겨놓고 있다. 그럼에도 그의 시가 이천 년대의 서사가 될 수 있는 것은, 아마도 타고난 그의 성정과 깊이 관련되어 있을 것으로 짐작되지만, 다분히 감상적이면서 감각적인 그의 언어 미학의 힘이라는 생각이다. "그가 삼겹살처럼 오그라들며 삼겹살을 굽습니다/ 옆 테이블 사람들이 눈을 흘깃흘깃/ 그녀가 상추를 펴 고기 한 점 올려놓고 그 위에 마늘 한쪽 고추 한 조각 집어 올려 그에게 건네다가/ 두 눈에서 눈물이 와르르/ (…중략…)/ 상추의 속잎처럼 두 손을 파닥거리며/ 그녀의 눈물을 닦아 냅니다"(「나비의 꿈」) 같은 시행은 표준어를 구사한 것임에도 표준을 훨씬 초과하는 효과를 드러낸다. 이 시의 인물들이 "장애인용 전동휠체어"를 타고 "팔과 다리와 얼굴을 이리

저리 비틀고 흔들"어대는 중증 장애인이라는 점은 문정의 시선 자체가 굉장히 섬세한 언어 미학에 기반하고 있다는 사실을 말해준다.

3

문정의 언어 감각에 관해서라면 해야 할 이야기가 제법 길다. 송준호가 문정의 유고 시집 발문에서 "그는 톡톡 튀는 언어적 감수성으로 그가 발견한 새로운 세상으로 우리를 초대한다"라고 미리 말했던 것은 오랫동안 알고 지냈던 인간 문정의 진면목 하나를 탁월하게 보여주는 증언이다. 문정이 언어를 얼마나 강박적으로 벼리는 시인인지는 그의 몇 안 되는 산문을 읽어보면 단박에 알 수 있다. "나의 시전(詩田)에도 참 고마운 단비가 내린다고 좋아한 때가 몇 번 있었다. (…중략…) 애인보다 황홀했다. 그러하다가 뜻하지 않게 난관에 봉착하여 아, 내 시는 바다 한가운데 난파한 배처럼 구명정도 밧줄도 손잡이도 없다고 좌절하고 지내오던 저녁에, 전화가 왔다." 이 대목은 그가 제1회 작가의 눈 작품상을 받고 소감을 밝힌 글이다. 시도 그렇지만, 그의 산문은 군더더기라고는 찾아보기 어렵다. 적재와 적소에 적절한 언어가, 말 그대로, 쾅 박혀 있는 형국이다. 문정은 체질적으로 언어주의자이며, 그의 '주의'에는 필요 이상도 또 그 이하도 존재하지 않는다. 문정의 시어는 표면장력으로 버티는 물방울처럼, 미적 붕괴의 직전을 버텨내고 있는 절정의 힘이 있다. 이제 보게 될 시도 그중에 하나다.

물매 매끈한 골짜기들을 거느리고 엎드려 있는
산맥들을 바라볼 때마다

하늘에는 이 지상으로 물을 흘려 내리던
호수들이 있었음을 알겠다

바람이 산맥들을 헤집고 지나갈 때마다

모천으로 헤엄쳐 가던, 수많은 연어나 송어 같은
물고기들이
거슬러 오르다가 뛰어 오르다가
떨어뜨린
비늘들이 파닥거린다

저 깊고 짙푸른 하늘에는
옛날 옛적 강을 거슬러 올라간 물고기들이
신화도 말라버린 달력 속에 갇혀
오도 가도 못하고, 눈물마저 바닥난 눈동자들을
소금처럼 반짝거리며 살고 있다

아직도 모든 산맥에서는 강물냄새가 난다

―「물고기자리」 전문

이 시가 전개되는 과정은 시적 서술어만 놓고 살펴보면 "알겠다"→"파닥거린다"→"살고 있다"→"냄새가 난다"이다. 시적 서술어에 관심을 두는 것은 우리말의 한 특징이 서술어에 모종의 특권을 부여하고 있기 때문이다. 주어-서술어라는 원초적인 문장 구조 속에서 주어는 의미를 형성하는데 그다지 크게 기여하지 않는다. 모든 언술에서 의미를 생성하는 동력은 서술어에 있고, 주어는 다만 그 의미의 귀속처에 머무는 경우가 많다. 여기서 말하는 귀속처는 서술어가 형성한 의미에 책임을 지는 주체이거나 의미의 존재를 발견하고 전달하는 반주체—의미를 전달해주기 위해 잠시 소유한다는 의미에서—로서의 위상을 말한다. 따라서 주어는 문장이 구축하는 의미 혹은 내용으로부터 자주 외부자가 된다. 「물고기자리」에서 서술어를 눈여겨보는 것은 그러한 까닭이다. 나머지 시행들은 의미가 서술어에 도달하기 위해 잠시 들렀다 가는 간이역 역할을 한다.

먼저 서술어 "알겠다"에서 앎의 대상은 "호수"이지만, '알겠다'는 그 호수가 "하늘에서 이 지상으로 물을 흘려"보낸다는 정보에까지 영향을 발휘한다. 이때 앎의 계기로 작동하는 것은 "산맥들"이고 그것들은 "물매 매끈한 골짜기들을 거느리고" 있다. 이러한 의미 이해 방식은 서술어를 기점으로 시행을 거슬러 가는 과정에 해당한다. 뒤집어 말한다면, 문정은 시적 정보를 배치하는 단계에서부터 서술어를 향해 의미가 모아질 수 있는 구도를 채택하고 있다는 뜻이다. 보통의 경우 이것을 견고한 구성력이라고 말할 수 있겠지만, 문정의 경우만큼은 구성력보다 섬세한 언어 감각이라고 말하고 싶다. 이어지는 시행에서 '할 때마다'라는 같은 패턴을 다시 펼쳐 보이면서도 선행한 패턴 안쪽으로 파고드는 방식이 문정의 탁월한 언어 감각을 증명한다. 1~2연의 보편적 '앎'은 3~4연에 오면 구체적 발견("파닥거린다")으로 이어지는데, 1~2연이 각 연을 2행으로 배치하여 균형을 맞추고 있다면 3~4연은 1행과 5행으로 연을 배치하여 같은 구조임에도 반복되는 느낌을 회피하고 있다. 특히 4연에서 문정의 언어 감각의 한 진경을 만날 수 있다. 4연의 "비늘들이 파닥거린다"는 서술부는 두 가지 의미 맥락을 끌어내는데, 1~3행에서 발생하는 의미와 2~4행에서 제시된 의미가 그것들이다. 모천으로 헤엄쳐 가던, 수많은 연어나 송어들이 거슬러 오르고 뛰어오르면서 "비늘들이 파닥거린다"는 것이 1~3행의 맥락이라면, 물고기들이 떨어뜨린 "비늘들이 파닥거린다"는 것이 2~4행의 의미 맥락이다. 이때 1~3행의 시행은 2~4행의 구체적, 실천적 사례에 해당한다. 다시 말해, 물고기들이 비늘을 떨어뜨린다는 일반적인 의미 맥락은 1~3행에서 어떤 물고기들이 왜 비늘을 떨어뜨렸는지 그 세목에 대한 정보를 제공하는 것이다.

　문정은 이러한 중층적 정보를 교차적으로 제시하면서 그 이음매를 절묘하게 감추어버렸다. 5연도 유사한 방식으로 두 개의 의미 맥락을 교직시키고 있다. 1~3행의 "저 깊고 짙푸른 하늘에는/ (…중략…)/ 신화도 말라버린 달력 속에 갇"힌 눈동자들이 "소금처럼 반짝이며 살고 있다"는 의미 맥락이 하나라면, 2~4행의 "옛날 옛적 강을 거슬러 올라간 물고기들이/ (…중략…)/ 오도 가도 못하고, 눈물마저 바닥난 눈동자들을/ 소금처럼 반짝거리며 살고 있다"는 맥락이 또 하나의 의미이다. 이 경우에도 1~3행이 보편적인 정보라면 2~4행은 그 보편을 감각적으로 실현하는 구체적 사례에 해당한다고 할 수 있다. 이와 같은 문정의 언어 감각은 마지막 연에서 독자들에게 일격을 가하는 것으로 마무리된다. 처음부터 시각을 중심으로 전개되던 시가 "강물냄새가 난다"는 후각으로 감각을 전이해버린 것이다. 경이로운 것은 이러한 감각의 교체에도 불구하고 이 시의 전개에서 이물감을 느낄 수 없다는 사실이다. 그만큼 문정은 시어를 부리는 방식에서 남다른 연마의 결과를 보여주고 있다.

4

시집 「하모니카 부는 오빠」에 담긴 문정 시인의 연보에 따르면, 그가 생전에 발표한 시는 모두 56편이다.(물론 그가 그보다 더 많은 시를 썼고 남겼다는 사실을 우리가 모르지 않는다.) 그가 마지막으로 발표한 작품은 2013년 『한국동서문학』 봄호에 실린 「약수터 가는 길」과 「그림자 치료」인데, 「약수터 가는 길」은 무슨 이유에선지 시집에 빠져 있다. 유고를 추리고 선별하고 각 부로 나누어 질서를 짓고 출판사를 섭외하고 교정을 보는 일련의 과정이 모두 이후의 일이라는 점에서 시의 누락도 이후의 문제에 해당할 것이다. 그런 까닭에 이 글에서는 「약수터 가는 길」을 굳이 끌어들이고 싶지 않다. 반면 「그림자 치료」는 그의 죽음을 귀납적으로 수긍하게 해줄 수 있는 단서로 읽는다.

많이 아파 병원에 간 적 있다
병명을 모른다 했다
걱정하는 이들이 여러 치료법을 권했다

음악치료, 향기요법, 색채치료, 웃음치료들에 매달렸다

귀로 코로 받아들일 수 없어서
눈으로 입으로 가져올 수도 없어서
누워서 지내고만 있을 때

멀리서 온 당신이 창백한 얼굴을 쓰다듬어 주었다

나무의 깜깜한 우물 속에서
푸른 이파리가 고여 오르듯
꽃봉오리가 먹장구름의 무거운 엉덩이를 밀어 올리듯
당신의 손안에서 걸어 나오는 그림자,

그림자의 손을 잡고 일어선 날 있었다
―「그림자 치료」 전문

  아픈 사람이 있고, 그 아픔에 대한 진단과 치료가 병행되고 있는 이 시에서 문제가 되는 것은 "병명을 모른다"라는 사실이다. 그런 까닭에 "여러 치료법"이 동원되지만, 아픈 사람은 그것들을 "귀로 코로" "눈으로 입으로" 수용하지 못한다. 병과 진단과 처방이 서로 믿을 수 없는 관계를 형성하고 있기 때문이다. 표면적으로야 이 시의 병명을 짐작하지 못하는 바 아니다. 그리고 그것이 물리적·화학적 치료법을 적용할 수 있는 병명이 아니라는 사실도 금방 알 수 있다. 문제는 그다음이다. 세간의 분류법에 따라 신경증이나 정신병 언저리의 진단 코드를 선택하는 것은 차라리 손쉬운 방법이다. 그러나 그것은 "음악치료, 향기요법, 색채치료, 웃음치료들"의 실패를 통해 거부당한다. 시인의 진단명은 조금 다른 방식으로 구조화되는 것이 시인을 위해서도 독자를 위해서도 그리고 시를 위해서도 아름다운 시도가 될 것이다. '언어 착란증' 같은 진단명이라면 그럴듯하다. 언어를 다루는 시인이 언어에 대한 착란을 일으킨 것이야말로 돌이킬 수 없는 질환이기 때문이다.

시행에 진술된 몇 가지 증상의 사례를 보자면, 그 방면에 문외한이라고 하더라도 경험적으로 열에 한 번쯤은 그럴듯한 진단을 내릴 법도 한데, 이 시에서 화자가 앓고 있는 질환이 무엇인지는 감을 잡을 수 없다. 그런 까닭에 무심코 떠오른 것이긴 하지만 잠정적으로 언어 착란증이라는 진단명으로 적어놓자. "나는 당신의 두 귀입니다/ 당신에게 살갗을 대지 않고도,/ (…중략…)/ 당신의 마음의 온도를 알아맞히는 귀입니다"(「봄밤」)라거나 "내 몸통터널로는 수많은 사람들과 술집과/ 태양과 눈먼 시들이 지나가는 중이다"(「몸통터널」) 같은 시구가 그와 같은 진단명을 적어도 괜찮다는 뒷받침이 된다. 언어 착란이란 언어의 본성과 거기에서 발화된 본성의 흔적이 분리된 상태라는 점에서 그렇다. 이제 「그림자 치료」의 "당신의 손안에서 걸어 나오는 그림자"를 언어 착란의 상태로 간주할 수 있다. '당신'과 '그림자'가 분리되는 방식은 "손님들이 도미회를 주문하면/ 나는 도미, 아줌마가 된다"(「도미, 아줌마」)에서 '도미'와 '아줌마'로 분리되는 방식과 다르지 않다. 이러한 언어 착란이 발생하는 이유는 '주문하면'과 같은 '부름'이 있기 때문이다.

「그림자 치료」에서 '부름'은 병명을 진단하는 행위로 나타나는데, 특히 잘못 부름(오진)을 통해 착란의 증상이 크게 발현되었다. 문정은 그러한 착란 증상이 발현되는 과정을 "나무의 깜깜한 우물 속에서/ 푸른 이파리가 고여 오르듯/ 꽃봉오리가 먹장구름의 무거운 엉덩이를 밀어 올리듯"이라고 표현하고 있다. '고여 오르'고 '밀어 올리'는 역동성은 (열망의) 넘쳐남과 (광기의) 솟아남이라는 착란의 증상을 적확하게 포착해낸다. 이러한 상승 이미지는 "그림자의 손을 잡고 일어선 날 있었다"는 진술을 통해 증명된다. 이렇게 착란을 통해 분열/분리된 흔적이 또 다른 본성을 만나 회복하는 경우는 또 있다.

> 막 날개를 펼치는 물잠자리이거나
> 파도소리를 시퍼렇게 쏟아내는 왕매미 한 마리
>
> 자신도 모르게 섬의 겹눈이 되어버린 섬들
> ―「섬」 부분

> 아주 가까운 나라의 겨울아침, 오갈 데 없는 한숨과 유리창이 만나 함께 얼어서 빛난다

―「성에꽃」 부분

"섬의 겹눈이 되어버린 섬들"은 본질과 흔적의 겹침을 보여준다. 섬과 섬이 서로의 겹눈이 되는 일은 본질(섬)과 흔적(섬의 섬)이 서로를 이끌면서 착란을 회복해가는 과정이다. "한숨"과 "유리창"이 "함께 얼어서 빛"나는 일도 마찬가지다. '한숨'이란 본질의 흔적이다. 그것이 '유리창'이라는 또 다른 본질을 만나서 빛날 때 언어 착란의 증상은 회복될 수 있다.

5

이제껏 문정 시인의 언어 착란에 관해 이야기했지만, 시인의 언어 착란이란, 알다시피, 외부에 대한 스스로의 항체가 아직 형성되지 않은 상태라는 점에서 문정의 내부를 어느 정도는 짐작할 수 있다. 안도현이 문정의 시집을 두고 "이 시집은 감정이 여리고 섬세한 시인 문정을 꼭 빼닮았다. 세상을 보는 눈은 연민으로 가득 차 있으며, 목소리는 욕심 없이 차분하고, 그가 매만진 언어는 숨소리가 고르다."라고 말한 것도 외부에 무방비로 노출된 시인의 항체 없음을 말하고 싶었던 것으로 읽는다. 그런 이유라면 이 대목에서 짚어보고 싶은 것이 문정의 시에 나타난 '연민'의 시선이다. 외부에 대한 연민의 시선이 가능한 것은 시인의 내부에 외부를 위한 자리가 마련되어 있을 때이다. 내부는 언제라도 외부에 자리를 내어주고는 외부의 이질감을 견디는 법이다. 아픔이 언제나 외부에서 비롯하는 이유다.

평화임대아파트 주차장에 저녁을 주차하다

다 떠나보내고 단풍이파리 하나에
간당간당 매달려 사는 단풍나무가 운다

이 밤을 건너가면 끝이라고 가랑비가 운다
아름다운 함박눈으로 피어난다는 내일도
모두 다 부질없는 일이라며 가랑비가 운다

아침햇살도 눈이 어두워 깜깜하게 운다

빗줄기가 실을 뽑아 묶어놓았는지
파리하게 몸부림치며 매달려 있는 것인지
자동차 뒷유리창에 붙어 있는 붉은 단풍잎 하나

가는 가을의 심장처럼 걸려 있다
몰락하는 가문의 문장처럼 걸려 있다

―「마지막 잎새」 전문

이 시에는 우는 존재가 셋 있다. "단풍나무"와 "가랑비"와 "아침햇살"이 그것이다. 이것들이 우는 이유는 "단풍이파리 하나" 때문인데, 시 제목을 통해서도 알 수 있지만, 이 시는 이름 있는 소설을 서사적 배경으로 거느리고 있는 까닭에 이 시가 보여주고자 한 것보다 훨씬 풍부한 울림을 갖게 되었다. 다른 의미에서 이 시는 울림을 얻는 대신 단독자로서의 존재론적 고독을 잃었다는 뜻이기도 하다. 이 시가 호명되는 일은 언제나 외국의 무명 화가를 호출하는 일이 되는 까닭에 이 시의 운명에 대해 문정은 오히려 독자적인 예언을 할 수 없게 되었다. 그럼에도 이 시에서 문정만의 시선을 찾아보자면, 그것은 "간당간당 매달려 사는 단풍나무가 운다"는 시행이 될 것이다. 눈여겨볼 점은 단풍나무가 존재하는 "간당간당"이라는 방식이다. 개인적으로 여기가 문정의 시에서 연민이 촉구되는 지점이라고 생각한다.『하모니카 부는 오빠』를 읽다 보면 존재론적 위기 상황을 반복적으로 목격하게 되는데, 그럴 때마다 어김없이 어떤 순한 눈길과 함께한다는 느낌을 받곤 했다.「마지막 잎새」를 읽고 나면 그 눈길이 연민으로 글썽이는 문정의 시선이라는 사실을 비로소 실감한다.

존재의 위기 순간을 감각적으로 표현하고 있는 '간당간당'은 시가 전개되는 과정에서 몇 번의 변주를 거친다. "이 밤을 건너가면 끝이라고" "모두 다 부질없는 일이라며" "눈이 어두워 깜깜하게" "파리하게 몸부림치며 매달려 있는" "가는 가을의 심장처럼" "몰락하는 가문의 문장"에 이르기까지 '간당간당'은 위기를 고조시키면서 예견되지 않는 파국으로 치닫는다. 문정은 울음을 통해 임박한 파국을 강화하면서 이 시의 제목「마지막 잎새」에 대한 돌이킬 수 없는 선언을 하게 되는데, "붉은 단풍잎 하나"라는 강렬한 색채 이미지가 그 선언에 찍힌 인장(印章)처럼 보인다. 이렇게 존재론적 위기 상황을 대하는 문정의 연민은 대개 울음의 형식으로 표출된다. 울음은 표출되는 순간보다 울음의 비등점을 향한 존재의 반복되는 위기 상황 속에서 연민의 농도가 진해지는 법이다. 울음의 본질이 눈물이 아니라 비등점 너머로 눈물을 밀어 올리는 견딤에 있다는 말이다. 그렇기 때문에 이 시에서 우는 것들의 존재보다 울음을 촉구해내는 '간당간당'이라는 외로운 견딤의 자세가 강조되어 있다. 이 시가 외국 소설의 서사와 변별되는 지점이 있다면 바로 이와 같은 견딤의 자세일 것이다. 외국 소설이 인위적인 채색을 통해 견고한 자세를 보여주고 있다면, 이 시는 "빗줄기가 실을 뽑아 묶어놓았는지/ 파리하게 몸부림치며 매달려 있는 것인지"처럼 존재론적 위기 상황을 아슬아슬하게 보여주는 방식을 통해 '간당간당'이라는 삶의 장력(張力)을 보여준다. 이것이 가능한 것은 문정의 경우 연민의 시선을 극단으로 밀어붙였기 때문이다. 이때 연민이란 말할 것도 없이 외부를 향해 자기 동일시된 아픔이 될 것이다.

  자신의 시가 이해되는 방식에 대해 문정은 다른 생각을 품고 있을지도 모른다. 그러나 그는 자기 시에 대한 이후의 소유권을 오래전에 상실한 상태다. 비애라는 말이 우리가 알고 있는 것처럼 슬픔과 설움을 한꺼번에 보여주는 기호라면, 이후의 일에 목소리를 낼 수 없는 것이야말로 비애의 전형이 될 것이다. 문정이 자기의 시를 이후의 일로 남겨두었다는 데 슬픔이 있고, 문정이 이후의 세계로 복귀할 수 없다는 점에 설움이 있기 때문이다. 그러므로 문정의 시를 읽는 일은 이후에 남겨진 비애와 만나는 일이기도 하다. 이렇게 말하는 것으로 충분할 수는 없다. 문정은 어딘가에서 또 다른 이후를 준비하면서 시를 쓰고 있을 것 같기 때문이다. 그런 생각을 하면서 그의 시집에 수록되지 않은 시 한 대목을 읽는 것으로 마무리를 할까 한다. 이 시를 읽고 나면 우리는 문정의 시 쓰기가 이후에도 "다시 시작하고" 있을 것 같은 믿음을 얻을 수 있다. 그것이 설사 우리의 연약한 바람에 불과할지라도, 우주의 불가해한 힘에 의지해서라도 그의 시를 다시 보고 싶어 하는 우리들의 몇 안 되는 의무가 아닐까?

> 새벽까지 아득하게 주저앉다 보면
> 이 세상 다 작파해 버리고
> 백지처럼,
> 아무 것도 모르는 백치처럼,
> 다시 시작하고 싶을 때 많다
>
> ─「안개」부분(『작가의 눈』 17호)

외로움의 기원,
"오목 볼록해진 요철"의 세계

―오창렬,
『꽃은 자길 봐주는 사람의 눈 속에서만 핀다』

1

가령, 그는 시월의 어느 초저녁을 닮았고, 그의 시는 그 저녁에 문득 찾아 든 손님 같다고 한다면 팔 할쯤은 진실을 말했다고 할 수 있을까? 조금 양보해서 육 할 정도만이라도 진실에 근접할 수 있다면 나는 오창렬 시인과 그의 시집을 기필코 그렇게 말해두고 싶다. 아니, 그렇게밖에 말할 수 없어야 한다. 그는 "몇 그램의 사람냄새를 가까스로 보듬어보는"(「시인의 말」) 시인이기 때문이다. 그래서였을까? 오창렬 시인이 두 번째 시집 『꽃은 자길 봐주는 사람의 눈 속에서만 핀다』를 손님처럼 보내왔을 때, 나는 무릇 정중해지고 말았다. 가벼운 침묵과 함께, 어쩌면 시선을 빗겨 들어 건물과 건물 사이로 트인 하늘을 올려다보았던 것 같기도 하다. 손님 오시는 날(그렇다! 분명 손님은 오시는 분이다) 그날의 일기(日氣)를 살피는 일은 우리의 오랜 격식이 아니던가! 제법 화창한 날이었다. 손님과 그날의 기운이 격을 맞춘 셈이었다.

1999년에 등단한 후 이제 두 번째 시집이니, 그동안 오창렬 시인의 시를 살펴 읽었다고 말할 수는 없겠다. 2008년에 첫 시집 『서로 따뜻하다』(황금알)를 낸 후 십 년을 두고 또 한 권의 시집을 엮는 셈이다. 과작(寡作)인지 눌작(訥作)인지 가늠하기 어렵다. 그래도 아예 손을 놓았던 것은 아닌 것 같고, 한 말에서 한 되를 추려냈다는 혐의를 두고 싶을 만큼 그의 시는 "눈부신 자국"(「윗길」)을 더듬어내고 있다. 좀 더 추켜올리자면 "향 맑은 여백"(「여백」)을 거느린 탓에 그의 시를 읽는 동안 종종 흰, 그리고 빈 지면을 미끄러지는 일이 많았다. 가령 다음과 같은 시에서 그렇다.

이쯤에서 나는 빗방울이나 되었으면 합니다

내 젖은 발소리에 후두둑— 당신의 심장이 뛰기 시작한다면,
혀를 차며 깨알 같은 세간을 피난시키고는 당신 마음이 마당처럼 젖어든다면,
내가 건네는 안부의 말이 오목 오목 당신 안에 자국을 남긴다면,
고백의 말이 쏟아져 흙탕물 튀길 때 당신이 채송화줄기처럼 이마를 찌푸린다면,
당신의 마당이 울고 난 얼굴처럼 맑아질 수 있다면,

정말로 빗물이나 된 것처럼 내가 땅속으로 스민 후
흙탕물 털고 당신의 마당가에 채송화 붉게 피어났으면 합니다

—「인간의 품격」 전문

가질 수 없는 것들에 대한 향수 혹은 미련이 예술적 욕망의 전형이라는 것에 딴죽을 걸기는 쉽지 않다. 마찬가지로 시인의 개인적 바람이나 기대가 시를 통해 노출된다고 해서 시인의 격(格)이나 시의 조(調)에 실망할 일도 아니다. 격조의 일은 시인의 품(品)을 시가 얼마나 버텨주고 있는가에서 비롯한다. 그런 점에서 보면, 「인간의 품격」은 오창렬 시인의 품과 격을 에두르지 않고 선명하게 보여주는 삶과 시의 '자국'이라고 할 수 있다. "이쯤에서 나는 빗방울이나 되었으면" 좋겠다는 느닷없는 진입이 그렇다. 어떠한 예비도 없이 툭 던져놓은 "이쯤에서"를 감당할 수 있어야 "빗방울이나 되었으면"이라는 염원에 닿게 된다. 여기서 시인이 바라보고 있는 '빗방울'은 시집 『꽃은 자길 봐주는 사람의 눈 속에서만 핀다』에서 나름의 규칙처럼 반복되는 사물성의 한 형태로 읽힌다.

2

오창렬 시인은 허구를 비롯한 모든 감정과 느낌에 형태와 형식을 부여하는 일에 능하다. 물론 시 장르의 기본적인 형편이

그것을 중요한 덕목으로 하고 있지만, 그의 경우 실제와 실체를 도모하는 일에 남다른 감각을 보여준다. 인간의 품격은 나무의 본성이 나무 속 어딘가에서 발견되는 것이 아니라 나무가 맺는 꽃이나 열매로부터 주어지는 것처럼, 심성(心性)의 순도에서 비롯하는 것이 아니라 심성이 천착하여 마침내 맺어내는 물(物) 자체의 형상과 형식과 형태로 판단되어야 한다고 그는 믿는다. 하루가 한 층씩 어두워지다가 마침내 아주 먹먹한 밤이 되어버리는 것처럼, 「인간의 품격」은 '~한다면' 형식을 띤 사소한 가정이 한 겹 펼쳐진 후, 그것을 손바닥으로 스윽 눌러 덮고는 그 위에 또 다른 가정을 펼쳐놓는 누적의 힘을 믿는다. 반복되는 가정의 발화는 애초에 "내 젖은 발소리에 후두둑— 당신의 심장이 뛰기 시작한다면"처럼 일상의 상상적 장면에 불과하지만, 그것이 거듭되는 과정에서 이전의 가정을 이후의 가정이 포용해내는 방식으로 점차 "막막한 적막"(「적막」)이라는 심성 사물을 펼쳐낸다. 그 적막 속으로 "스민 후" "붉게 피어났으면" 하는 시인의 바람을 모른 척하지 않는다면, 시는 그리고 시인은 좀 더 확실한 방식으로 자신의 '여백'에 대해 들려줄지도 모른다. 구체적으로 듣고 싶은 이야기는 이번 시집에서 타자처럼 불편한 자세를 취하고 있는 다음의 시다.

> 고개를 돌린 채로 그가 앉아 있다
> 마침 겨울이고 외투에는 큰 모자가 달려 있다
> 모자의 속은 동굴처럼 깊고
> 보기 싫을 때 하는 보여주기 싫다는 몸짓으로 모자를 덮어 쓰자

그의 얼굴이 동굴 속으로 숨었다

아득히 동굴 밖으로 떨어져서

나는 그의 목소리라도 들어보고 싶었으나

혀가 굳어 입이 열리지 않았다

이로써 나의 부재가 완성되어 갈 무렵

자리를 뜨기 전 그가 삭제 버튼을 눌렀나 보다

내 이름이 잠시 허공을 떠돌다 곤두질하더니

마침 내린 눈 속으로 묻혀버렸다

땅속 같은 어둠 속에서 밤잠을 깨고 큰 모자 속으로 숨은 그의 눈을 생각하는 며칠이 내게 올 것이다

봄이 올 것이다 그러면 그는 다른 방위에서 초록초록 눈을 뜨고 머지않아 모자가 큰 외투를 입을 것이다

―「떠나다」 전문

「떠나다」는 어떤 의미에서 오창렬답지 않은 시다. 물론 오창렬다운 시가 뭐냐고 묻는다면 대답이 궁색해질 것이다. 그의 시는 규정되는 일에 무관심하며, 심지어 규정될 수 있다는 가능성으로부터 스스로를 배제하는 듯하기 때문이다. 이경호 평론가가 그의 시집을 해설하면서 '부재와 존재의 교감'을 하나의 특징으로 추려냈으나, 그것이 오창렬다운 시적 방법론이라고 말하기는 주저된다. 일상에 접면하는 굴곡에 예민하고, 미미한 곳에서 파장을 일으키는 기미를 솜씨 좋게 추려 실물에 근접하는 언어 감수성을 전면화한다는 점에서 부재와 존재의 맞물림을 오창렬의 시적 좌표로 삼을 수는 있을 것이다. 그러나 그 언

저리에는 그뿐만 아니라 동시대의 숱한 시인들이 간격도 없이 옹색한 포즈로 웅크리고 있다. 오창렬은 그러한 옹색의 무리에서 벗어나, 그의 어법을 반복하자면, "너와 나 사이,/ 세상과 세상의 한가운데"(「오리정」)에서 주체로 호명되기보다는 "삶에 대한 집착으로 죽은 나를 죽이고 싶어"(「삶다」)하는, 다시 말해 "외로움을 꺼내 가만히 비벼"(「소리별」)대고 싶어 한다. 그렇다, 외로움이다. 많은 사람이 오창렬의 시에서 그리움을 읽고 가지만, 그리움이 자기 바깥을 향한 간절함의 형태라면 외로움은 자기 안쪽을 향해 필사적으로 몸부림치는 싸움이라는 점에서, 그리움이 대상과의 조우 가능성을 1% 이하의 수준에서라도 예상할 수 있다면 외로움은 그러한 가능성까지도 밀봉되어 있다는 의미에서, 오창렬의 시는 외로움 쪽에 가깝다. 그렇더라도 그의 시를 외로움으로 규정할 수는 없다. 오창렬은 "내 안으로 들어와 가슴을 긁는 사람"(「긁다」)과 "내 안에서 밤낮으로 피어나는 너"(「물속까지 벚꽃이 피어」)를 알고 있다. 오창렬은 그들을 안쪽에 밀봉해둔 채 그리움을 돌출해내고 외로움을 안으로 은폐시킨다.

그럼에도 오창렬의 시를 외로움에 수렴한다고 말할 수 있는 것은 「떠나다」의 시적 어법과 감각을 믿기 때문이다. 이 시에서 눈길을 끄는 것은 "나의 부재"와 "그"의 존재이다. 나와 그가 하나라는 것을 알아채는 것은 어려운 일이 아니다. 거울에 맺힌 상처럼 나는 그의 이편이고 그는 나의 저편이다. 중요한 것은 부재의 발생 맥락이다. 그가 부재하는 방식은 "모자를 덮어 쓰"는 일이고, "그가 삭제 버튼을" 누르는 순간 나 또한 "잠시 허공을 떠돌다 곤두질하더니/ 마침 내린 눈 속으로 묻혀버"리게 된다. 이렇게 해서 부재는 발생하고, 나와 너의 거울상 이미지처럼 부재의 저편에는 "봄"이 있고, 봄이 오면 "그는 다른 방위에서 초록초록 눈을 뜨"는 존재가 된다. 이러한 논리가 오창렬의 시를 부재와 존재의 교감으로 읽어낼 수 있는 지점이 될 것이다. 그의 시에서 "눈 속으로 묻혀버"림으로써 새로운 봄을 맞이할 수 있다는 고전적 상상력은 "오후 5시 무렵은 그늘이 깊어지는 시간"(「그늘을 재어보다」)이나 "사랑은 만남과 이별 사이의 일"(「망초와 쑥부쟁이와 폭설」)에서 보듯 어렵지 않게 마주할 수 있다. 이러한 상상은 인간과 삶의 자연성을 존중하는 태도에서 비롯한다. 그것은 역사적으로 순환하는 인과의 논리를 착실하게 밟아가는 일이다.

3

그러나 오창렬의 시가 노리는 지점은 자연법칙의 순환논리를 넘어선 곳에 있다. 그는 모자를 쓰는 순간 존재의 부재가 발생한다는 자명한 현실적 논리를 괄호 속에 묶어버린다. 그의 시에서 왼쪽의 괄호는 "외투에는 큰 모자가 달려 있"다는 전제이고, 오른쪽 괄호는 "머지않아 모자가 큰 외투를 입을 것이다"라는 전망이다. 이러한 전제와 전망을 통한 괄호 치기 전략은 나와 너의 거울상과 부재와 존재의 교감이라는 표면적 입장을 부차화한다. 대신 괄호 바깥에 남아 현상으로 나타나는 것은 '모자'와 '외투'의 관계이다. 오창렬 시에서 둘의 관계는 '외투를 입은 존재'는 '모자를 쓰는 순간 부재'가 되어버리고, 그럼으로써 외투=존재, 모자=부재의 등식이 성립하게 된다. 존재의 부재화를 끌어내는 "모자가 큰 외투를 입"는 지점이 그의 시를 그리움보다는 외로움으로 읽게 한다. 그리움의 감정이 주체가 그것을 감당할 수 있을 때 발생하는 것이라면, 외로움은 주체보다 더 큰 어떤 것을 끌어안을 때 주체를 짓눌러오는 무게이기 때문이다. 이제 "모자가 큰 외투를 입"는 일이 그리움이 아니라 외로움이라는 사실이 분명해졌다. 남은 것은 오창렬의 외로움이 어디에서 비롯하는가이다. 그것은 그동안 그리움으로 읽혔던 그의 시를 진정성으로 읽어주기 위해 갖추어야 할 예의 같은 거다. 어쩌면 이제 만나게 될 시가 단서가 될지도 모르겠다.

어느 날 꿈속에서 노자를 만났다

집 없는 마을 앞에 이르렀을 때 사람들은
넘실거리는 맑은 우물을 가리켜 그의 집이라 했다
내가 주인의 행방을 묻자
얼굴 가득 퍼지는 사람 좋은 웃음 같은 물살의 정한 우물에서
또르르, 물방울로 구르며 노자는 알아들을 수 없는 말로 맞아
주었으나
그 뜻은 오히려 명확하게 전해져왔다
그가 한 말의 의미가 넘실넘실 전해져오는 광경에서
보이는 것과 모양 없는 것이 서로 새끼줄처럼 꼬여있는 것을

>
> 보았다
>
> 그때 친구가 찾아와 노자에 대해 물었으나
> 보았다고 꼭 존재하는 것이 아니고
> 보지 않았다고 존재하지 않은 것도 아니어서
> 우물에서 물 한 모금 떠 마시고 나는
> 풀 없는 무덤의 풀을 베러 일어섰다
>
> 내 안에도 우물이 고이기 시작했다
>
> ─「풀 없는 무덤의 풀을 베다」 전문

둘러갈 필요 없이 말하자면, 오창렬 시의 외로움은 "꿈"에서 발원한다. 이 시에 따르면 꿈은 "보았다고 꼭 존재하는 것이 아니고/ 보지 않았다고 존재하지 않은 것도 아니"다. 시인은 이 역설의 기원을 "노자"에게서 찾고 있는데, "天下皆知美之爲美, 斯惡已(천하개지미지위미, 사악이)"라는 〈도덕경〉 한 구절이 길잡이가 될 것 같다. 아름다운 것을 두고 사람들은 언제나 아름답다고만 생각할 뿐, 아름다움 자체가 곧 악이라는 것을 알지 못한다는 이 말에서 '斯惡已(사악이)'의 통찰은 새겨볼 만하다. 통상적으로 알고 있는 '그것'이야말로 어쩌면 '그것 아닌 것'일 수 있다는 것. 중요한 것은 '그것'과 '그것 아닌 것'을 구분하는 것이 아니라, '그것 아닌 것'을 '그것'으로 생산해내는 상상이다. 그것은 부정 형식(그것 아닌 것)을 긍정 형식(그것)으로 치환하는 활동이 아니라 부정 형식의 본질을 그 자체로 이해하는 일이다. 그럴 때 '그것 아닌 것'의 '그것 아닌 것성(性)'을 발견할 수 있다. 꿈은 오창렬이 사물의 '그것 아닌 것성'을 밝혀내는 방식이다. 꿈은, 「떠나다」에서 본 것처럼, '그것'이 숨기고 있는 '그것 아닌 것'이 역설적으로 '그것'을 뒤집어쓰는 시적 감수성을 실현하는 세계이다. 오창렬의 외로움은 여기에서 발생한다. "무덤처럼 새로 생겨난 슬픔으로 오목 볼록해진 요철"(「제기」)에서 발견할 수 있는 것이 외로움이다. 그 외로움의 기원은 "아버지가 돌아가시고 제기를 우리 집으로 모셔"온 후 "실재하나 존재하지 않는다는 사실"을 간파한 데 있다. 실재와 부재의 틈바구니에서 오창렬은 '오목 볼록'의 역설을 보았고, 오목이 자기보다 큰 볼록을 내포해버린다는 사실을 깨달아버렸다. 「제기」의 이어지는 부분에서 "달그락 달그락 옮겨오시는 선대의 행렬"이 오목한 시인보다 큰 볼록의 상징으로 읽히는 것은 그런 이유다.

4

이제 오창렬 시집 『꽃은 자길 봐주는 사람의 눈 속에서만 핀다』를 읽는 일이 부재와 존재가 혼재하는 가운데 작은 주체가 큰 대상을 포섭해가는 시적 질서에 편승하는 일이라는 데 동의할 수 있다. 그러나 현실의 삶에서 그것이 이루어질 것으로 믿기는 어렵다. 반면 시에서라면 '풀 없는 무덤의 풀을 베'는 일처럼 가능하지 않은 일이 없다. 오히려 상식적인 차원에서 무성한 풀을 베는 일이 시에서는 불필요한 발견과 사유가 될지 모른다. 오창렬은 "숲길에 떨어진 꽃을 보고/ 떨어져 누렇게 바래가는 하얀 꽃을 보고/ 거기 노각나무가 살고 있다는 걸 알"(「꽃, 진다」)아 채는 것처럼, 부재(떨어진 꽃)에서 존재(노각나무)를 발견해내는 일에 탁월한 감수성을 지녔다. 이것이 그를 두고 시월의 어느 초저녁 같다고 한 이유다. 그는 시월 어느 저녁, 문득 목덜미를 더듬어가는 바람에서 지금, 여기 없는 누군가의 눈을 떠올릴 줄 안다. 그런 까닭에 오창렬의 시는 "흰가 싶으면 검고 검은가 하면 흰"(「네 이름을 모른다」) 사정처럼 부재의 현재화 내지 현재화할 수 없는 부재에 통달해있다. 그럼으로써 오창렬은 오태환이 눈썰미 있게 짚어낸 것처럼 "세계 안에서 끊임없이 좌초하고 표류하는 것을 언제까지든지 증언"하고자 한다. 그의 시가 시월 어느 저녁에 불쑥 찾아든 손님 같은 이유가 여기에서 발생한다. 손님은 좌초하고 표류하면서 증언하는 자다. 그 손님은 "당신을 당신이라 부를 수 없는 자리"(「시인의 말」)에서 온다. 그리고 그 손님을 기다리는 시인은 지금 "농맹아(聾盲啞)의 시간을 살고 있"(「그루터기」)다. 손님을 볼 수 없고 손님의 증언을 들을 수 없는 일이야말로 외로움의 지극한 경지가 아닐까?

  거듭 말하거니와, 시집 『꽃은 자길 봐주는 사람의 눈 속에서만 핀다』에는 "오리무중이더니 모르는 틈으로 와서/ 깜짝 깜짝 반가운"(「틈」) 손님들이 있다. 그들은 "무리에서 이탈한 굵은 눈송이 한 점"(「성탄절」)처럼 실재하나 실재의 지속성이 시차를 견뎌낼 수 있을 거라고 장담할 수는 없다. 때가 되면 녹아 사라지는 눈송이처럼, 존재는 매 순간 묵묵하게 부재를 향해 나아간다. 손님도 마찬가지다. 오는 동안에는 손님이지만 오고 나면 손님은 손님의 위상을 잃어버린다. 오창렬의 시도 다르지 않다. 그의 시는 읽는 동안에만 시일뿐, 읽고 나면 눈 녹은 자국처럼 외로움의 흔적으로만 남는다. 시집 제목에 기대어 말하자면, 그의 시는 자길 봐주는 사람의 눈 속에서만 피어나는 시다. 그의 시에서 시선이 거두어지는 순간, 그의 시는 더이상 시가 아니다.

카뮈의 저녁
—이은송, 『웃음이 하나 지나가는 밤』

　새로운 시집을 읽기에 앞서 나는 다소 거추장스러운 다짐을 하는 버릇이 있다. 이 시집은 이제 막 발굴된 보물 상자이다. 이 상자 안에는 수천 년 동안 잠들어 있던 미지의 보물들이 들어 있고, 아직 그 보물에 대해 누구도 값을 매긴 적 없다. 따라서 나는 어떤 편견도 사심도 없이 이 보물들을 감상하고 즐기면 된다. 뭐, 대충 이런 식으로 나는 언어야말로 자유의 마지막 보루라는 독일 작가 하인리히 뵐의 말을 굳게 믿는다. 그럼에도 매번 나는 어떤 불편한 편견에 사로잡힌 채 시집을 읽어 나갈 수밖에 없다. 시의 언어는 인간의 한계를 넘어서고 있지만, 그 언어를 읽는 내 감각과 사유는 언제나 '나'라는 틀 안에 갇혀 있기 때문이다. 이은송 시집 『웃음이 하나 지나가는 밤』을 읽는 동안에도 나는 자유의 마지막 보루를 끝내는 사수하지 못한 듯하다. 이 글은 오로지 자유롭지 못한 읽기의 불편한 결과일 수도 있다.
　시집을 읽어가는 동안 접어놓은 페이지를 추려보다가 시 「검은 새,야말로 이 시집의 정체를 숨기고 있는 가면이 아닐까 생각했다. 시집을 읽는 내내 모호하면서 나른하고 느린 호흡으로 까마득해지는 그런 느낌을 받았었는데, 나는 비로소 그 이유를 알 것 같았다.

> 저 어두운 깃털에 내 얼굴을 숨기고 싶어요
> 그리고
> 늦지도 빠르지도 않게 들로 나가고 싶어요
> 나의 얼굴을 씻기에는 어둠처럼 상냥한 빛깔이 없으므로
> 망설임 없이 나를 버려두고
> 저 깜깜한
> 여든아홉 개의 어두운 색채에게로 다가가요
> 어두운 당신에게서 이해받고 싶어요
> 가령 해가 지는 풍경을 당신이 내게 말할 때
> 그 말에 가까이 간다는 것이
> 얼마나 어려운 일인지
> 아는 당신은
> 환한 대낮에 서서히 지쳐가는 나를
> 조용히 어루만져 줘요
> 사람들의 얼굴들도 다들 상기되어
> 신발도 없이 어둠 속으로 몸을 감추어요
> 어둠은 그동안 얼마나 나를 위로했는지
> 그것만으로도 내게는 귀한 날개예요
>
> ―「검은 새」 전문

이 시는 시집에서 비교적 짧은 시에 해당하는데, 그런 만큼 군말 없이 정련된 시어가 인상적이다. 언어의 자유란 이런 것이라는 생각이다. 마구 흩어놓아서 서로 부딪치다가 부서지는 언어의 난삽이 아니라, 언어와 언어 사이에 자유의 지평을 만들어주는 것. 그럴 때 시는 시인으로부터 그리고 독자로부터 자유로울 수 있다는 것. 그러나 이 시에서 같이 생각해보고 싶은 것은 이은송 시인의 시적 자유를 가능하게 하는 시간이다. "저 깜깜한/ 여든아홉 개의 어두운 색채"의 시간은 도대체 언제일까? 짐작했겠지만, 그 시간은 "해가 지는 풍경"과 다르지 않다. 낮과 밤이 교차하는 순간에 시인은 '여든아홉 개'의 색채를 감각해내는 감수성을 발휘한다. 밝음과 어둠이라는 색의 경계에 갇혀 있었다면 상상해낼 수 없는 다채로운 지경이다. 이은송 시인은 '여든아홉 개'의 색감으로 삶을 바라보고, 자신의 시어에도 그와 동일한 색을 입혀놓고 있는 것이다. 시집 『웃음이 하나 지나가는 밤』이 '어둠' 이미지로 가득하면서도 그 어둠이 동일하지 않은 것은 그런 이유 때문일 것이다.

이은송 시인이 어둠의 색채에서 자유를 발견한 것은 카뮈의 경우와 다르지 않다. 카뮈는 『이방인』에서 빛과 어둠의 상징적 구도를 선명하게 강조한다. 카뮈는 선/악, 생/사 같은 대척과 대립의 이분법적 구도가 아니라 선–악, 생–사라는 연쇄와 인과의 관계 및 인간 심리의 갈등과 미묘한 변화를 빛–어둠의 이미지 속에 담아냈다.

그때 갑자기 가로등이 켜지며, 어둠 속에 떠오르던 첫 별빛

들을 희미하게 했다. 그처럼 온갖 사람들과 빛이 가득한 보도를 바라보고 있자니, 나는 눈이 피로해지는 것을 느꼈다. (…중략…) 벌써 캄캄해진 밤이 나무들과 가로등 위에 내려앉게 되면서 거리는 어느 틈엔가 인기척이 없어지고, 마침내 다시 쓸쓸해진 길을 고양이가 천천히 가로질러 가는 시각이 되었다. 그때에야 나는 저녁을 먹어야겠구나 하고 생각했다. (알베르 카뮈, 김화영 옮김, 『이방인』, 책세상, 2002, 44~45쪽.)

알다시피 『이방인』의 주인공은 '빛'의 공포 때문에 아랍인을 죽였다. 이때 '빛'은 인간의 감각기관(눈)을 마비시키고 인지기능(이성)을 교란하는 대상이다. 서구 지성사에서 '빛'은 절대적 이념(기독교 식으로 말하자면 절대자의 '말씀' 같은)으로 상징되는데, 그렇다면 '빛'이 내리쬐는 낮은 절대자의 섭리에 포섭된 시간이 된다. 그 시간에 인간은 절대자의 시선에 사로잡혀 있으며, 생각과 감각의 자유는 박탈될 수밖에 없다. 이러한 의미에서 이은송 시인이 '빛'이 사라진 "저녁이 오면/ 가장 평평한 돌 모서리에 앉아 주름 잡힌 바지를 올려/ 무릎을 꺼"(「박쥐 무릎」)내는 이유를 짐작해본다. 빛이 사라지는 순간 비로소 인간의 시간이 시작되고, 이 시간이야말로 절대자의 시선에서 벗어난 인간의 언어가 자유롭게 인간의 감정과 삶을 포착할 수 있다고 믿기 때문이다. 시집 제목 『웃음이 하나 지나가는 밤』에서도 그것을 확인할 수 있지만, 시집의 전체적인 기획이 어스름의 시간을 다층적으로 포섭해내고 있다는 점에서 이 시집은 '밤' 혹은 '어둠'의 시간을 통해 인간의 자유에 근접하고 있음을 알 수 있다.

이렇게 빛이 사라지고 어둠이 드리우는 시간에 자유를 얻을 수 있다는 상상은 이 시집에서 '자궁' '집' 같은 원초적 상징 공간과 연계된다. 그것은 낮/밤의 자연 현상이 오랫동안 남성/여성의 원형을 구축해왔다는 사실에서 출발한다. 1부에 실린 시편들에서 밤-여성-자궁-집으로 이어지는 상상의 계보가 잘 구축되어 있는데, 이은송 시인에게 그러한 시·공간은 존재가 탄생·재생하는 기획의 계기로 작동하는 것 같다. "문득 내가 아직 태어나지 않은 태아일 때의/ 어머니 자궁 안을 생각"(「태아」)하는 것에서 알 수 있듯, 이은송 시인은 삶이 태어나는 자리와 새로운 감각이 사유되는 지점을 동일하게 바라본다. 그런 까닭에 '자궁'이라는 존재의 시원(始原)은 삶이라는 '미궁'으로 손쉽게 전환된다.

> 분명 굵은 나무 모서리를 두드리던 딱따구리의
> 미궁에서부터 시작했을 테고
> 겨울 지낸 싹들이 밀월처럼 밀려드는 달의 소리에
> 저도 모르게 통통해진 입들을 움츠릴 때였는지도
> 무수한 껍데기들이 조금씩 비켜서고 열병이 반점 사이사이
> 를 열며 몸을 뒤척일 때였는지도 모를 일이지만
> 누군가, 죽음을 엿보았기에 연두를 편지에 동봉했을 것이에
> 요
>
> ―「연두 바이러스」 부분

알다시피 '자궁'은 경험했지만 경험되지 않은 시·공간이고, 미궁은 경험하고자 하나 경험할 수 없는 시·공간이다.('자궁'과 '미궁'을 공간에 한정하지 않는 것은 모든 공간은 시간성 없이 존재하지 않기 때문이다.) 「연두 바이러스」에서 "저도 모르게" "모를 일이지만" "누군가" 등 미확정의 시어들이 사용된 것은 자궁과 미궁의 경험되지 않는 특징과 관련된다. 경험되지 않는 시·공간에 대해서라면, 인간은 오로지 침묵할 수밖에 없다. 그러나 시인이라면 입장이 달라진다. 경험되지 않은 자궁, 미궁에 대해서 오히려 할 말이 많다. '빛'이 사라진 시공간에서 시인은 생의 감각이 활성화되기 때문이다.

    사내는 담배를 물고 막차에 올랐어요
    어두운 막차에 빈 병처럼 자신을 던졌지요

    오른손으로는 마지막 남은 꼬깃꼬깃한 지폐를 꼭 움켜쥐고 왼손은 수타면 같은 제 손가락을 만지작거려요 막차는 퍼질러져 거친 어둠 속을 질주하고 사내가 정글 속 시시포스 언덕을 찾아가는 밤이에요

    사내는 유영하는 바닷속으로 첫발을 내딛어요

    중얼거리는 가슴속 몇 마디가 설익은 밥알처럼 속을 찔러대고 시퍼렇게 날 선 비수만이 사내의 거친 눈썹에 매달려 바람을 타요 다시 돌아가고픈 날들이 과연 남아있는가 찬란했던 그

러나 허름해져 버린 나날들과 오히려 거친 바람만이 하얀 나비
의 날갯짓으로 사내의 목덜미를 스칠 뿐

    저녁 안개는 강물처럼 차올라 이미 젖을 대로 젖은 솜처럼
도시의 언저리를 맴돌아요 최초로 쏘아 올린 사내의 시위 살은
다시 사선으로 돌아왔어요

    나비의 날개는 부러졌어요

    굴러오는 삶의 바윗돌 무게를 향해 겨눈 거친 사내의 반항은
저문 하늘에 쏘아 올린 종이비행기로 제자리를 맴돌다 땅바닥
에 고개를 처박아요
    그렇게 지금 사내는 또 다른 생의 첫차에 그를 던져요

    두고 온 부도난 살림과 아내의 환영만이
폐부에 가득 풍선처럼 위태롭게 차올라요

―「카뮈의 저녁」 전문

    모든 삶은 밤의 어둠 속으로 사라져간다. 그 어둠 속에 '자궁'
이 있고, 그 어둠 속에 '미궁'이 있다. 빛은 잠시 자궁과 미궁을
가릴 뿐 유한하며, 반대로 어둠은 자궁과 미궁을 품고 있는 무
한이다. 빛 또한 궁극에는 어둠으로 흡수될 수밖에 없다. 이 시
에서 '사내'가 올라 탄 "막차"는 빛의 세계에서 어둠의 세계로
나아가는데, '막―'이 환기하는 시간은 '빛'이다. 빛의 끄트머리

혹은 빛이 소멸하기 직전의 세계다. 사내를 태운 "막차는 퍼질 러져 거친 어둠 속을 질주하"는데 그 끝에는 "정글 속 시시포스 언덕"이 기다리고 있다. 이은송 시인은 자궁, 미궁에 이어 '정글'을 미지의 시·공간으로 발견해낸다. 입구와 출구가 분별되지 않고, 방향이 존재하지 않으며, 질서와 차례와 순서 그리고 깊이와 거리가 무의미해지는 곳이 정글이 아니던가!

그러므로 '시시포스의 언덕'에서 벌어지는 존재의 무한 반복은 정글의 생태를 상징하는 신화이다. 하데스 언덕에서 무거운 돌을 정상까지 계속 밀어 올리는 시시포스의 반복 행위는 엄연한 형벌이다. 혹자는 이 형벌이 바로 인간의 삶을 상징한다고 말한다. 상처 입은 영혼들의 고통이 내밀하게 깔려 있다는 점에서 이은송 시에 나타난 존재의 행태는 대체적으로 시시포스와 닮았다. 그래서일까? 이은송 시인은 정글에서 무한 반복되는 삶을 치유하기 위해 내밀한 '집'을 짓는다. 그 '집'은 인간이 깃들어 사는 집이 아니라 인간 자체가 집이 되는 그런 집이다. 집이 어떤 존재의 거처로 작동하지 않고 인간 스스로가 자기의 거처가 되는 것이다. 그럴 때 사내를 포함한 모든 존재는 자유를 얻고 생명을 확보할 수 있다.

어제까지 알지 못한 네가
내 깊은 바닥까지 차고 들어와 마음의 빈터
그곳에 적요의 뿌리를 열어 단단하게 싹을 틔워요
아프다 싶은 내 이명을 열어
열뜬 숨소리로 자라는가 싶었는데

저녁 모퉁이를 돌아 잔뿌리로 저를 넓히는가 싶었는데

벼랑 끝 계단을 오르듯 자꾸자꾸 자라요

제 존재를 내 안에 키워요

가을이 여름을 지우고 오듯

눈을 감고 마음에서 너를 지우면 너도 없고

나도 없는, 지나고 나면 흔적도 없을 집을

바람으로 구르는 한 채의 집을 지어요

바람이, 바람의 집을 지어요

—「바람이 집을 지어요」 부분

"제 존재를 내 안에 키"우고 "바람이, 바람의 집을" 짓는 것은 분명 모순이다. 그렇게 짓는 집은 "나도 없는, 지나고 나면 흔적도 없을 집"이다. 이러한 역설은 "나는 오랫동안 바라보았다/ 만장의 나비 떼/ 내 몸이 나비의 방이었던가/ 이제 조금 가벼워졌다"(「시인의 말」)에서 '장자의 나비' 일화를 이끌어낸다. "나비 방이 자꾸만 자라/ 나를 허물며 자랄 줄은 정말 몰랐"(「둥근 방」)다는 것처럼, 나비와 장자의 존재론적 역전은 낮과 밤, 빛과 어둠, 생과 사 등의 분별이 얼마나 무의미한지 생각하게 한다. 그러한 분별이 '빛'의 질서가 된다면, '어둠'은 무분별하지만 무분별함으로써 오히려 자기 존재의 집을 지을 수 있는 가능성이 된다. 이은송 시인은 그와 같은 의미에서 무분별한 시적 행보를 보여주고 있다. 분별없는 자유로 가득한 이은송 시인의 시'집'에서 "가벼운 어둠의 나비"(「검은 고양이 네로」)가 날갯짓을 하기 시작했다. 그 어둠의 자궁에서 얼마나 많은 나비가 탄생할지 지켜보는 일이 우리의 즐거움이 될 것이다.

겨를 없이 사는 즐거움 혹은 쓸쓸함
―유용주, 『어머이도 저렇게 울었을 것이다』와
 박형진, 『밥값도 못하면서 무슨 짓이람』

'어머이도 저렇게 울었을 것이다'라고 한 사람은 짐작하고, '밥값도 못 하면서 무슨 짓이람'이라고 또 한 사람은 탄식한다. 짐작하는 사람은 유용주 시인이고 탄식하는 사람은 박형진 시인이다. 두 시인이 각자 짐작하고 탄식한 바를 시집 제목으로 삼았다. 공교롭게도 두 시인이 한 세월, 한 갑자(甲子)의 삶을 고스란히 살아낸 연후다. 그쯤 살아온 내력이면 '어머이'의 속을 짐작할 만하고, '밥값'의 비유적인 의미를 모를 리 없다. 두 시인의 시집을 읽다 보면, 이렇게 짐작하고 탄식하는 일이 어쩌면 우리 사는 겨를의 전부가 아닐까 싶다. 짐작하는 일이 자기 바깥세상과 소통하고 공감하는 과정이라면, 탄식하는 일은 자신의 내부를 반성적으로 돌아보는 일이기 때문이다. 시는 이렇게 공감과 반성의 인식론이 되기에 손색이 없다는 점을 두 시인은 능숙하고 능란하게 펼쳐낸다.

겨를1. 짐작하는 사람의 속사정

유용주 시집 『어머이도 저렇게 울었을 것이다』(걷는사람, 2019)를 지탱하는 두 축은 사람과 기억이다. '어머이'가 사람이라면 '저렇게'는 기억에 해당한다. 시집은 변주된 '어머이'들이 '저렇게' 살아가는 모습을 담아내고 있다. 그 이유를 유용주 시인은 '시인의 말'에서 이렇게 시작하고 끝맺는다. "많이 울었다. (…중략…) 문학으로 어떻게 다 갚을 것인가." 물론 이 경우 시인의 울음이 사람을 향한 윤리에 해당하고, 문학(시)은 사람을 기억하는 윤리가 된다는 것쯤은 우리도 잘 안다. 시는 시인이 '울음'으로 기억하고 있는 사람들을 향한 공명(共鳴)과 같다. 시는 함께 울어줌으로써 울음에서 비롯된 마음의 빚을 갚아내기도 한다. 그럴 때 또 한편에서 우는 존재(독자)가 나타나고, 시는 그 존재와 더불어 읽히고 기억되고 회자된다. 우리가 역사라고 이름 붙인 것들, 문명이나 문화라고 알고 있는 것들, 사는 일 자체가 원래 그런 거라고 심드렁하게 말해버린 것들도 공명의 영역에서 비롯하였다. 따라서 유용주 시인에게 갚아야 할 문학적 빚이 있다면, 아직 못다 울어준 일들이 남아 있고, 아직 기억에서 호명하지 못한 사람들이 맺혀 있다는 뜻이리라. 가령, 다음과 같은 시에서 유용주 시인은 마주 앉아 한나절쯤 함께 울어주어야 할 사람을 끌어온다. 세상에 '간절한'이라는 단어가 있다면, 기필코 이런 자리에 소용될 것이다.

일요일 오후

이장 댁 외양간 송아지가
실려 나갔다

여섯 달 가까이 어미젖을 빨고 붙어 살았다

어미 소는 식음을 전폐하고
사흘 낮 사흘 밤을 울다가
목이 쉬었다

40여 년 전
열네 살 셋째 아들 중국집 보이로 보낸 다음
어머이도 저렇게 울었을 것이다

—「성대 결절」 전문

    이 시에서 시적 형식이나 미적 인식의 새로움을 찾아보려는 노력은 이 시를 불편하게 할 뿐이다. 함께 우는 일, 즉 공명하는 일은 분석되지 않는다. 그렇다고 살가운 일도 아니고 그럴듯하게 꾸며댈 일도 아니다. 격식과 형식을 초월한 시·공간에서 저편이 우는 대로 따르면 그만이다. 우리가 알고 있는 서정시의 뿌리가 그렇다. 세계의 미묘한 파장을 감지하고 그 진동수에 맞춰 시인은 언어의 주파수를 발신하는 것이 서정시다. 서정시의 독자도 자기 삶의 주파수에 맞춰 삶의 태도와 윤리를 발견하면 된다. 서정시가 산출되고 소비되는 일련의 과정이 그렇다. 그런 면에서 「성대 결절」은 고전적인 서정시의 형식에 충실하며, 어떤 면에서 보면 고집스럽게 보이기도 한다. "어미 소"와 "송아지"의 이별로부터 "어머이"와 "셋째 아들"의 이별을 기억 속에서 끄집어내는 것이 그렇다. 당연히 두 상황을 잇는 것이 필요한데 그것은 '울음'이다. "사흘 낮 사흘 밤을 울다가/ 목이 쉬었다"는 어미 소를 통해 시인은 명백하게 도식적이지만 "40여 년 전" 울음을 발굴해낸다. 그리고 이 시에서 "저렇게"가 환기하는 것은 자식과 헤어진 어미들의 동일성일 것이다.

그러나 "저렇게"에는 동일성을 초월하는 지경이 감추어져 있기도 하다. 어미 소와 송아지의 이별이 타의에 의한 것이라면, "어머이"는 "열네 살 셋째 아들"을 여하한의 여건 때문에 어쩔 수 없이 제 손으로 "중국집 보이로 보"냈다. 타의와 자의의 간극을 우리는 충분히 헤아릴 수 있다. 그렇기 때문에 어미 소의 "목이 쉬었다"는 것과 비교하면 "어머니"의 울음은 한층 강화된 지점에서 살을 찢어대는 '결점'에 도달해야만 하는 것이다. 유용주 시인의 시적 힘은 이런 방식으로 만들어진다. 대수롭지 않은 듯 무심한 말법으로 이야기를 꺼내지만, 거기에는 말법을 초과하는 긴장이 있다. "우리가 모르는 사이/ 완행열차는/ 서서히/ 종착역에 도착"(「무덤」)하듯, 유용주의 시는 보이는 것보다, 들리는 것보다, 상상하는 것보다 높고 크고 단단한 삶의 에피파니를 펼쳐낸다.

이렇게만 말하면 유용주 시인의 시가 삶의 거창을 드러내는 것으로 느껴질 수도 있다. 그러나 시인 스스로도 그렇거니와 그의 시는 소박함을 즐기는 데 특화되어 있다. "허물어진 아래채에는/ 염소가 한 마리 묶여 있었다/ (…중략…)/ 안채는 땔감으로 쓴다며/ 작은아버지가 뜯어갔다/ 발로 더듬으며 밥그릇 하나를 찾았다"(「용주네 집 아래채」)에서 보듯, 그의 시는 눈이 짚는 대로 발이 더듬는 대로 짚어가고 더듬어간다. 마음이 닿는 대로 말을 풀어놓으면 그것이 그대로 시가 되는 셈이다. 그런 것을 보면 유용주 시인은 유정(有情)한 것일수록 일부러 무정(無情)하게 대하는 것을 버릇하는 것 같다. 이제 읽게 될 시가 그렇다.

아이가 말했다
아빠 시에는 꽃이 없어

나는 그동안
꽃 같은 과거를 산 적이 없는
돌로 만든 집에서 살았지

(…중략…)

꽝꽝 얼어붙은 겨울
눈 속에 꽃이 핀
얼음 속에 꽃이 핀
나는 꽃피는 삶을 무서워했는지 모른다
　　　　　　　—「아빠 시에는 꽃이 없어」 부분

과거를 부정하는 순간 현재의 자기마저도 존재할 수 없는 것이 세상의 이치라는 것쯤 우리는 안다. 애착 중에서 자기 애착을 첫손에 꼽게 되는 이유가 그것이고, 이기적이라는 말이 가장 불편 없이 쓰일 수 있는 자리가 그곳이다. 그만큼 자신의 과거를 바라보는 지금의 우리는 모두 유정할 수밖에 없다. 그렇다면 "아빠 시에는 꽃이 없"다는 아이의 말을 듣고 들여다본 자기 삶의 과거에 대해 유용주 시인은 유정한가 무정한가. 결과적으로 그의 시는 그 시절을 온통 "돌"뿐이라고 말한다. 그러한 상황 속에서 "얼어붙은 겨울"을 견디며 스스로 "나는 꽃피는 삶을 무서워했는지 모른다"라고 자신의 과거를 짐작한다. 여기에는 그러한 사실을 향한 어떠한 마음 씀도 담겨 있지 않다. 본대로, 느낀 대로, 살아온 대로 반응할 뿐이다. 무정함에 솔직한 것이다.

그러나 유용주 시인의 시에는 솔직함만으로는 설명하기 어려운 미세한 얼룩 같은 것이 어른거리는데, 그것을 말로는 설명할 수 없고, 다만 그 어른거림을 한 겹 걸침으로써 그의 시는 무심하고 무정한 포즈를 취할 수 있게 되었다. 그것이 "온종일 멍하니 앉아 있다/ 사람을 몰라본다/ 얼굴은 기억나는데 이름이 떠오르질 않는다/ 누군가 하염없이 기다린다"(「자화상」)라고 스스로를 바라보는 시인의 자화상이라고 하면 너무 멀리 간 독법일까? 시집 해설에서 평론가 고명철이 "시인은 「자화상」에서 냉정히 마주했듯, 생의 기운이 소멸해간 자신을 억지로 회복시키는 게 아니라 있는 그대로 그 모습을 응시하고" 있음을 간파했다. 그럴 때 그의 응시가 곧 누군가의 삶을 향한 공명이 될 거라는 것을 우리는 충분히 짐작할 수 있다.

겨를2. 탄식하는 사람 박형진

우리는 탄식을 한탄이나 좌절의 옆자리에 두는 것을 불편해하지 않는다. 탄식은 줄곧 부정 상황에 대한 긍정 형식으로 쓰였고, 회피해야 할 상황 내지 견뎌야 할 순간으로 다가왔다. 그러나 탄식을 꼭 그렇게만 보는 것은 반쪽 눈으로 세상 보기다. 다른 반쪽 눈으로 보면 탄식은 세계 운동의 파장을 받아들이는 가장 순수하고 인간적인 반응 가운데 하나가 될 수 있다. 의식이라는 수사적 장치가 작동하기 전에 탄식은 무의식적이고 자동적으로 도래하고 만다. 그렇게 본다면 탄식은 생명의 생명력을 드러내는 행위가 되며, 그러한 생명력은 탄식의 방향이 좌절이나 절망 쪽이 아니라 전환과 도약의 계기적 순간으로 작동함을 알게 된다. 박형진 시인이 『밥값도 못 하면서 모슨 짓이람』(천년의 시작, 2019)이라고 시집 제목을 삼은 근본적인 이유도, 시집에 실린 시들을 편편이 곱씹어보면 알겠지만, 사는 형편의 고달픔이나 세월의 극악함을 드러내는 그 이면마다 펄떡펄떡 살아서 도약하는 심정(心情)과 육정(肉情)을 보여주기 위함이다. 그중에서도 박형진 시인은 육정의 직접성과 생동감을 능청스럽게 끄집어낸다.

    심지 않은 고추가 내 몸뚱이에는 심겼나 보다
    일도 하지 않는데
    허리가 왜 이렇게 아프다냐 생각해 보니
    아하! 고추밭 줄을 치느라 이러는구나

손끝이 왜 이리 아프다냐 생각해 보니
아하! 고추밭 고랑에 풀을 매는구나
입안은 왜 이렇게 얼얼타냐 생각해 보니
아하! 풋고추 따서 된장에 찍었구나
덥지도 않은데 왜 이리 땀난다냐 생각해 보니
아하! 시방은 땡볕에 고추를 따는구나, 이 고추
따설랑 장마에 골리며 말리며 병든 것 버리고 포대에
담으니 서른 근! 왜 이리 허망타냐 생각해 보니 니미럴,
이제는 더 이상 딸 것도 없었던가 보더라 하여
몇십 년 지은 농사 포기했어도 아아―
지문처럼 새겨져 버린 내 몸의 고추 농사여
　　　　　　　　―「시로 쓴 농사 일기 19-환상통」 전문

육정은 심정과 다르다. 한 번쯤은 겪어봄 직한 일이겠으나, 마음은 언제나 자기 편한 궁리에 몰두하는 속성이 있다. 그런 까닭에 우리는 마음이 스스로를 기만할 때 속수무책으로 당하기도 한다. 위악이나 위선 같은 경우가 그렇고, 불안으로부터 도피하고자 할 때 영악스럽게 끄집어내는 마음에 없는 짓들이 그렇다. 마음은 언제라도 자신을 속일 수 있다. 그러나 육정은 심정과 달리 매 순간 정직하다. 그런 까닭에 마음의 아픔이 불치에 근접해간다면, 몸의 아픔은 난치는 있을망정 불치는 없다. 그것이 육정의 정직성을 증명한다. 정직한 것은 순환적인 의미에서 언제라도 원래의 상태로 복구된다는 뜻이기 때문이다. 박형진 시인의 육정은 치료될 수 있는 아픔은 정직한 아픔

이라는 전제를 믿고 있다.

그렇다면 이 시의 부제로 제시된 '환상통'은 육정과 심정 가운데 어디에 해당할까? 환상통은 실체 없는 아픔이라는 점에서 대부분 마음의 문제로 치부된다. 그래서 치료 과정도 심정의 불균형을 회복하는 데 집중된다. 그러나 실체 없는 환상통이라고 하더라도 근거가 전혀 없는 것은 아니다. 모든 환상통은 육정의 근거가 있고—사지가 절단된 인간의 뇌는 그 절단된 신체에 대한 통각을 느낀다는 점에서 그렇다.—그렇기 때문에 치료 또한 마음보다는 신체의 물리적 조건을 변화시키는 방향으로 전개되어야 한다. 위 시에서 박형진 시인이 느끼는 아픔이 심정보다 육정에 가까운 것은 "지문처럼 새겨져 버린 내 몸의 고추 농사"라는 분명한 근거에서 비롯한다. 지금은 고추 농사를 포기했지만, 오랫동안 지어 온 농사에의 육정이 허리, 손끝, 입안 가리지 않고 아픔을 가져오는 중이다. 몸에서 발생하는 이러한 아픔을 두고 박형진 시인의 입에서 나온 것은 "왜 이리 허망타냐"는 탄식이다. 몸의 아픔에 실체는 없으나 근거는 명백하기 때문이다.

서정시가 다루는 영역이 시적 대상의 실체보다는 그 대상의 존재론적 근거라는 점은 여러 번 강조될 필요가 있다. 존재의 근거는 실체에 결여된 것들을 충족하고 있는데, 대표적인 것으로는 존재의 운동성, 존재의 방향성, 존재의 자기 실현성 같은 것들이다. 실체는 그러한 존재의 근거를 형상화하거나 표면화하기 위한 도구에 가깝다. 박형진 시인은 이번 시집을 통해 오랫동안 몸으로 그 존재 근거를 탐색해 온 농사일과 사람 사는 일의 근거를 낱낱이 밝혀낸다. 그런 까닭에 시집 자체가 그의 시론처럼 보이기도 한다. 시집 해설을 쓴 정도상 소설가가 박형진 시인의 시에서 "삶이라고 하는 대지의 현장에서 발생하는 고통과 슬픔"을 읽어낸 것은 박형진 시인의 시가 어디에 근거하고 있는가를 짚어낸 것이다.

> 밥 먹고
> 서로의 빈 그릇을 척척 포갠다는 건
> 애초에 나눠 담지 않았으면 불가능한 일
> 나눈다는 것은 마음을 포갠다는 일
> 서로를 닦아주고 다시 담겠다는 일
> 얼마 전
> 밥통도 보지 않고 상을 차린 아내가
> 한 그릇 못 되는 밥을 나한테만 담아주고
> 자기는 고프지 않다며 빈 그릇 내려놓을 때
> 정지서 이것저것 허섭한 걸 입에 넣을 때
> 알겠더라고
> 한 사람의 그릇이 텅 하니 비어있을 땐
> 또 한 사람의 찬 그릇도 휑하니 비더라는 걸
> ―「빈 그릇」 전문

인용한 시 「빈 그릇」의 근거가 고통인지 슬픔인지는 모르지만, 슬픔으로 읽으면 그 끝에서 뼈저린 아픔을 만나게 되고, 한 편의 고통스러운 고백으로 읽게 되면 그 또한 눈가에 그늘 내리는 슬픔을 맛보게 된다. 이 시에서처럼 고통과 슬픔은 포개지고, 가득 찬 고통 뒤에는 "텅 하니 비어있"는 슬픔이 있다. 박형진 시인은 부부의 한 끼 밥상을 통해 "한 사람의 그릇이 텅 하니 비어있을 땐/ 또 한 사람의 찬 그릇도 휑하니 비더라"는 세계 존재의 궁극적 근거를 발견한다. 거듭 확인하는 바이지만, 아픈 것은 슬픈 일이다. 고통에는 슬픔이 동반되고, 슬픈 일은 언제나 고통스럽게 다가온다. 슬픔을 동반하는 고통이 탄식의 한 형식인 것은 분명하다. 그리고 슬픔에 근거한 탄식이 새로운 도약을 위한 생명력을 가졌다는 점도 명백하다. 박형진 시인은 슬픔의 존재 근거를 발견한 연후에야 비로소 "이제야 좀/ 숨이 트인다"(「낙엽 지다」)라고 삶의 생명력을 말한다. 이때의 '숨'이 육정이라는 사실에 토를 달 사람이 있을까?

　박형진 시인의 시집 『밥값도 못 하면서 무슨 짓이람』은 총 4부로 구성되어 있고, 1부에서 3부까지는 「시로 쓴 농사 일기」라는 제목이 붙어 있는 연작시 형식을 갖추었다. 시편마다 시를 쓰게 된 창작 배경이 일기 형식으로 부기되어 있는데, 시를 읽고 덧붙여 일기를 읽어가는 재미가 특별하다. 시에서 육정의 고통을 읽었다면, 그에 덧붙어 있는 일기에서는 필연적으로 슬픔의 지점을 만나게 되기 때문이다. 반대의 경우도 마찬가지다. 그런 까닭에 시집을 다 읽고 나면 고통과 슬픔의 경계를 구분하는 일이 무용하다는 것을 알게 된다. 박형진 시인이 "누가 내/ 손바닥에 쥐여 주는 따뜻한 씨앗 세 알!"을 받아 쥐고 "세상에나!"(「시로 쓴 농사 일기1-사랑의 씨앗」)라고 탄식하는 것처럼, 그의 시집을 읽고 난 독자 중에서도 고통과 포개진 슬픔 앞에서 "세상에나!"라고 탄식하는 이들이 있을 것이다.

삼출하는 감각들
— 진창윤, 『달 칼라 현상소』

　시는 세상의 변화에 예민하게 반응하는 장르다. 오랫동안 시는 세상의 복판에서 시대의 그림자처럼 존재했고, 때로는 시대보다 앞서 캄캄한 날들을 열어주기도 했다. 그런 날, 시는 대단했었다. 하지만 시보다 위대한 것은 그런 시를 쓰고 읽는 사람들이었다. 뜨거운 칼날 같았던 시를 맨손으로 잡을 수 있었고, 그런 칼날에 베여도 툭툭 털고 일어났던 사람들 말이다. 그런 사람들이 눈 맑게 살았던 무렵을 시의 시대라고들 말해왔다. 시가 격문이었고 시가 진심이었던 시대라고 기억하기도 한다. 시는 그렇게 착잡한 뒷면처럼 뒤늦게 이야기되는 것 같다. 하지만 시의 시대는 과거형으로 가둘 수 있는 게 아니다. 시는 다른 방식으로 시대와 인간의 근접에서 언어의 날을 벼리고 있다. 시대와 동행하면서 충동적이고 자조적인 방식도 있고, 시대의 한 걸음 뒤에서 진중하고 고뇌하는 방식으로 따라오기도 한다. 진창윤의 시는 아마도 후자에 해당할 것이다.
　2017년 문화일보 신춘문예에 「목판화」가 당선되어 작품 활동을 시작한 진창윤은 그간 '그리는 언어'에 장점을 보여 왔다. 화가로 활동해온 이력이 눈에 띄지만, 그것만으로 그의 시가 보여주는 언어 미학을 충분히 설명할 수 있으리라 생각지는 않는다. 그런 점에서 「목판화」를 "세상을 감각하여 하나의 판타스마를 형성하는 과정"(김지윤, 「해설」)으로 읽어낸 것은 눈여겨볼 만하다. 김지윤에 따르면 판타스마(phantasma)란 "감각을 통해 수용된 대상들에 자신의 기억과 경험을 결합하여 하나의 그림"을 구성하는 일이다. 과연, 진창윤의 시는 판타스마에 충실한 것으로 보인다. 시집 『달 칼라 현상소』(여우난골, 2021)에 실린 시에는 형상화된 이미지의 힘이 강하게 구축되어 있으며, 그러한 이미지가 독자의 뇌리를 향해 단도직입적으로 파고든다.

그리는 언어, 판타스마

진창윤의 시에 보이는 '그리는 언어'의 매력은 원색적이라는 데 있다. 그는 팔레트에서 색과 색을 혼합하여 새로운 색을 만들어내는 방식이 아니라, 불순물이 섞이지 않은 원색의 언어로만 시를 쓴다. 그러면서도 동시대 삶의 명암을 놓치지 않을 수 있는 것은 그의 시가 언어와 언어가 충돌하면서 빚어내는 환각을 자주 보여주기 때문이다.

> 해가 지면 남자는 달을 줍는다
> 오래전부터 혼자 사는 남자는

사진 박는 것이 직업이다

가로등 아래 골판지 달 맥주병 달

자전거에 싣고 온 달들을 둘둘 말아

마루에서 안방까지 차곡차곡 쌓았다

월식의 밤, 열일곱 살 딸이 집을 나가자

달 칼라 현상소 간판 붙이고 사진관을 열었다

달이라는 말과 현상한다는 말이 좋았다

한 장의 사진에 밤하늘을 박아 팔고 싶어

달을 표적 삼아 카메라를 들이댄다

인화지에 찍혀 나오는 사진 한 장에서

달의 얼굴들을 아랫목에 말린다

디지털로 바뀐 지가 언제인데

아날로그 필름만을 고집하는 달 칼라 현상소 남자

자꾸만 얼굴을 바꾸는 달을 좇는다

그의 앞마당에 쌓인 폐품들이

달의 얼굴로 처마에 닿아 간다

더 벗을 것도 없는 달, 고무 대야 속에 담겨 있다

사진관 남자는 껍질뿐인 까만 얼굴

달빛에 물들라고 단단하게 비비고 있다

―「달 칼라 현상소」 전문

요즘 이런 시를 만나는 일은 쉽지 않다. 실감(實感)의 세계에 넌더리가 난 탓일까? 많은 시들이 무감(無感)한 세계를 넘어 허무감(虛無感)을 등에 업고 있는 듯하다. 시대가 변했으므로 시도 변해야 한다는 목소리가 우세하고, 그 목소리에 편승해 독해하기 곤란한 시들이 메아리치는 이유가 크다. 그렇다고 독해의 어려움을 곧바로 시의 완성도와 연결하는 태도는 바람직하지 않다. 시대와 상황에 따라 삶을 해석하는 방법이 달라지듯, 시에 관한 생각과 시를 읽는 방법적 태도가 새로운 독해 과정을 형성할 수도 있다. 그런 사정을 생각하면, 시(쓰기/읽기)의 근본적인 피로감은 우리의 삶이 둔탁해져서 새로운 감각과 부딪치기를 주저하는 데서 오는지도 모른다. 그런 상황이라면 시 쓰기/읽기 방법의 갱신이 지체될 수밖에 없다. 사정이 이러하니 독해 코드(code)에 근접하는 시를 만나면 저절로 눈을 빛낼 수밖에 없다.

　시 「달 칼라 현상소」는 나를 포함하여 몇몇 독자들과 눈높이를 맞출 수 있을 듯하다. 시어에 불필요한 보풀 같은 것은 보이지 않는다. 이미지의 선명도는 물론이고 그 이미지가 드리운 서사의 그늘도 제 몫을 다하고 있다. 그러나 중요한 것은 이 시를 통해 드러내고자 하는 세상의 질서이다. 이 시에서 다루고 있는 '사진'은 복제된 현실이지만, 사진은 현실보다 더 생생한 현실을 현상해내는 시인의 시선 같다. 이를테면 '현실→사진→현상된 현실'의 구도를 통해 사진은 우리가 살아가는 구체적 실상에서 쉽게 드러나지 않는 본질을 현상해낸다. 이 과정에서 사진은 진실을 드러나게 하는 인화지가 되고, 그 인화지에 이미지를 감각해내는 것은 현상액으로 기능하고 있는 시적 정동(情動)이다.

　이렇게 "달 칼라 현상소 남자"가 "달의 얼굴들을" "현상"하는 일은 진창윤이 시를 쓰는 일과 다르지 않다. 판타스마라는, 실존의 감각을 상상의 감각으로 인화해내는 진창윤의 작법은 다분히 삼출(滲出)적이다. 현실이라는 감각 세계가 시인을 투과하여 상상의 인화지에 언어화되는 이런 시 쓰기에서 무엇보다 중요한 것은 이미지를 재현해내는 현상액의 농도일 것이다. 「달 칼라 현상소」의 시편들이 높은 감도를 유지할 수 있는 것은 현실을 삼출해내는 현상액으로서의 언어 감각이 순정하기 때문으로 보인다. 가령 그가 "삶의 여백은 언제나 좁아서/ 칼이 지나간 움푹 팬 자리는 서럽고 아프다"라고 쓸 때, 그의 언어는 칼이 긋는 찰나의 서늘한 잔광을 놓치지 않는다. 우리의 삶은 이렇게 매 순간 존재의 운명을 예리하게 긋고 가는 칼날의 잔광 같다. 그래서 사는 일이 "서럽고 아"픈 순간들로 가득하며, 그렇게 "까닭 없이 오고 까닭 없이 가는 것들을 버무리면 슬픔에도 꽃이 필"(「흰」)지도 모르겠다.

서러움이라는 감각

진창윤은 자주 서러움을 이야기한다. "바람이 끌고 온 저녁노을이 소녀의 뒷면으로 희미하게 퍼지고 있다// 사라지는 것들은 허공에 흔적을 남기지 않는다// 이럴 때 바람은 서러워져서 그늘 속에 둥근 필체를 남긴다"(「소녀는 구름의 책장을 넘긴다」)에서 보듯, 흔적 없이 사라져버린 것들은 그의 시에서 서러움으로 현상되어 나타난다. 혈육이거나 그 언저리에 놓인 것들을 이야기할 때 자주 그렇다. "국민학교 이학년 중퇴한 어머니"(「물의 문장」), "혀 깨물고 죽은 애 셋인 앞집 여자와 삼촌"(「지네가 나올라」), "운동회 날이나 생일날이면 어김없이 짜장면 먹자던 아버지"(「단무지」)들이 시간을 통과해 서서히 삼투해올 때, 그들과 공유하고 있는 진창윤의 시간은 서러움으로 인화될 수밖에 없었을 것이다. 그렇더라도 그의 서러움에 불미한 거스러미는 없다. 게다가 그의 서러움은 어쩌면 감정이 아니라 감각에 속하는 정동이라는 혐의를 지울 수 없다. 감정에서 삼출되어 언어로 인화되는 낱낱의 감각들처럼.

손가락 사이에 끼어 일어선

일어서는 자와 누르는 자의 이야기

앞뒤로 빽빽하게 박힌 글자들은

비밀을 감춘 서랍 같은 것이어서

손가락을 밀어 넣으면

어둠 속에서 웅크린 파도가 눈을 뜬다

낱장은

외로운 것들을 물고 가는

고래 주둥이처럼 자꾸 뻐끔거려

나는 캄캄한 문장 속에서 눈발을 맞는다

눈발이 식어

달이 떠오르면

한 장 한 장 눌린 파도의 뚜껑을 열어

나는 갈피 속에서 피어나는

내 영혼을 껴안는다

─「낱장」 전문

  이 시에서 "낱장"은 「달 칼라 현상소」에서 보았던 "인화지에 찍혀 나오는 사진 한 장"을 말하는 것 같다. 삶이라는 삼차원의 감정을 이차원 평면의 '낱장'으로 인화하는 과정에서 감정은 제거되거나 은폐되어야 했을 것이다. 그러므로 낱장과 낱장 사이, 얇은 "갈피 속에서 피어나는/ 내 영혼을 껴안는" 일은 감각적이다. 그렇게 진창윤은 "한 장 한 장 눌린 파도"처럼 감정의 부피 없는 시를 쓴다. 그것은 오랫동안 화가의 정체성을 유지하면서 내면화된 평면 지향성이 무의식으로 발현된 것인지도 모른다. "목판 위에 칼을 대면"으로 시작하는 그의 등단작이 사실은 그의 시를 출발시키는 최초의 불꽃이라는 점에서, "외로운 것들을 물고" 평면을 질주하고자 하는 그의 감각은 "캄캄한 문장 속에서 눈발을 맞"듯 서늘하다. 그래서일까? 그의 시를 읽는 동안 광활한 스크린에 새겨지는 "희고 굵은 자막을 읽는"(「입하와 망종 사이에서」) 기분에서 벗어날 수 없다.

그렇다. 진창윤 시집 『달 칼라 현상소』는 우리가 살아온 시간이 여기까지라는 것을 확인해주는 '희고 굵은 자막'이다. 치열하게 살았든, 막연하게 떠돌았든, 우리에게는 한 번은 정산해야 할 것이 있다는 사실을 진창윤은 깨우쳐준다. 그래서 그의 시를 읽다가 "뒤돌아보면,/ 계단 위에 찍힌 발자국이/ 어느 결에 와 잠들어 있"(「나는 해동한다」)는 것을 목격한다. 어디서부터 끌고 온 발자국인지 알 수 없지만, 우리 눈 밑에는 우리를 여기까지 끌고 온 최후의 발자국처럼 『달 칼라 현상소』가 놓여 있다. 그래서일까? 그의 "발자국 속에는 구겨진 울음이 담겨 있"(「벼락민박」)는 것 같다. 그 울음은 "나를 닮았으나 내 말을 듣지 않는, 차마 떼지 못한 말들"(「시인의 말」)일 것이다. 그 말들이 이제부터의 세계를 예민하게 진동하기를 기다려도 좋겠다.

삶을 조율하는 사유 주체들
―배귀선,『점멸과 침묵 사이』와
  김광원,『불 속에 핀 우담바라』

 "텍스트의 즐거움은 내 육체가 그 자신의 고유한 상념을 쫓아가는 바로 그 순간"이며, 그 이유는 "내 육체와 나는 동일한 상념을 가지고 있지 않기" 때문이라고 롤랑 바르트는 말한 적 있다. '육체'와 '상념'의 불일치를 인정할 때 텍스트의 즐거움이 발생한다는 것이다. 나는 이것을 존재론적인 당위(상념)를 향해 가는 실존적 한계(육체)를 인정하고, 그 한계 극복을 위한 삶이야말로 우리 인간이 지닌 즐거움의 본질이라고 이해하고 싶다. 그리하여 산다는 것(상념/존재론적 당위)과 삶 자체(육체/실존적 한계)의 차이에 동의한 후, 우리 육체가 부딪치고 파열하는 현재의 순간이 우리를 형성하고 있는 누적된 삶을 어떻게 바라보는지 따져보고 싶다.
 물론 존재론적 당위에 비친 실존적 한계는 언제나 뒤늦게 발생한다. 목표가 있고, 목표를 향한 몰입이 끝난 후에 한계적 상황이 발생한다. 이는 사유하는 존재로서의 인간적 한계이자 본질에 해당한다. 인간은 사유하는 순간, 필연적으로 한계에 직면하는 존재다. 사유는 몸의 가능성을 초과하기 때문이다. 그러나 역설적으로 사유와 한계의 갭(gap)이 클수록 우리는 스펙터클한 즐거움을 누린다. 내가 알기로, 시는 그러한 낙차를 동력으로 삼는 예술이다. 나는 최근 두 권의 시집을 읽으면서 낙차, 즉 불일치에서 발생하는 즐거움을 확인하였다. 배귀선의 『점멸과 침묵 사이』(한국문연, 2021)에서는 '상념을 쫓아가는' '육체'의 고단한 실체와 마주할 수 있었고, 김광원의 『불 속에 핀 우담바라』(시문학사, 2021)에서는 '육체'에 새겨져 있는 인간 고유의 '상념'의 일단을 확인할 수 있었다.

삶의 상처를 조율하는 침묵의 시

배귀선의 시에는 물질화된 몸과 그 몸을 사유하는 또 다른 몸의 내밀한 긴장이 있다. 두 몸은 하나의 상념으로 단단하게 묶여 있는데, 이 경계 없는 관계는 "가까운 적 없으니 멀어진 적 없는/ 균형"(「꽃놀이패」)을 지탱하는 중이다. 배귀선의 시는 이 균형이 무너지는 순간을 비집고 탄생한다.

> 땡볕이 불법으로 내리쬐는 4차선
> 리어카 한 대 가로지른다
> 달리던 것들 모두 멈춰 세우며
> 일그러진 바퀴가 바람 빠진 사람을 떠밀고 간다

가로수 매미가 사이렌을 울리든 말든
길 건너 전자대리점 텔레비전 속에서
광복절 특사가 걸어 나오건 말건
달궈질 대로 달궈지는 짜증 짐칸에 얹으며
점점 더 느리게 간다

달팽이처럼 바삭 눌러 밟힐 것 같다
누군가 끌어내면
씹다 버린 껌처럼 길게 치근거릴 것 같다

욕도 삶이다
골판지 몇 장 깡통 몇 개, 그 위
욕이 얹혀야 무게가 나가는 것들

저 막무가내를 건너편으로 바래다주는 건
중복 한낮의 태양이다
끌려가는 것과 끌고 가는 것의 내력을
한 길에 펼쳐 보이는

―「조련사」 전문

    이곳과 저곳 사이를 뭔가 "가로지"르는 순간, 팽팽한 긴장은 무너진다. 가로지르는 일은 필연적으로 균열과 단절을 만들어내고, 회복할 수 없는 상처를 남긴다. 이 시에서 "리어카 한 대"가 길을 가로지르는 순간 "달리던 것들 모두 멈"추게 되는데,

그것을 목격하는 시인도 예외는 아니다. 일상의 예외적인 순간, 다시 말해 유유히 흘러가는 것을 가로지르는 순간에 우리는 무심결을 놓고 그 대상에 주목한다. "일그러진 바퀴"나 "바람 빠진 사람", "달궈질 대로 달궈지는 짜증" 같은 사태에 시선을 주는 순간에 일상의 시간은 정지하고, 정체된 삶의 틈을 비집고 인간의 사유가 발생하는 것이다. 그리하여 시인은 "끌려가는 것과 끌고 가는 것의 내력"으로부터 "욕도 삶이다" 같은 사유를 끌어낸다.

이렇게 배귀선 시집 『점멸과 침묵 사이』는 가로지르는 것에 대한 깊은 통찰의 순간을 담고 있다. 그런데 사실 가로지르고자 하는 욕망의 근원은 시인 자신에게 있다. "넘으려다 멈춘다/ 내디디려는 찰나와 마주친 턱/ 꼼짝하지 않는다/ 들어갈 것인지 돌아갈 것인지"(「문턱」) 고민하는 시인에게는 "굴러온 곳보다/ 굴러갈 곳이 더 구겨질 것 같은/ 아득한 두려움 혹은, 불안"(「깡통」)이 도사리고 있다. 이런 점들을 보면 시인에게는 가로지르고 싶은 어떤 세계가 있는 것 같다. 문제없이 흘러가는 일상의 순간들을 탁, 잡아채고는 그 느슨하고 무의미한 것을 찢어버리고 싶은 충동이 시집 곳곳에 무거운 돌덩이처럼 박혀 있기 때문이다.

    뼈가 있다는 말
    배의 심지에 닿은 칼날이 멈칫할 때
    생각 없는 말이 튀어 나가다가 앞발에 힘을 줄 때
    뼈는 불거진다

—「말뼈」부분

막다른 듯 꺾어지고
돌다 보면 흔적 없는,
휘갈긴 낙서를 따라가면
어디로도 통할 것 같은 굴곡진 세상

—「쐐주」부분

중년의 철가방이
빨강 신호등을 밀치는 순간 세상이 정지된다

—「맨발」부분

 "배의 심지에 닿은 칼날"이나 "휘갈긴 낙서", "빨강 신호등을 밀치는 순간" 같은 구절에는 일상을 가로지르고자 하는 화자의 날카로운 충동이 담겨 있다. 시인의 충동은 한두 가지의 목표를 겨냥하지 않는다. 어쩌면 시인은 세상과 전면전을 벌이고자 하는 무모함을 벼리고 있는지도 모른다. 이런 생각을 뒷받침하듯 시집 『점멸과 침묵 사이』에는 2음절로 된 시 제목이 60편의 수록시 가운데 거의 절반을 차지한다. 그 밖의 제목도 명사형을 기본으로 하는데, 이러한 제목이 주는 인상은 단호함이다. 특히 2음절 제목에서는 시인의 대단한 각오 같은 것이 느껴진다. 어쩌면 이런 느낌은 명사(형)의 제목이 시인의 생각을 풀어놓거나 해명할 수 있는 서술적 상황을 원천적으로 차단하기 때문은 아닐까?

그런 의미에서 보자면 배귀선의 시는 "보푸라기 무성한 내 발등에 떨어진 얼룩 한 방울"(「포도는 시다」)처럼 사소하게 보이지만, 그 한 방울의 '얼룩'을 통해 환기하고 싶은 것은 "칼을 숨기고 클로버를 내미는/ 조율"(「꽃놀이패」)의 세계처럼 보인다. 그에게 조율이란 "무언가 할 말 있듯, 뼛속에/ 남아 있는 야생이 숨을 고르는"(「문신」) 일이다. 그런 숨 고르기를 통해 시인은 "무수한 기억의 이빨 자국/ 온몸에 퍼져 아득해질지라도/ 다시 한번 물리고 싶"(「맹독」)어 한다. 이때 '기억의 이빨 자국'에 '다시' '물리'는 일은 시를 쓰는 일이다. 배귀선은 온몸으로 부딪쳤던 모든 인연의 상처를 조율하기 위해 시를 쓴다. 그가 "혼자가 되는 새벽/ 구토를 시작"(「시인의 말」)하는 이유도 삶의 얼룩과 그 얼룩이 환기하는 순간의 공백을 조율하기 위한 것으로 생각된다. 따라서 '구토'라는 상징 행위는 또 다른 의미에서 세계를 가로지르는 일이다. 이 가로지르기 혹은 구토의 방법론을 통해 배귀선은 삶의 점멸과 침묵 사이를 조율하고 있다.

'참나'를 찾아가는 사유의 세계

김광원 시집 『불 속에 핀 우담바라』는 낯선 세계로 가득하다. 시의 형상성이나 감각적 언어 대신 압축된 사유가 펼쳐져 있다. 사유가 사유를 누르고 올라서는가 하면, 눌린 사유는 더욱 견고하게 정립되는 모습을 보인다. 시인이 「자서」에서 밝히고 있듯, 『불 속에 핀 우담바라』는 만해 한용운의 『"십현담주해』와

『님의 침묵』을 한 줄씩 하여" "양장시조로 엮어보자는 생각"에서 출발한 까닭에 그 풀이가 쉽지 않다. 수록된 90편의 양장시조는 『십현담주해』에서 초장을, 『님의 침묵』에서 종장을 끌어내고, 이를 해설하는 양장시조를 붙여 오롯한 한 편의 시가 된다.

▷마음을 말로 하니 화사첨족(畫蛇添足) 아닐런가.
▶어린 양 기릅다는 말 이 또한 군말이네.

군말이라 하면서도 할말은 다했구나.
반가운 손가락 있어 달을 볼 수 있다네.

⊙'군말'과 '화사첨족'이 오롯이 일치하네.
―「1. 군말(心印1-0)」 전문

이 시의 기본 축은 두 주체의 사유이다. 편의상 1연이 만해의 사유라면, 2연은 시인의 사유다. 그런데 만해와 시인 또한 두 가지 사유의 순간에 사로잡혀 있다. 1연에서 초장이 『십현담주해』의 사유라면, 종장은 『님의 침묵』의 사유이다. 마찬가지로 2연이 만해 사유에 대한 시인의 해석적 사유라고 한다면, 3연은 해석 과정에서 발견한 통찰의 사유에 해당한다. 이러한 시적 구조는 층층이 쌓아 올린 사유의 시루와 같다. 사유와 사유가 충돌하여 서서히 서로에게 스며들고, 그렇게 하나의 사유는 누적되고 단단해져서 마침내 새로운 발견과 통찰에 이른다.

그렇다면 사유가 겨냥하는 지점은 어디일까? 인간의 모든 활동이 최종적으로 '삶' 자체에 수렴하듯, 사유 또한 삶을 향해 펼쳐질 수밖에 없다. 사유와 삶의 관계는 그림자와 실체에 비유할 수 있다. 삶이라는 구체적이고 감각적인 세계는 사유를 통해 하나의 형체로 압축된다. 따라서 사유에는 삶의 색채, 질감, 온도, 숨결 같은 세목이 드러나지 않는다. 김광원은 이렇게 압축된 사유를 하나씩 쌓으면서 사유로부터 삶의 실마리를 짚어낼 줄 안다. 그럴 때 삶은 몸의 리듬과 감각으로 충만한 세계를 회복할 수 있다. 시를 갈무리하는 "'군말'과 '화사첨족'이 오롯이 일치하네." 같은 구절에서 그 완성된 세계가 확인된다.

한편으로 사유와 삶의 관계는 말과 사물의 관계와도 일치한다. 말의 세계는 투명하여 누구나 들여다볼 수 있지만, 사물의 세계는 언제나 안과 밖이 차단되어 있다. 투명한 말의 세계는, 그러므로 침묵의 세계와 다르지 않다. 사유가 삶을 대하는 방식이 바로 침묵이다. "군말"이나 "화사첨족"이 그런 경우다. 김광원은 만해의 사유를 텍스트 삼아 새로운 사유를 보여주는데, 그럴 때 김광원의 사유는 사유 자체보다는 삶을 향해 있다. "반가운 손가락 있어 달을 볼 수 있"는 세계가 바로 김광원이 지향하는 삶의 세계이자 사물의 세계이다. 시집 『불 속에 핀 우담바라』는 이렇게 만해의 침묵하는 사유를 삶의 감각으로 재사유화한 세계로 가득하다.

▷이름 모양 뒤적여서 얻을 게 하나 없네.
▶만남도 이별까지도 모두 넘어 오시는 님

> 만나면 이별하고 또 만나 이별하고
> 보내는 아픔 속에서 깊어지는 사랑이여.
>
> ⊙아무리 으깨어져도 '참나'는 그대로네.
>
> ─「68. 최초의 님(轉位 8-4)」 전문

    시를 쓰고 읽는 일이 결국은 '나'를 향한 존재론적 행위라는 점을 우리는 알고 있다. 시적 대상이나 사물 혹은 사태와 사건에의 지향도 궁극으로는 그러한 사태 안에서 '나'의 존재 위상을 확인하는 과정에 불과하다. 이렇게 '나'를 바로 세울 때 세계는 내 앞에 오롯이 펼쳐질 수 있다. '나'로 인해 세계가 탄생하고 지속되며 의미를 구성할 수 있다는 뜻이다. 이 말에는 '나'가 바로 서지 않으면 세계도 존재할 수 없다는 의미도 깔려 있다. 만해가 '님'을 향한 숭고한 사랑의 사유를 추구한 것도 다른 의미에서는 '나'를 바로 정립하기 위한 일이었다. 김광원 시집 『불속에 핀 우담바라』를 읽는 일은 이러한 '참나'를 찾아가는 구도의 과정과 다르지 않다. 시 한 편에 하나의 세계가 담겨 있어서 그 안에서 시간이 흐르고 대지가 도약하는 인상을 받는다. 그뿐이 아니다. 시편마다 지구상에 존재하는 인간 군상의 한 형상이 뚜렷이 보이기도 한다. 물론 그 인간 형상은 침묵의 말로 세계의 형상에 도전하는 구도자의 모습을 띠고 있다.
    "만나면 이별하"는 일은 인간이라면 누구나 감당해야 할 삶의 방식이다. 만남과 이별은 실체로서의 인간, 즉 육체(몸)의 경험 세계이다. 하지만 그러한 경험은 만남 혹은 이별 이후에도 소멸하지 않고 흔적으로 남게 되는데, 그것은 널리 알려져 있듯 추억이나 기억 같은 사유(상념)의 형식으로 존재한다. 여기까지는 누구나 알고 있다. 그러나 김광원은 한 걸음 나아가는 지점에 '참나'를 세워놓고 있다. 몸의 경험 세계의 '나'는 수시로 변하는 존재이며, 때로는 필요에 따라 위장된 존재일 수 있지만, 누적된 몸의 경험 세계를 사유할 줄 아는 나야말로 '정립된 나'라는 사실을 일깨운다. 그럴 때 경험하는 물질성인 우리 몸이 "아무리 으깨어져도" 사유하는 주체인 '참나'는 흔들리지 않는다는 전언을 확정한다.

이렇듯 김광원 시집 『불 속에 핀 우담바라』는 사유하는 존재의 참다움을 설파하는 침묵이 견결하게 담겨 있다. 김광원은 만해의 사유에 기대고 있지만, 그 사유에 오롯이 매몰되지 않고 거기에 자기 사유의 단면을 새겨넣고 있다. 이런 점에서 보면 '양장시조'라는 형식은 만해와 김광원의 사유가 나란히 서로를 옮아가는 과정처럼 보인다. 인간의 몸이 두 발로 자립할 수 있듯, 인간의 사유 또한 혼자가 아니라 '님'과 나란히 포개어질 때 오롯해진다는 의미를 주고 싶어서일 것이다. 그리하여 사유하는 두 존재가 긴장과 균형의 거리(gap)를 유지하면서 옮아드는 방식으로 김광원의 시는 사소한 충격에도 크게 울리는 울림판을 내장할 수 있게 되었다. 강상기 시인의 말마따나 이 시집이 주는 사유의 울림은 충분히 '경배'받아야 할 것이다.

문신 평론집

자기의 타인들

인쇄 2023년 4월 4일
발행 2023년 4월 7일

지은이 문신
발행인 서정환
펴낸곳 신아출판사
주소 전북 전주시 완산구 공북 1길 16
전화 063) 275-4000, 252-5633
팩스 (063) 274-3131
이메일 sina321@hanmail.net
출판등록 제300-2013-133호
인쇄·제본 신아출판사

저작권자 ⓒ 2023, 문신
이 책의 저작권은 저자에게 있습니다. 서면에 의한 저자의 허락없이 내용의 일부를 인용하거나 발췌하는 것을 금합니다.
COPYRIGHT ⓒ 2023, by Moon Shin
All right reserved including the rights of reproduction in whole or in part in any form.
저자와 협의, 인지는 생략합니다.
잘못된 책은 바꿔 드립니다.

ISBN 979-11-93055-04-5 03810
값 20,000 원

Printed in KOREA